KB252764

동양의 광기를 찾아서

오다 스스무 지음 | 권택술·김장호 감수 | 김은주 옮김

르네상스

동양의 광기를 찾아서

동양의 광기를 찾아서

『東洋の狂氣誌』
小田 晋

TOYO NO KYOKISI by Oda Susumu

Copyright ⓒ 1990 by Oda Susumu
Original Japanese edition published in Japan By SHIN-SHISAKUSHA Publishing Co.

Korean translation copyright ⓒ 2002 by Da Vinci Publishing Co., Korea
arranged with SHIN-SHISAKUSHA Publishing Co., Japan
through Bestun Korea Agency
All rights reserved.

이 책의 한국어판 저작권은 베스툰 코리아 에이전시를 통해
일본의 신시사쿠샤와 독점 계약한 도서출판 르네상스에 있습니다.
저작권법에 의해 한국 내에서 보호를 받는 저작물이므로
무단 전재나 복제, 광전자 매체 수록 등을 금합니다.

예로부터 모든 사회는 각자의 문화에 적합한 광기관 내지 광기에 대처하기 위한 방법과 체계를 가져왔다. 그리고 근대 정신의학은 유효성이나 타당성이라는 측면에서 스스로를 광기 문제에 대한 유일한 해결책이라 부를 만한 그 어떤 근거도 마련하지 못하고 있는 실정이다. 이는 신체의학의 영역과는 다른 차원의 문제이기 때문이다.

본질적으로 광기(정신장애)는, 일정한 사회 속에서 당사자가 지니는 이상(異常)의 정도(질병성)와 그가 속한 사회의 문화적 틀 안에서 발견되는 사례성에 따라 분석되어 나타난다. 이 관계는 다음과 같은 도식으로 설명할 수 있다.

$$CN = f(i,\ t)$$ CN : 사례성, I : 질병성, t : 사회의 허용도

그렇게 놓고 볼 때 일본 아이누족의 '이무(Imu, 특정 여성에게만 나타나는 일종의 히스테리 현상 — 옮긴이)'나 말레이시아 토속민의 '아모크(Amok, 평소에는 온화하던 사람이 갑자기 광폭해져 타인을 살상하고 결국은 스스로 목숨을 끊는 일종의 정신착란 — 옮긴이)' 같은 좁은 의미의 '문화결합 증후군(culture-bound syndrome)'뿐 아니라 모든 광기가 넓은 의미에서는 '문화결합적'이라 해야 할 것이다.

현대 정신의학의 중심 과제인 정신분열병 연구를 보더라도 그 병태(病態)가 단순히 문화적·역사적 틀 안에서만 한정되지는 않는다. 이는 E. F. 트리나 오기노 고이치(荻野恒一)의 지적처럼 정신분열병이라는 병태 또한 근대 서구문화가 다른 문화로 파급되는 과정에서 함께 확산되어 나간 것이기 때문이다. 따라서 서구의 근

대 정신의학 이전부터 존재해 온 아시아·아프리카 지역의 광기관과 문화사적 기록을 통해 광기의 병태를 추적하는 일은 단순히 과학사의 흥밋거리라고만 말할 수는 없다.

예컨대 알코올 의존증 문제에 있어서 인도네시아 발리 섬 문화에 관한 일련의 흥미있는 연구가 G. 베이트슨이나 M. 미드 이래로 진행되어 왔다. 일반적으로 발리 섬 주민들은 지표(指標)가 되는 화산 꼭대기를 중심으로 정연하고 상징적인 의미를 가진 생활공간을 구성하고 있으며, 방향감각의 상실을 두려워하여 명정(酩酊), 즉 술에 취하는 것을 극구 피한다. 하지만 그들은 자신들의 긴장을 해소시키는 일종의 트랜스(trance) 상태를 알고 있다. 그들은 유아기 때부터 욕구불만의 상황이 찾아오면 이에 따른 일정한 정서 반응을 하도록 자극받는다. 예컨대 어머니는 자식을 귀여워하지만 아이가 정서 반응을 보이려 하면 아이를 떼어놓는다. 그러면 아이들은 정서 반응을 일으키는 것을 멈춘다. 그러나 이러한 욕구불만은 유아기의 정서 반응을 상징적으로 표현한 의식용 춤을 통해 황홀경 및 트랜스 상태에 접어듦으로써 해소된다. 발리 섬에서는 이처럼 명정과 트랜스 상태가 서로 치환관계를 맺고 있는 것이다.

이러한 문화에서 발견되는 명정과 트랜스 상태는 넓은 의미의 '광기의 구조'에 있어서 양자의 연관성을 연상시키지만, 이것을 좁은 의미의 '이상' 및 '광적인 증상'으로 볼 수는 없다. 필자가 1984년 발리 섬에서 조사를 벌이던 당시 발리 섬의 전체 인구는 250만 명이었는데, 정신질환의 병상(病床) 수는 공립병원에 200개, 국립 덴파사르 대학 정신과에 50개, 사립 새너토리엄(sanatorium)에 15개로 총 265개였다. 그 가운데 알코올 중독자는 새너토리엄에 있던 한 사람(그것도 외래환자)에 지나지 않았다. 오늘날도 발리 섬에는 A. 키프(Kiev)가 말하는 민간 정신의학의 전통이 존재한다. 공립 반글리 정신병원의 톤 박사는, 토착 정신치료사의 기술이 근대 정신의학에 비해 급성 분열증 치료에는 효험이 떨어지지만 만성 환자를 공동체에 적응시키는 데는 배울 점이 많다고 솔직히 털어놓았다. 한편 필자와 가진 만남에서 토착 정신치료사들은 자신들의 방법이 '아유르 베다' 체계에 기반하고 있음을 밝혔다. 현재 티베트를 비롯하여 네팔·인도 등지에서는 아직도 아유르 베다 체계에 의한 민간 신경정신의학 체계가 영향력을 행사하고 있다.

필자가 1967~68년에 네팔 서부 산악지방에서 행한 민속학적 조사의 결과에 의하면 인도권 정신의학은 영국 정신의학에 의한 근대적 정신의학을 표층으로 삼고 있으며, 민속문화 차원에서는 아유르 베다 체계와 그 영향을 받아 형성된 티베트 불교의 정신의학을 기층에 깔고 있다. 따라서 아유르 베다 의학과 그 광기관의 의미는 결코 무시할 수 없는 커다란 위치를 점한다고 할 수 있겠다.

인도 정신의학의 체계는 뒤에 중국의 고대 의학, 이슬람 의학과도 연관을 맺으며 '동양에 있어서의 광기관 및 광기 대처의 구조'를 형성해낸다. 즉 그리스 고대의 의학관과 대응되는, 인류 전체에 있어서는 광기관의 핵이라 할 만한 체계를 산출해내고 있는 것이다.

본서에서 필자는 인도·중국 문화에서 발견되는 '광기의 구조'와 그 고고학에 대한 탐구에 비중을 두면서 이슬람 문화권에 대해서도 다소 살펴보았다. 앞서 출간된 『일본의 광기(日本の狂氣誌)』와 더불어 '아시아·아프리카에서 발견되는 광기의 구조'를 들여다보는 데 조금이라도 도움이 된다면 더 이상 바랄 것이 없겠다.

차례

아시아·아프리카, 광기의 역사

狂

부처의 말은 헛되지 않으니	佛語實不虛
훌륭한 의사 좋은 방편으로	如醫善方便
중독된 아들의 병을 고치려	爲治狂子故
살았으면서도 죽었다 말한 것	實在而言死
거짓말했다 탓할 이 없나니	無能說虛妄
나도 이 세상의 아버지로서	我亦爲世父
모든 고통과 근심 제거하고자	救諸苦患者
……	……

『묘법연화경(妙法蓮華經)』「여래수량품(如來壽量品)」

이것은 『묘법연화경』 즉 『법화경(法華經)』의 유명한 비유 중 하나인 '광자양의(狂者良醫)의 비유'의 구절이다. 이 구절을 통해 알 수 있는 것은, 한역(漢譯) 『법화경』의 원전인 『삿다르마 푼다리카

수트라(Saddharma puṇḍarīka Sūtra)』가 성립한 시점인 1세기경 북부 인도에서는 의사에게 마음의 병을 치유하는 역할도 주어져 있었으며, 당시에도 이미 약물요법의 가치가 인식되고 있었다는 사실이다. 종교가들이 스스로에게 의사의 역할을 부여함으로써 사람들의 '마음속에 자리잡은 미망(迷妄)을 타파하는 것'이 자신들의 역할이라고 주장했던 것이다.

'광자양의의 비유'란 다음과 같은 구조를 갖고 있다. 어느 부자인 의사의 자식이 발광(發狂)한다. 그는 스스로가 병에 걸렸다는 사실을 인식하지 못하기 때문에 의사인 아버지가 권하는 약을 복용하려 들지 않는다. 그러자 평소 덕망이 뛰어나고 경험이 풍부한 아버지가 기지를 발휘하여 스스로 자취를 감춘 다음 자신의 유언이라 속여 약을 먹게 한다. 그 결과 자식은 광기에서 놓여 난다. 이런 경우에 있어 왜 자식을 속였냐고 그 아버지를 비난할 사람은 아무도 없을 것이다. 『법화경』에 이 삽화가 실려 있는 이유는 영원한 생명을 지녀야 마땅할 붓다가 '열반에 든 일', 즉 인간 고타마 붓다가 서거한 일을 신자들에게 설명하기 위함이다. (이 비유의 다음 구절이 '마음이 전도된 중생들을 위해 머물면서도 열반하였다 말하노라'이다 ― 옮긴이)

또한 이 삽화에는, 정신장애자는 스스로 질병에 걸렸다는 사실을 인식하지 못하므로 애초에 그에 대한 치료는 본인의 의사에 반해 적당한 계략이나 강제 수단을 이용할 수밖에 없지만, 일단 그가 스스로의 병을 인식할 정도로 치유되면 그 자신도 감사할 것이기에 그러한 계략은 비난받을 이유가 없다는 생각이 잘 반영되어 있다. 이 비유에 비춰 볼 때 정신병자에 대한 전기충격요법이나 안정제 투입 여부도 본인이 허락하지 않는 한 결코 실시해서는 안 된다고 주장하는 서구와 일본의 일부 '인권론자'들의 생각은 이와 같은 인류 공통의 인식을 감히 외면해 버린 미망이라 할 수 있겠다.

그런데 여기서 떠오르는 한 가지 물음은 당시 인도에 이처럼 광기에 잘 듣는 약물이 있었을까 하는 것이다. 필자는 소년 시절에 부친을 여읜 이래 불사(佛事)를 거행할 때마다 『법화경』을 들으면서 자라났다. 그런 탓인지 의대생이 된 이래로 그와 같은 물음이 줄곧 머릿속을 떠나지 않았다. 그러나 최근 읽게 된 벤코바 라오(A. Venkoba Rao)[1]의 글로 말미암아 나는 비로소 그 궁금증을 풀 수 있었는데, 일반적으로 고대 인도에서는 광기를 치료하는 데 로월피아 세르펜티나(Rauwolfia serpentina), 산스크리트어로 사르판가다(Sarpangadha)라 불리는 인도 사목(蛇木)을 사용했다.

인도 사목이란 이름이 붙은 까닭은 그 나무에서 풍기는 뱀의 체취와 유사한 냄새 때문이다. 식욕부진이나 변비를 비롯해 불면, 광란, 병적 정열이나 오해, 망상, 나아가 고혈압에서부터 중독에 이르기까지 다양한 증상의 치료제로 널리 사용되었다고 한다. 서구적인 관점에서 쓰여진 기존의 정신의학사, 예컨대 질보그(G. Zilboorg)[2]의 『의학 심리학사(A History of Medical Psychology)』에는 다음과 같은 기술이 엿보인다. "인도인들은 코 성형술을 시행했으며, 백내장 수술도 했다. 그뿐 아니라 종두(種痘)도 알고 있었다. 그들의 약물학 서적인 『드루비야비다나(Druvyabhidana)』에서는 만다라게(datura stramonium)가 천식에, 토근(nux vomica)이 마비와 소화장애에 좋다고 권하고 있다." 인도 의학의 발달된 측면을 일단 이렇게 인정해 놓고 나서 질보그는 "신체의 병을 취급하는 그들의 이 진보된 의학과 정신병리학의 지위 사이에는 엄청난 간극이 존재한다. 인도에서는 정신장애가 주로 종교적 형이상학의 영역 안에서만 머물러 있었기 때문이다"라고 지적하고 있다.

그러나 이러한 시각은 러시아계 미국인으로 독일에서 정신의학을 전공한 질보그의 서구적 우월감에 불과하다. 그 실례로 인도의 하킴(Hakim)이 로월피아 세르펜티나의 역사와 그것의 정신병 억제작용을 보고한 것은 1954년이며,[3] 그 제제(製劑)인 레저르핀은 그때부터 페노티아진 계열의 약물과 더불어 정신병 억제제로 널리 사용되었다. 그러나 오늘날 이 약을 최우선적으로 사용하는 경우는 별로 없다. 그 이유는 복용 초기에 일시적으로 증상이 악화되는 등 효과의 발현이 더디다는 이 약의 결정적인 결점 외에도 오늘날에는 부티로페논 계열의 다른 정신병 억제제 역시 소개되어 있기 때문이다. 그러나 클로르프로마진과 더불어 하킴에 의해 재발견된 로월피아, 그리고 그것을 정신의학에 응용한 베버(Weber)의 공헌이 현대 정신과 약물요법에 있어 다른 어떤 것보다 먼저 뿌리를 내렸다는 사실은 너무나도 잘 알려져 있다. 다만 질보그가 『의학심리학사』를 발간한 것이 1941년으로, 저자인 질보그가 그 사실을 알지 못했던 것뿐이다.

미개하고 종교적이며 주술적인 시각으로 정신병을 바라보던 그동안의 미망을 서구의 정신의학이 타파했다고 생각하는 정신의학사의 종래의 사고방식은 사실 상당히 편협한 데가 있다. 그러한 사실은 위에서 언급한 예에서뿐만 아니라 다음과 같은 더욱 본질적인 사정에 기반한다고 말할 수 있다.

의학사적으로 봤을 때 근대 정신의학의 역사는 이른바『이솝 이야기』에 등장하는 늑대 소년의 이야기와 다를 바 없었다. 근 한 세기도 넘는 세월 동안 근대 정신의학은 광기, 그 중에서도 특히 핵심을 이루는 정신분열병의 생물학적 원인을 탐구해 오면서 처음부터 나름대로의 여러 가지 가설을 제시해 왔다. 어떤 때는 새로운 뇌염색법, 어떤 때는 전자현미경, 또 어떤 때는 뇌세포에 미세전극을 삽입하는 식 등의 방법을 도입함으로써 새로운 견해가 등장할 때마다 이것으로 '광기의 진상'에 한 걸음 다가섰다는 기대를 갖게 했다.

특히 최근에는 빈약한 정신의학 연구실의 연구비 중 대부분이 신경생화학적인 연구에 집중되었건만, 그 연구성과는 우리의 기대를 저버리는 결과물들의 집합체에 불과했다. 처음엔 대발견이라 감탄을 자아냈던 것들도 막상 그 실험결과를 다시 확인해 보면 입증이 힘든 이른바 '엉터리'에 불과한 경우가 대부분이었다.

다만 정신분열병의 원인에 관한 최근의 뇌내 도파민(뇌 신경세포의 흥분 전달에 중요한 역할을 함 — 옮긴이) 가설에 이르러서야 비로소 분열증에 대한 실증적인 신경생화학 연구가 올바른 방향을 찾은 듯 보인다. 그러나 정신약리학의 현저한 진보 및 정신요법이나 사회요법이 이룩한 나름대로의 진보에도 불구하고 오늘날의 정신의학은 발달된 산업사회 속에서 생겨난 정신장애자 치료 문제에 대해 특히 갈피를 잡지 못하고 동요하고 있는 듯 보인다. 의료기술 면에서 세계의 최첨단에 서 있다고 자부하는 미국에서도 이러한 경향은 예외가 아니다.

예를 들어 정신과 약물요법의 발달과 지역의료에 대한 개념, 정신장애자를 미국 사회 내부의 소수집단 중 하나로 규정하고 그들의 '인권 회복'을 도모하려는 움직임이 있다. 그러나 뉴욕이나 캘리포니아를 비롯한 여러 선진적인 주에서는 재정난 등의 이유가 복합적으로 작용한 결과, 최근 수년간 주립 정신병원 대다수가 통합·폐지되었으며, 장기 입원환자의 대부분이 퇴원하여 '지역의료'에 의존하게 되었다. 그로 인해 많은 환자들이 슬럼 지역에 머물게 되었으며, 관리가 불충분한 '중간 시설'에서는 사고나 살상 사건이 끊이지 않게 되었다. 게다가 완치되지 않은 상태로 퇴원한 환자들의 많은 수가 정신장애자를 비교적 관용하는 지역으로 몰려들어 혼자서 중얼거리거나 피식거리는 등의 해괴한 짓을 연출하며 거리를 배회하게 되었다. 그러자 현지 주민들의 민원이 쏟아졌고, 급기야는 '진보적 성향'의 의원들까지 정신장애자의 방치에 항의를 표명하는 실정이다. 그런가 하면 정신과에서 약물치료를 받고 일시적으로 회복되어 퇴원하는 환자들의 재입원 비율도 상당히 높아, 이들은 결국 사회와 병원을 들락날락하고 있는 실정이다. 그리하여 이러한 현상을 표현하는 '회전문 증후군(revolving door syndrome)'이라는 용어까지 생겨났을 정도이다.

한편 정신병자들에 대한 관리가 국가적으로 이뤄져 왔던 동구권 사회주의 국가에서는 페레스트로이카 이전까지만 해도 정신병원이 이단자 수용시설의 대용품으로 자리잡아 이른바 '광신자'나 '정치 망상증 환자'로 둔갑된 소수의 정치범과 종교범 들의 수용소 역할을 했다는 설도 있다. (엠네스티 인터내셔널의 보고가 만일 정확하다면 말이다.)

이렇게 볼 때 체제 여하를 불문하고 오늘날의 산업화 사회들과 그들이 지니는 근대 정신의학 체계는 광기 문제 해결에 성공하고 있다고 말하기 어렵다. 뿐만 아니라 해결을 위한 일관된 방향을 찾아냈다고 말할 수조차 없음을 알 수 있다. 하물며 근대 정신의학이 그와 다른 문화를 지닌 저개발 국가들의 광기 문제를 대처하는 데 최선의 방법일 것이라고는 도저히 생각할 수 없다. 물론 저개발 국가의 근대화 과정에서 자못 심각한 정신의학적 문제들이 야기됨으로써 정신병자들이 증가할 것이라는 사실은 키프(A. Kiev)[4]와 같은 학자들도 지적한 바 있으며, 근대화가 진행 중인 사회에 근대 정신의학의 도입이 필요해질 것이라는 점은 틀림이 없다. 그럼에도 불구하고 다음과 같은 사실 역시 분명하다.

자고로 모든 문화는 광기 문제 처리를 위한 나름대로의 방법을 가져왔다. 그리고 근대 정신의학은 그 유효성 및 타당성에 있어 스스로를 현대의 광기 문제 해결을 위한 유일한 방안이라고 주장할 만한 근거를 마련하고 있지 못하다. 정신의학은 신체의학의 영역과는 다른 차원의 문제인 것이다. 무슨 말인고 하니, 본질적으로 광기(정신장애)는 한 사회 속에서 당사자가 가지는 이상의 정도(질병성)와 그가 속한 사회의 문화적 틀과의 관계 속에서 사례성으로 분석되어 나타나는 것이다. 그런 까닭에 아이누의 이무(Imu)나 말레이인의 아모크(Amok)처럼 좁은 의미의 문화결합 증후군(culture-bound syndrome, 국내에서는 문화관련 증후군 또는 문화권 증후군이라 함—옮긴이)뿐 아니라 모든 광기가 넓은 뜻에서는 문화의 결합에 의한 것이라 할 수 있다.

그러므로 키프[5]의 시도에서 발견되는 것처럼, 오늘날의 정신의학이 특정 저개발 국가의 다양한 민족들에서 발견되는 전(前)과학적 정신의학(pre-scientific psychiatry)이나 민간 정신의학(folk psychiatry)에 관심을 쏟기 시작한 것은 나름대로의 필연성이 있다고 할 수 있다. 그렇기 때문에 현시점에서 기술되고 있는 정신의학사들이 앞서 질보그나 아커크네히트(E. H. Ackerknecht)[6]의 견해에 나타난 것과 같은 서구 편중적인 시각을 지양(止揚)하고 있다는 사실은 지극히 당연하다고 하겠다. 예를 들어 하우웰즈(J. Howells)의 새로운 『세계정신의학사』[7]는 중국·인도·중남미·아프리카·아랍과 같은 여러 나라의 정신의학자들이 자국 정신의학사에 관해 정리해 놓은 기고를 싣는 데 많은 부분을 할애하고 있다.

이제부터 필자가 시도하려는 바는 반드시 좁은 의미의 정신의학사를 목표로 하는 것은 아니다. 필자의 의도는 다만 인도와 중국을 비롯한 아시아의 여러 문화 속에서 발견되는 광기의 개념과, 각각의 사회가 그것을 대응해 온 방식을 각 지역, 각 시대의 문화와 연관시켜 총체적으로 고찰해 보는 한편, 더 나아가 아랍 및 아프리카 여러 민족의 광기관에 대해서도 살펴보고자 하는 것이다. 다시 말해서 이미 간행된 『일본의 광기』에 이어 '아시아·아프리카의 광기'에 관한 서론적인, 혹은 그 준비를 위한 시도를 행하고자 하는 것이다.

필자는 역사학자도 아니며 좁은 의미의 의학사학자도 아니기 때문에 자료는 모두 공간(公刊)되어 쉽게 구할 수 있는 것들을 이용했다. 『동양의 광기』라는 제목도 과대망상에 가까울 정도로 거창하지만 만용을 부려 이 책에 『광기의 역사』라는 이름을 붙일 수 없었던 이유는, 석학 미셀 푸코(M. Foucault)가 서구 광기관에 대해 이미 그런 이름의 대저술을 남긴 마당에 보통 얼굴이 두껍지 않고는 차마 그렇게 할 수 없었기 때문이다.

제1장
인도 의학과 광기

狂

1. 『아타르바 베다』와 광기

유구히 흐르고 있는 인더스 강 유역에서 세계 고대 문명의 하나
로 태동한 이래 인도 문화는 불교의 전래를 매개삼아 일본의 정신
세계에도 커다란 영향을 미쳤다.

그 영향은 정신의학사 및 광기 관련 문헌에 있어서도 자못 심대
하여, 일본의 전통문화는 중국과 인도라는 양대 문화의 강력한 입
김 속에서 성립되었다. 예를 들어 일본의 정신의학계는 근대 정신
의학이 이식되던 19세기 후반에 망상이나 환각과 같은 이상심리학
(異常心理學) 용어를 한역 불전(佛典)에서 빌려 올 수밖에 없었다.
중국 문화의 특징이 현세적이고 구체적인 사안에만 주로 관심을
기울이는 데 있었던 만큼, 초월적이고 비현실적이라 할 수 있는
마음의 심층 문제에 관해서는 일본이나 중국이나 한결같이 인도

사상의 문맥에 의존할 수밖에 없었던 것이다.

그렇다고는 해도 모헨조다로와 하라파에서 발흥한 고대 인더스 문명 시대(기원전 1500년경까지)의 광기관은 전적으로 어둠 속에 묻혀 있다. 이는 아직 문자가 생겨나지 않았던 당시의 상황과도 무관하지 않을 듯싶다. 당시의 문화에 대해 남인도 마두라이 의과대학의 벤코바 라오[1] 교수는 다음과 같이 말하고 있다.

"당시 인도아대륙(亞大陸, 인도는 아대륙이라 불릴 정도의 거대한 국가이다 — 옮긴이)의 주민들은 애니미즘, 동물·식물·수목·뱀 등에 대한 예배, 조상령(祖上靈) 숭배 및 초자연적인 것에 대한 믿음에 강력히 심취되어 있었다. 그들은 정신과 육체의 질병 모두가 악마나 신령의 빙의(憑依, possession), 혹은 죽은 혼령의 복수에서 비롯된다고 믿었으며, 그에 대한 치료법으로 기도와 주문, 부적 등이 사용되었다. 이와 같은 태고 인도의 주술적·종교적 질병관 및 치료관은 동시대 이집트 문명 및 메소포타미아 문명, 나아가 크레타 문명의 시각과도 공통되는 부분이 있다. 고대 이집트인들 역시 질병의 원인을 정령이나 죽은 혼령, 또는 신이 인간의 몸 안에 침입한 결과에서 찾았던 것이다. 그렇기 때문에 그에 대한 치료는 우선 어떤 형태의 지하령(地下靈)이 질병을 초래했는지를 밝혀낸 다음 주술을 이용해 그것을 몰아내는 방식으로 이루어졌는데, 이때 의술보다 우선된 것이 종교적인 방법이었다.

한편 메소포타미아인들도 적대적이고 사악한 영(靈)의 음모나 신의 영향에 의해 병이 생겨난다고 믿었던 만큼 주요 치료수단을 주문과 점술에서 구했다. 그런가 하면 고대 크레타 섬에서도 신전에서의 의료행위가 주를 이뤘다."

벤코바 라오 교수도 지적하고 있듯, 그처럼 아득히 먼 옛날에 존재했던 거대 문명들 상호간에 의학적·심리학적 교류가 어느 정도나 이루어졌을지를 추정하기란 쉽지 않다. 이처럼 다양한 장소에서 서로 비슷한 신앙이나 치료 형태가 나타나고 있는 이유를 추적함에 있어, 서로의 교류보다는 오히려 인간성의 공통 분모에 그 근거를 두고, 유사하지만 독립적인 태도가 그러한 결과물을 낳았다고 보는 편이 더 합당한 것일지도 모르겠다.

아리안족이 인도아대륙을 침범한 이래 인도에서는 이른바 '베다'라는 경전을 가진 힌두교 문명이 발흥한다. 뮐러(F. M. Müller)[2]의 견해를 빌자면 인도가 보유한 네 종류의 베다는 인류의 도서관에서 가장 오래된 책이라 할 수 있는데, 그 중에서도 『아타르바 베다(Atharva Veda)』는 광기 및 그에 대한 치료와 가장 깊은 관계를 맺고 있는 경전이다. 쓰지 나오시로(辻直四郎)[3]는 다른 세 가지 베다, 곧 『리그 베다』 『사마 베다』 『야주르 베다』가 각각 베다 제식의 주요 구성요소인 찬송(讚誦), 가영(歌詠), 공물(供物)에 필요한 내용을 담고 있는 데 비해, 주법(呪法)을 본령으로 삼고 있는 『아타르바 베다』는 그 기원을 뿌리깊은 민간신앙에 두고 있다고 말한다. 특히 제4 베다인 이 『아타르바 베다』는 그 일에 종사하는 독자적인 제관(祭官) 무리를 거느렸는데, 나중에 그들은 주법에 대한 지식으로 제식 전반을 총괄하는 브라만의 지위를 독점하게 된다.

애초에는 이 『아타르바 베다』를 『아타르바 앙기라스』라고 부르기도 했다는데, 이는 제물을 성화(聖火)에 바치는 제사의식을 담당했던 제관들이 주로 아타르바족과 앙기라스족 출신이었기 때문이다. 한편 주술의 목적은 크게 번영과 이익의 증대, 저주와 악령의 퇴치로 나뉘었다. 인도의 전승에 의하면 전자는 주로 아타르바족의 주술 목적에, 후자는 주로 앙기라스족의 주술 목적에 해당되었다고 한다.

훗날 『브라흐마 베다』라는 이름으로도 불린 이 『아타르바 베다』는 결국 주술 및 요술, 질병과 그 치료 등을 취급하는 악마학(惡魔學)에 관한 일대 체계라 할 수 있겠다.

당시 사람들은 병에 걸리면 의사보다는 주술사를 불러들임으로써 기도나 부적, 혹은 주문에 의존해 병자를 치료하고자 했는데, 이때 주술사는 부적과 함께 약초를 사용했다. 현존하는 『아타르바 베다』에는 약초와 부적을 같은 것으로 다루고 있지만, 언제부터 그랬는지는 알 길이 없다.

『아타르바 베다』에는 주법 찬가와 사상적 찬가의 두 부분이 포함되어 있는데, 주법 찬가 중 가장 큰 비중을 차지하는 것이 치병(治病) 찬가이다. 치병 찬가는 열병을 낮게 하는 주문, 간헐열·황달·출혈·수종(水腫)·기침·백치·골절·나력(瘰癧, 결핵성 경부 임파선염)·뱀독을 치료하기 위한 각각의 독특한 주문으로 구성되어 있으며, 그밖에 머리카락 생장을 촉진시키거나 성욕(性慾)을 높이기 위한 주문 및 '만병을 치료해 병마로부터 해방시키는 주문'도 포함되어 있다. 나아가 '광기를 고치기 위한 주문' 역시 치병 주문의 구성요소 중 하나이다.

쓰지 나오시로의 저서인 『아타르바 베다 찬가와 고대 인도의 주문법』을 통해 '광기를 고치기 위한 주문'의 예를 간단히 살펴보기로 하자.

1. 중병에 단단히 사로잡혀 말도 안 되는 소리를 중얼거리네. 광인을 구속하고 있는 포승을 우리를 위해 벗겨 주시라. 아그니(불의 신)여, 병이 나으면 소홀함이 없이 공물을 바치리니.

2. 평상심에 동요가 일면 아그니는 얼른 진정시켜 주시리니. 현명한 나는 약을 지어 치료하리니.

3. 신에게 범한 범죄 때문인가, 악마에게 받은 광기인가. 현명한 나는 효험있는 약을 지어 치료하리니.

4. 광기를 유발하는 아프사라스(요정), 혹은 인드라(武勇의 신), 혹은 바가(행운의 신), 모든 신들이 다시금 그대를 고쳐 건강하게 해주시리니.

이 경우 제의는 다음과 같이 행해진다. 방향성(芳香性)이 있는 각종 재료의 분말에 아지아를 뿌리고, 이것을 주요한 공물로 삼는다. 제물로 바치고 남은 것은 위에서 아래로 환자의 몸에 칠한다. 십자 모양의 길에서 환자의 머리 위에 다르바 풀(草)로 만든 고리를 놓고 그 위에 접시를 올린다. 접시 속에 담겨진 숯불 위에다 같은 물건을 바친다. 환자는 물 흐름을 거스르는 방향으로 물가로 가서 방향(芳香) 물질을 체에다 넣고 흔들며 물위에 뿌린다. 그 동안 시술자는 환자의 등뒤에서 물을 끼얹는다. 방향 물질을 질그릇 접시에 넣고, 물을 붓고, 문쟈 풀로 만든 세 가닥의 노끈을 이용해 나무에 만들어진 새 둥지의 입구에 연결시킨다.

지극히 복잡하고 괴이하기 짝이 없는 이 제식 절차의 주가(呪歌)를 통해 엿볼 수 있는 당시의 광기관은 다음과 같다.

1. 광기의 현상으로서는 '말도 안 되는 소리를 중얼거리는' 이해불능성

과, '평상심에 동요가 이는' 흥분 상태의 두 가지가 인식되고 있다.

2. 광기의 원인으로는 신적인 요인과 악마적인 요인의 양자가 거론되고 있다. 신적인 요인으로는 무용(武勇)의 신인 인드라와 행운의 신인 바가, 악마적인 요인으로는 정령(精靈) 아프사라스가 '광기를 유발하는' 요인으로 거론되고 있다. 이들은 각기 공격성(흥분), 현실에 대한 부정(망상·환각), 성적인 특징이라는 광기의 각 측면과 관계가 있는 것으로 보인다.

3. 광기를 '고치는 자'의 역할은 불의 신 아그니에게 맡겨져 있다. 이런 식의 주문은 신체적 질병에 관한 것이든 광기와 관련된 것이든 본질적으로 동일한 구조를 취하고 있다. 아마도 주문은 신 자체도 지배할 정도로 강력한 힘을 가진다는 사고가 자리잡고 있었던 것이 아닐까 싶다.

4. 신체적 질병에 있어서든 광기에 있어서든 약초는 주요한 주구(呪具)로 강조되고 있다. 이렇듯 약초가 주구로서 전용되게 된 것은 약초가 갖는 약으로써의 작용과 관련이 있는 듯하다.

인도의 모든 고전이 그러하듯 『아타르바 베다』의 성립 연대 역시 분명하지 않다. 대략 기원전 1000년 전후로 추정되고 있다. 그러나 『아타르바 베다』에 집대성되어 있는 주술적 관념이나 주가(呪歌)들은 성립된 시기보다 훨씬 이전 시대의 내용들이어서 『리그 베다』[4]와 공통되는 부분도 많다.

더구나 『아타르바 베다』에 "부적 한 개의 힘은 수천 명의 의사들이 처방한 수천 가지의 약들과 동일한 효능을 가진다"는 기술이 있는 것으로 볼 때 당시 일부에서는 약초 따위를 주로 쓰는 세속적 의사들과 주술사들이 벌써부터 경쟁관계를 형성하고 있었던 듯하다.

『아타르바 베다』의 주문 중에는 성욕이나 지력(知力)을 높이고 악몽을 예방하며 경련을 치료하는 한편 다양한 악마들에 의한 빙의를 막을 수 있는 방법 외에, '분노를 가라앉히기' 위해 사용하는 다음과 같은 주문도 포함되어 있다.

1. 이 다르바 풀은 분노를 가라앉히는 약초이니. 가족들을 위해서나, 타인을 위한 것. 분노를 가라앉혀 주는 이것은 분노의 진정자라 불리느니.
2. 많은 뿌리를 가지며, 바다로 하강하는 이 약초는 분노의 진정자라 불리느니.
3. 우리는 그대 입 안의 공격을, 그대 안에 있는 공격을 제거하네. 그대가 생각 없이(절제 없이) 말하지 않고 우리 뜻에 따르도록 만들기 위해.

쓰지 나오시로는 '사랑을 얻기 위한 주문'과 더불어 기술한 '부녀자를 위한 주문' 속에 이 분노를 가라앉히는 방법말고도 '질투를 진정시키는 방법' '가족을 잠들게 하는 주문' 등 인간의 심리작용을 대상으로 하는 몇몇 주문들도 열거하고 있다.

그 중 '잠의 주문'에 대해 잠시 살펴보면, 접시에 가득 찬 물을 방에 뿌리고 조금 남은 것은 출입문에 뿌린 뒤 나체가 되어 이 의식을 반복한다. 그런 다음 절구, 집의 북쪽 구석, 잠을 재우고자 하는 사람의 침대 오른쪽 앞다리 및 침대 방충망을 각각 바라보고 서서 다음과 같은 찬가를 속삭이는 것이다.

1. 바다보다 높이 떠오른 천 개의 뿔을 가진 암소(달), 이 강력한 자의 힘으로 나는 사람들을 잠들게 하네.
2. 땅위에는 바람 한 점 없고, 누구 하나 보는 사람 없네. 부인도 개도

잠에 빠뜨린다네. 인드라를 벗삼아 쉬지 않고서.
3. 모든 움직이는 것을 나는 잡으리. 눈을, 숨을 잡으리. 모든 지체(肢
體)를 잡으리. 저 어두운 심연에서.

이러한 주가(呪歌)에는 분명 최면효과도 있었을 것이다. 인도에
서 이와 같은 주술적 의술은 오늘날까지 그 명맥을 유지해 오고
있다. 그렇지만 베다 시대에도 민간 의술은 점점 그 골격을 키워
갔으며, 그리하여 질병은 초자연적 원인에 의한 것과 영양 상태에
따른 것으로 크게 나누어졌다. 그 결과 전자에는 주문을, 후자에는
약초를 적용시키는 경향이 생겨나기 시작했다. 베다 시대에는 약
초를 '몸 안의 부적'이라고 생각하는 데 불과했다. 그럼에도 불구하
고 베다 이후의 시대가 오자 고대의 인도 의술은 싹이 트게 된다.

2. 인도 고대 철학과 정신의학

베다 시대 직후의 고대 인도에서는 중국의 제자백가 시대에 비
견될 만큼 다양한 철학 학파들이 앞을 다투어 발흥한다.[5] 그 결과
기원전 6세기경부터는 과학적인 의술의 싹도 일찌감치 움트기 시
작한다. 고대 의술의 각 유파들은 기원전 6세기부터 기원후 2세기
사이에 개화의 시기를 맞이했으며, 이 시기에 종교적·주술적 단
계에서 철학적 단계로의 이행도 이루어진다. 오귀스트 콩트(I. A.
Comte)[6]의 주장처럼 인간의 지적 발전이 신학적 단계에서 형이상
학적 단계, 나아가 실증적 단계의 세 단계로 발전한다고 할 때 적

어도 제 2 단계로의 진보는 이루어낸 것이다. 차라카(Caraka), 수슈루타(Suśurta), 벨라(Bhela)와 같은 인도 의학의 3대 거장이 자신들의 의전(醫典, 상히타)을 남긴 것도 바로 이 시기이다. 오늘날은 파키스탄의 페시크르에 해당하는 프루샤푸르 소재 카니시카 왕궁의 시의(侍醫) 출신인 차라카(떠돌이라는 뜻)는 기원후 1세기에서 2세기경의 인물로 고대 인도 의술을 계승·집대성한 사람인데, 수슈루타가 인도 외과의술의 시조라면, 그의 전문 분야는 내과 쪽이었다. 그러나 이 두 사람 모두 의술의 체계를 세우는 데 있어서는 고대 인도의 니아야·바이셰쉬카(Nyāyā-Vaiséṣika), 상키야(Sàmkhya) 학파 등의 학설을 기초로 삼고 있다. 여기서 니아야(이론을 뜻한다고 함) 철학이란 가우타마(Gautama)를 개조(開祖)로 하는 학파를 가리키는데, 가우타마에 의하면 사물의 세계는 흙·물·바람·불·공간이라는 다섯 원소에서부터 성립한다고 한다. 그런가 하면 카나다(Kanada)가 창시한 바이셰쉬카 학파는 세계가 원자에서 성립했다는 설을 받들고 있으며, 상키야 학파의 개조인 카필라(Kapila)는 물자(物資)와 영혼의 이원론을 설파했다. 진화란 불명확한 것에서 명확한 것으로 나아가는 발전의 형태로 나타난다는 게 그의 생각이었다.

벤코바 라오[7]를 비롯한 학자들은 인도의 고대 철학 및 의술 체계에서 발견되는 정신의학의 여러 개념들을 다음과 같이 정리하고 있다.

(1) 정신이 위치하는 자리와 그 본성

인도에서 정신의 본성과 그것이 위치하는 자리에 관한 가설 및 개념은 수많은 철학적 유파들만큼이나 다양하다. 일반적으로 고대 인도의 심리학적 경향의 특징은 그 속에서 경험론적이고 실증적인 사고를 찾아볼 수 없다는 사실이다. 애초에 비현실적인 경향이 강한 그들의 국민성을 반영이라도 하듯 인도의 고대 심리학 역시 다분히 형이상학적이었다.

그런 까닭에 인도의 심리학은 실험이 아니라 내관(內觀)에 기초를 두고 있다는 특징을 갖는다. 정신을 영혼의 등가물로 보는 관념이 없었던 것은 아니지만 그럼에도 불구하고 정신은 단지 인체의 특정 기관이나 감각의 하나에 불과하다는 생각이 자리잡고 있었던 듯하다. 이러한 사고는 정신을 여섯 번째 감각기관으로서 파악하고 있는 인도의 고대 문헌들을 보면 알 수 있다.

예컨대 『리그 베다』에서는, 정신(마나)은 사고가 이루어지는 자리이며 감정은 심장에 위치한다는 기술이 발견된다. 이에 반해 『아타르바 베다』에는 정신이 의식(치타)과는 별도의 기관으로 규정되고 있다. 정신 즉 마나는 내적 기관에 해당되며 사고를 표현하는 것은 바로 치타의 기능이라는 것이다. 그런가 하면 『아타르바 베다』는 심장을 정신이 위치하는 자리로 중시하고 있기도 한데, 이는 거기에 실린 "오오, 미투라 신과 바루나 신이여, 이 여인의 심장에서 사고 능력을 제거하고 판단력을 빼앗아 우리가 지배할 수 있게 해주소서"라는 주문을 보면 간단히 확인할 수 있다. 한편 고대 인도에서는 정신을 일종의 감각기관으로 간주하는 학파들도 있었다. 대표적으로 니아야 학파나 바이셰쉬카 학파는 정신은 내재적인 지각의 일종이며 그 주요 기능은 외부 세계에서 받은 인상을 수용하고 그것에 적절하게 반응하는 것이라고 주장했다.

차라카, 수슈루타, 벨라 같은 의사들도 이러한 고대 사상가들의 뒤를 이어 정신이 위치하는 자리에 대해 관심을 표명했다. 그 중 차라카는 정신의 자리를 심장으로 보았는데, 그에 의하면 심장은 쾌락, 고통, 사물에 대한 인식이 이뤄지는 자리이기는 했지만 이러한 기능들이 머무는 장소라기보다는 이 같은 고유의 기능들이 의존하고 있는 장소일 따름이었다. 즉 "만일 심장에 탈이 나면 이러한 기능들에도 이상이 생긴다. 심장이 건강하다면 이러한 기능들도 모두 제 힘을 발휘한다"는 것이다. 결론적으로 차라카의 체계 속에서 가장 중요한 위치를 차지하고 있는 것은 심장이며, 심장이야말로 신체적 · 심리적 활동의 중심이다.

한편 수슈루타 역시 심장을 "아홉 개의 문을 가진 연꽃"이자 정신이 위치하는 자리로 파악했다. 수슈루타는 "인체는 사지(四肢), 지식, 의식, 오관(五官)의 영혼으로 구성되며, 정신과 사고 모두는 심장 속에서 형성된다"고 기술했다. 그는 또 "심장은 감각, 의식, 정신의 중추"라는 주장도 했는데, 차라카나 수슈루타의 이와 같은 견해는 이 문제를 바라보는 아리스토텔레스의 시각과 일치한다.

반면에 차라카와 동시대 사람으로 추정되는(인도 역사에서는 연대를 정확하게 결정하는 것이 쉬운 일이 아니다. 인도인은 어쩌면 역사적 감각이 결여되어 있는지도 모른다) 벨라는 정신의 중추를 뇌로 파악했다. 이는 산스크리트어 문헌 전체를 통해 유일하게 발견되는 독자적인 견해로, 그리스의 의사인 히포크라테스(B. C. 460~377)

의 견해(『신성한 질병에 관한 연구』), 그리고 근대 정신의학의 견해가 이에 합치된다.

벨라는 "감각 중에서도 가장 지고한 것인 이것은 두개(頭蓋) 내부에 그 자리를 갖는다"고 주장했다. 나아가 그는 마나, 치타, 붓디를 구별하면서 이 가운데 인식력과 관계있는 마나는 뇌 안에, 모든 감각을 통합하는 치타는 심장에 자리를 잡는다는 견해도 펼쳤는데, 그가 말한 이 마나와 치타는 호메로스로 대표되는 그리스 고전에서 곧잘 언급되곤 하는 누스(정신)와 데모스(감정)에 대응되는 것으로 생각하면 될 듯싶다.

한편 광기의 기원에 대해서는 "내 안에 있는 도샤(dosha, 병든 체액)가 정신을 침해함으로써 심장까지 병들게 한다. 심장이 병에 걸리면 이해력이 떨어지게 되고, 그 결과 광기가 유발된다"고 설명했다. 여기서 한 가지 짚어 보고 넘어가야 할 점이 있다면, 그리스와 인도에서 발견되는 공통된 관념의 기원을 아리안 민족으로서의 동질성에서 찾을 것인가, 문화 전파에 의한 결과로 볼 것인가의 여부이다.

베다 문학이나 우파니샤드 역시 정신이 위치하는 자리를 심장으로 보는데, 그 예로 『타잇티리야 우파니샤드』에는 심장 속에 '작은 사람'으로서 마음이 들어 있다고 비유적으로 표현한 구절이 있으며, 『아이타레야 우파니샤드』에도 심장이 정신의 자리라고 노래하는 시구가 실려 있다. 정신이 머무는 곳이 심장이라는 관념은(벨라와 히포크라테스의 견해를 예외로 하고) 고대 이집트나 중국, 그리스(아리스토텔레스)와 같은 고대 문명에서도 공통적으로 발견된다.

힌두이즘 안에는 탄트라 밀교라 불리는, 아유르 베다 계통과는 구별되는 유파가 있다. 이 탄트라 밀교에서는 차크라라 불리는 신경망의 존재가 세세하게 묘사되고 있는데, 그 중에서도 양미간 사이에 존재한다고 여겨지는 마음의 신경망(mind plexus)은 감각, 지식, 꿈에 관한 지식 등을 주관하는 것으로 믿어져 왔다. 또한 이 유파는 상위뇌(上位腦)가 정신을 지배하며, 교련신경 섬유(交連神經纖維)는 혼과 정신을 연결하는 매개자로 생각했다.

(2) 항상성(恒常性, homeostasis) ― 정신 건강의 개념

예부터 모든 나라의 철학이 갖는 과제 중 하나는 인간이 어떻게 하면 정신의 안식과 신체적·사회적 행복을 누릴 수 있느냐는 것이었다. 그 점은 베다 철학이나 우파니샤드와 같은 신비주의적 철학에서부터 유럽의 에피쿠로스 학파와 같은 유물론적 철학, 그리고 인도의 로카야타(lokāyata, 유물론자들), 아타락시, 샨티, 슈티하프라주나와 같은 여러 유파에 이르기까지 모두 공통적이다.

어떻게 보면 정신의 건강을 목적으로 삼고 있다는 점에서 인도의 모든 종교와 철학은 정신요법으로서의 측면을 갖고 있다고 하겠는데, 그 중에서도 특히 위에 열거한 여러 학파들 사이에는 눈에 띄는 공통점이 있다. 그것은 바로 이 학파들이 모두 정적(靜寂)을 지향하고 있다는 점이다.

베다 시대의 성자들이라면 필시 인류 최고의 사상가에 속할 텐데, 그들은 한결같이 대자연 속에서 리타(rita)라 불리는 하나의 질서를 발견해내고 있다. 뿐만 아니라 자연숭배자였던 그들은 우주의 어디에나 존재하는 많은 신격(神格)에 제각기 이름을 붙였다.

특히 우주의 질서를 통일하는 신에게는 바르나(Varna)라는 이름을 붙이고, 그를 영원한 이법(理法)인 리타의 주관자로 생각했다. 그뒤 시간이 점차 흐르면서 리타가 도덕과 정의의 법칙이자 우주의 이법으로 자리잡게 되면서, 사람들은 리타를 거스르면 파멸이 찾아올 것이라는 믿음까지 갖기에 이른다.

이런 정황을 따져 볼 때 심신의 항상성(恒常性)에 대한 발상이 베르나르(C. Bernard)나 프로이트(S. Freud), 캐넌(W. B. Cannon)과 같은 서구 의학자들에게서 비롯되었다는 생각은 근시안적 편견에 불과하다. 이에 대해 벤코바 라오[8]는 소로킨(P. A. Sorokin)의 '콜럼버스 콤플렉스'란 말처럼 인류의 문화사 속에 나타난 모든 발견은 어쩌면 재발견에 불과했을지도 모른다고 말하고 있는데, 실제로 베다 사상가들은 고대 그리스 사상가들과 마찬가지로 우주와 인간 사이의 연관성을 밝혀냈으며, 인간 내부에도 자연과 마찬가지의 질서가 존재한다고 생각했다. 그들에게 있어 인간은 축소된 우주였으며 우주란 확대된 인간이었던 것이다.

우파니샤드 철학에 의하면 인간의 인격은 늘 조화로운 평형 상태를 지향하는 여러 층의 차원으로 구성된 채 하나의 전체로서 작용하고 있다고 한다. 물질적인 신체는 '아나마야 코샤'라 불리는 첫 번째 층으로 음식물에서 생겨난다. 두 번째 층은 '프라나마야'라는 생기적(生氣的) 감각의 층이다. 그리고 세 번째 층은 '마노마야'라 불리는 정신(지각·인지·기억)의 층인데, 이것들은 구체적인 것에서 추상적인 것으로의 상승을 가리킨다. 그런가 하면 '비그나마 코샤'라 불리는 네 번째 층은 '의식'의 층에 해당하며, 인생의 기본을 형성한다. 그리고 '안타마야 코샤'라 불리는 마지막 층은

궁극의 목표인 정적을 표현한다. 이와 같은 여러 층들의 기능이
조화를 이루면 물질에서 영(靈)으로 상승할 수 있는 기능의 평형
상태가 탄생한다.

인격의 항상성에 관한 우파니샤드 철학의 이와 같은 고찰은『만
두키야 우파니샤드』라는 문헌 속에서 구체화되고 있는데, 여기서
는 의식의 여러 단계를 고찰하면서 인간의 의식을 각성, 꿈, 숙면,
지복(至福)의 상태로 나누고 있다. 우파니샤드는 꿈에 관해 "갈구
하는 것은 꿈속에 나타난다. 갈구하지 않은 것은 꿈을 꾸지 않는
다"고 설명하는 한편, 꿈이 가지는 평형 회복의 기능에 대해서도
언급한다.

우파니샤드에 의하면 꿈은 비참함에서 벗어나 쾌락을 얻기 위한
수단이라고 하는데, 수면과 병의 상관 관계에 대해서는 차라카 역
시 지적한 바 있다. 그런가 하면 꿈의 기능에 관한 우파니샤드와
정신분석 이론의 공통점에 대해서는 벤코바 라오 역시 지적하고
있다. 이밖에 우파니샤드의 인격 이론이 프랭클(V. E. Frankl)의 '차
원적 존재론'과 유사하다는 점도 주목할 만하다. 그러나 여기서도
서구 근대의 의식에 관한 계층구조와 비교할 때 일종의 가치의 전
도가 존재한다는 사실은 특기할 만하다.

3. 아유르 베다와 광기의 구조

최근에는 현대 의학에만 치우치지 않고 인도의 아유르 베다나
한방·침구(鍼灸)를 비롯하여 세계 각지에서 실천되고 있는 민간

의술들을 새로운 시각으로 보려는 움직임이 정신의학의 영역뿐 아
니라 신체의학의 영역에서도 움트고 있다고 한다.[9] 그 중에서도
'생명의 서(書)'라는 뜻을 담고 있는 고대 인도의 의학 문헌들에
특히 주목이 집중되고 있다.

일본에서도 이토 가즈히로(伊藤和洋),[10] 오지하라 겐세이(大地原
玄誠),[11] 이토 야에지(伊藤彌惠治)와 스즈키 마사오(鈴木正夫)[12] 같
은 사람들이 『아유르 베다』나 『수슈루타 상히타』 같은 의학서들
을 번역해 소개한 바 있다.

이토 가즈히로에 의하면 '아유르 베다(Āyur Veda)'란 고대 인도
인이 자신들의 의학에 부여한 명칭으로 '고대 인도 의학'과 동의어
라 할 수 있다. 그러나 말이 고대 인도 의학이지 현재까지도 이
의학체계가 인도·방글라데시·파키스탄·스리랑카 등지에 사는
7억 인구의 삶과 밀접한 연관을 가지고 있는 것을 볼 때 여전히
이것이 인도인들의 의료체계로 존재하고 있음을 알 수 있다.

그러나 흔히들 성전(聖典)이라고 말하는 이 아유르 베다란 독자
적으로 현존하고 있는 서적이 아니라 『아타르바 베다』 속에 부록
형식으로 포함되어 있는 의학적 내용을 말한다. 이런 이유로 인도
의성(醫聖)의 한 사람인 수슈루타는 이 아유르 베다에 『아타르바
베다』의 부록 혹은 부(副)베다를 뜻하는 '우파 베다'라는 명칭을
붙이고 있다. 이렇듯 아유르 베다란 고대 인도 의학에 존엄과 권위
를 부여하기 위해 후세 사람들이 『아타르바 베다』에 부록으로 추
가한 것을 가리킨다 하겠다.

베다의 기원에 대한 전설에 의하면 다른 네 종류의 베다처럼 이
아유르 베다 역시 성자가 신으로부터 받은 계시라 하는데, 이것에

는 두 가지 계통이 존재한다. 그 하나가 인드라 신의 계시를 받은 파락도바지아를 시조로 삼는 내과 계통의 학파인데, 이 계열을 대표하는 저서가 바로 앞에서도 서술한 바 있는 차라카의 『차라카 상히타』이다. 그리고 다른 한 계통은 외과 계열의 것인데, 역시 인드라 신에게서 베다를 계시받은 탄바타리에게서 비롯되었다고 한다.

앞에서 차라카, 수슈루타, 벨라와 같은 거장들에 대해서 간단히 살펴보았듯이 고대 인도 의학은 기원전 6세기부터 기원후 2세기에 걸쳐 황금시대를 맞이한다.

정신이 위치하는 자리에 대해 아유르 베다가 어떠한 견해를 가지고 있는지에 대해서는 세 거장들 각각의 견해를 예로 들어 앞에서 이미 설명한 바 있지만, 그밖에도 아유르 베다는 정신적 질환의 중요성을 인정하면서 그것을 질환 분류 속에 포함시키고 있다. 무슨 말인가 하면, 인간의 질병을 외인적·내인적·정신적인 것으로 분류하고 있다는 것이다.

벤코바 라오는 고대 인도 의학체계에는 세 가지 체액(도샤)설이 병인(病因)·병리(病理)·진단·치료의 전 과정에 중심적 지위를 차지하고 있다고 말하는데,[13] 그 세 가지 체액 즉 도샤란 바타(vata), 피타(pitta), 카파(kapha)를 가리킨다.

아유르 베다는 또 질병의 종류를 바람형(아브라자, abhraja), 담즙형(바타자, vātaja), 점액형(슬레스마, slesma)의 셋으로 분류하면서 이것들의 원인을 세 가지 도샤인 바타, 피타, 카파의 부조화에서 찾고 있다.

한편 장대한 서사시로 이루어진 인도의 고전『마하바라타』에는 인간의 3대 구성요소인 바람, 담즙, 점액의 퇴폐가 병을 초래한다는 관념이 담겨 있다. 이와 같은 체액설은 그 기원을 두고 의견이 분분하다. 그 중에는 인도 의학이 그리스의 체액설을 차용한 것이라는 설도 있지만, 쿠툼비아(Kutumbiah)처럼 이러한 의견에 대해 유력한 반대의사를 표명하는 사람들도 적지 않다. 아유르 베다에 의하면 이 세 가지 도샤는 니다나(nidanas)라 불리는 일종의 선행(先行) 인자가 갖춰질 때에만 비로소 병의 원인으로 작용할 수 있다고 하는데, 그 선행 인자란 바로 도샤가 자극을 받은 상태를 뜻한다. 그러한 상태가 기초 체질인 다타(dhata)에 작용해 부조화를 일으키면 그로 말미암아 질병이 유발된다는 것이다.

차라카는 상술한 바타, 피타, 카파를 신체적 도샤로 규정하면서 그밖에도 정신적 질병의 유발 인자로 라자스(rajas)와 타마스(tamas)라는 두 가지 정신적 도샤를 상정하고 있다. 차라카가 설명한 광기의 병리 시스템이란 다음과 같다.

"심신의 고통으로 이성이 혼돈을 일으키면 정신의 도샤에 자극을 주어 정신 작용을 주관하는 도관(導管)을 막게 된다. 그 결과 광기가 유발된다."

이처럼 아유르 베다 체계에서는 개체의 심리적·기질적 개성을 특정한 도샤 작용의 우세에서 찾고 있는데, 이 점은 분명 그리스 특유의 사고와 닮은 데가 있다.

차라카는 광기(운마드, unmād)를 다음과 같은 체계에 따라 분류한다.

내인군(內因群)

1) 신체적 체액과 관련하여 생겨난 광기
   a. 바톤마드(Vatonmād)
   b. 피톤마드(Pittonmād)
   c. 카폰마드(Kaphonmād)
   d. 산니파토마드(Sannipathomād)
2) 정신적 체액과 관련하여 생겨난 광기
   a. 라자손마드(Rajasonmād)
   b. 타마손마드(Tamasonmād)
3) 1)과 2)의 결합 작용으로 생겨난 광기

외인군(外因群)

   a. 아드존마드(Adhjonmād)
   b. 비샤존마드(Vishajonmād)

이 두 번째 분류인 외인군에 속하는 병인들 속에는 신들이나 성자·악마 등에 의한 빙의, 신이 내린 벌이나 저주, 현세나 전생에서 다하지 못한 의무 따위의 요인도 포함된다. 또한 이 경우에는 체액의 장애가 별다른 영향을 미치지 않는다.

차라카는 광기를 "정신·이성·의식·지각·기억·경향·성격·행동 등의 불안정 상태"로 정의 내리고, 그 원인을 잘못된 식사, 신이나 교사 등에 대한 불경(不敬), 과도한 희로애락으로 인한 정신적 충격, 잘못된 신체 활동 등에서 찾고 있다. 그는 또 내인에 의한 광기의 전조로 "공허감, 귀울음(耳鳴), 가쁜 호흡, 식사 부진,

가슴 답답함, 불안, 공포, 잦은 배회 및 이동, 수차 위에 앉거나 물속에 빠지는 꿈을 꾸는 것" 등을 예로 들면서 광기의 일반적 증상에 대해 다음과 같이 말하고 있다.

즉 지성의 혼란, 극단적인 기분 변화, 눈의 충혈, 언어의 불안정 내지는 두서 없음, 정신의 공허감, 기억·이성·분별력 상실, 끊임없는 정신의 동요 등이 그것이다.

나아가 광기의 유형 중 외인형(aganthunmād)의 원인으로 여덟 가지 형태를 예로 들면서 한결같이 빙의에서 비롯된다고 주장하고 있다. 또한 외인형의 일반 증상으로는 "초인적인 힘과 에너지, 이해력, 기억, 언어, 지식" 등을 들고 있다.

차라카가 분류한 광기의 유형과 그 증상의 대응관계는 다음과 같다.

내인형

· 바타형 배회하는 습성이 생기고, 눈꺼풀과 입술을 비롯한 신체 각부를 떤다. 말에 두서가 없어지며, 히죽히죽 웃고 춤추며 노래한다. 다양한 악기 소리를 큰 소리로 흉내낸다. 아름답지도 않은 기묘한 대상을 떠받든다. 몸이 야위거나 비만해지고 눈은 충혈된다.

· 피타형 외부 자극에 대해 급격한 반응을 보이며 쉽게 분노한다. 상황에 어울리지 않을 정도로 흥분하기 일쑤이며, 옷을 벗어제친다. 무기를 이용하거나 맨손으로 자신은 물론 타인에게 상해를 입힌다. 응달을 찾고 냉수를 즐겨 마시며 식탐이 많아진다. 분노와 발작이 오래 간다. 눈빛이 적갈색이나 녹색, 혹은 황색을 띠면서 눈초리가 사나와진다.

· 카파형 어느 한 곳에 진을 치고 앉아 미동도 하지 않고 침묵에 잠긴

다. 침을 흘리고 음식을 거부하며, 고독을 즐긴다. 꾸벅꾸벅 졸기 일쑤
이며, 눈은 흘겨보거나 시선이 한쪽에 고정되어 있다.

외인형

세 가지 도샤 전체의 부조화로 인한 광기(Tridoshamād)로 언어, 지식,
기억, 이해력, 신체 능력 등 모든 면에서 초인적인 힘을 발휘한다. 차라
카에 의하면 가장 위험하고 치유되기 힘든 광기이다.
차라카는 광기 치료법으로 '동정 섞인 말로 부드럽게 위안해 주는 방
법'을 비롯하여 '뱀을 이용해 위협하는 방법', 그리고 관장(灌腸)이나
사혈(瀉血) 요법 등을 권하고 있다. 그밖에도 토제(吐劑, 먹은 음식을
토하게 하는 약)나 하제(下劑, 설사가 나게 하는 약)를 이용한 정화 요
법을 권장하면서, 만일 그것도 효험이 없을 때는 약용 기(ghee, 버터
기름)를 콧구멍이나 귓구멍에 흘려 넣어 보라고 권유하고 있다.
약제로는 코코넛, 후추, 쥐오줌풀, 심황, 살사 뿌리, 석류나무, 계수나무
잎, 자단(紫檀), 무, 생강, 머위, 산양이나 암소의 오줌, 수소나 표범의
담즙 등이 이용되었으며, 경우에 따라서는 겨자기름 마사지나 일광욕,
달군 철로 지지기, 채찍질과 같은 과격한 요법이 치료법으로 권장되기
도 했다. 또한 어금니를 제거한 뱀, 훈련받은 코끼리나 사자, 행색이
도적처럼 보이는 사람의 위협이나 살해 협박 등도 최후의 수단으로
사용되었다.

그밖에 『차라카 상히타』에 "욕망, 슬픔과 기쁨, 선망 등의 감정
이 지나쳐 광기에 빠진 경우는 그와 반대되는 감정을 불러일으킴
으로써 그것을 중화하는 방법이 권장된다"와 같은 기술이 있는 것
을 보면, 심리요법이나 정신과 약물요법과 같은 다양한 방법이 당

시에도 이미 존재하고 있었음을 알 수 있다.

고대 인도 의학에서는 '기(ghee)'가 치료제로 중요한 역할을 차지하고 있어 사람들은 그 냄새를 맡거나 그것을 보는 것만으로도 악령을 쫓을 수 있다고 생각했다.

한편 "강한 정신력의 소유자로 알코올과 고기를 삼가면서 절제 있는 식사를 하는 자는 책임감이 있고 청결하여 광기에 사로잡히는 일이 없다"는 차라카의 기술을 보면, 그가 정신 위생에 대한 관념도 갖고 있었던 것으로 보인다.

더구나 그는 비록 "복수를 목적으로 한 영(靈)에 들린 것"이라고 주장하기는 했지만, 절대로 치료가 불가능한 형태의 정신병도 존재한다는 사실을 인식하고 있는 등, 거의 완벽에 가까운 정신의학의 경지에 도달해 있었다. 이처럼 수준 높은 정신의학 체계가 고대 인도의 의학문헌에도 존재한다는 사실이 그저 경이로울 따름이다.

4. 『수슈루타 상히타』의 빙의와 간질

20세기 전반에 이루어진 인도 고전 의학에 대한 재발견 이전까지만 해도 서구와 일본의 의사들은 1~2세기경의 인도 의학이 벌써부터 상당한 수준에 도달해 있었다는 사실을 미처 알지 못했다. 일본인들만 해도 단지 불전에 실린 왕사성(王舍城, 고대 인도 마가다국의 수도)의 기파(耆婆, Jīvaka)와 같은 전설적인 명의(名醫)들의 이름을 통해 고대 인도 의학의 존재를 어렴풋이 감지하고 있었을 뿐, 그 의학의 실체가 어떠했는지를 알려는 노력은 별반 기울여

오지 않았다.

인도의 모든 고대 학문에서 일률적으로 나타나고 있듯, 원래부터 사변적이고 비역사적인 면이 있는 인도인들은 과거의 축적물 위에 실증적 견해를 쌓아 나가는 일에는 서툴렀다. 특히 문헌을 편년적으로 정리하거나 하는 작업에 대해서는 전혀 무관심했다. 그러다가 영국의 식민통치를 받게 되면서 영국에 유학해 근대 의술을 배운 인도인 의사들 사이에서 과거의 유산을 발굴해 그것을 재평가하려는 움직임이 20세기 초반을 기점으로 일기 시작했다. 그들의 활약은 산스크리트어로 쓰여진 고대 의학서를 영어로 번역하는 데서 시작되었다. 그 결과물 중 하나가 1916년 캘커타의 비샤그란타 카비라지(Kunja Lai Bhishagranta Kaviraj)에 의해 번역 출간된 『수슈루타 상히타(Suśruta-samhitā)』의 영역판이다. 이 『수슈루타 상히타』는 스즈키 마사오, 이토 야에지 등에 의해 일본어로도 번역되었는데,[14] 이 번역 작업은 1971년도 일본의사회에서 주는 최고 공로상을 받음으로써 그 노고를 인정받게 된다. 그런가 하면 오지하라 겐세이는 산스크리트어 원전을 직접 일어로 번역해내기도 했다.[15]

이미 언급한 대로 『수슈루타 상히타』는 외과 부문에 대해서도 비교적 자세하게 설명하고 있지만, 전체적으로는 내·외과적 치료와 기도 요법이라는 삼차원적 치료법을 채용하고 있다. 역자인 비샤그란타 카비라지도 변호하고 있는 부분이지만, 여기에 기도 요법이 등장한다는 이유로 이 체계를 미신적·주술적으로 치부할 필요는 없다. 그것은 인도 의학이 그 시대의 인식 체계 안에서 스스로의 유효성을 유지해 나가기 위해서 꼭 필요한 조건이었기 때문이다. 당시로서는 신체 의료만으로는 치료가 불가능한 영역이 상당히 광범위했던 만큼, 기도라는 일종의 정신요법을 배제한 의료행위가 사실상 불가능했을 것이다. 오늘날에도 그것을 완전히 배제한다는 것은 사실 가능하지 않다.

『수슈루타 상히타』는 '악마의 영향에 의한 질병'을 초인적 영향에 의한 질병, 아파스마라(Apasmāra, 간질), 정신병(마나의 병)의 세 범주로 나누고 있는데, 이 가운데 정신병은 일종의 체액설(도샤의 장애)에 의해 설명된다.

초인적 영향에 의한 질병(Amanusha-Pradishedha)

악마, 요괴, 유령, 영(靈)이나 사신(蛇神) 등과 같은 인간 이외의 존재가 작용하여 일으킨 질병을 말한다. 이 병을 유발하는 영적 존재는 그라하(Graha)인데, "사람에게 초인적 성격을 부여하고, 괴력을 부리거나 눈에 두드러지는 이상 행동을 하도록 만들 뿐 아니라, 다른 사람의 사적인 일이나 장래에 일어날 일을 알려 주도록 사주하는 것은 누구든지 그라하라 불린다"고 한다. 『수슈루타 상히타』에 기술된 내용을 토대로 볼 때 이 '아마누샤 프라디세다'는 정신의 병태 중에서도 특히 인격 변환(빙의 상태를 포함)을 수반하기 때문에 이렇듯 초자연적인 해석을 붙인 것으로 보인다. 이 범주는 어떤 영에 들렸느냐에 따라 다음과 같이 세분화된다.

· 신성(神性, 데라 그라하, Dera Graha)에 들린 사람 여기 해당되는 사람은 청결하고 삶에 만족하며, 정력적이고 조금밖에 자지 않는다. 그는

고운 말로 말하고 꽃이나 방향(芳香)을 사랑하며, 모든 사람들에게 신성의 요식(要式)에 따라 은혜를 베풀고 바라문을 공경하며, 사물을 볼 때 시선을 모아 응시한다.

· 악마(惡魔, 아수라 그라하, Asura Graha)에 들린 사람 땀을 많이 흘리며, 신들과 바라문 및 선현들에 대해 험담을 한다. 늘 인상을 쓴 채 눈썹을 찌푸리고, 온갖 종류의 음식을 탐하며 못된 행실을 일삼는다.

· 사신(蛇神, 브잔다 그라하, Bhujanda Graha)에 들린 사람 때때로 뱀처럼 땅을 기어 다니며 늘 혀끝으로 입술의 양끝을 핥는다. 잠을 많이 자고 꿀과 우유를 즐긴다.

· 요괴(妖怪, 라크샤 그라하 Rakshasa Graha)에 들린 사람 고기와 피와 술을 탐식하며, 파렴치하고 잔인한 행동을 일삼고, 곧잘 화를 낸다. 괴력을 휘두르며, 야간에 배회한다.

· 오마(汚魔, 피사챠 그라하, Pisacha Graha)에 들린 사람 교만하고 수척해지며, 말이 많아지면서 행동도 거칠어진다. 몸에서 악취를 풍기고 냉수나 서늘한 장소를 좋아하며, 밤에 집에서 멀리 벗어나 울면서 배회한다.

· 영혼(靈魂, 간다바 그라하, Gandhava Graha)에 들린 사람 경치 좋은 물가나 아름다운 숲 속을 즐겨 걸으며, 몸도 행동도 청결하고, 음악과 꽃과 향기를 즐긴다. 쾌활하게 웃으며 감미로운 노래를 부르고 춤을 춘다.

이처럼 '영에 씌었다'고 생각되는 병자들에 대한 기술에는 오늘날의 관점에서 보면 분열증, 간질, 히스테리라고 할 수 있는 다양한 범주들이 포함되어 있어 이 기술만으로는 사례들 전부가 좁은 의미의 빙의에 의한 것이라고는 보기 힘들다. 다만 여기서 주목해야 할 점은 다음의 세 가지이다.

첫째는 『수슈루타 상히타』가 이것을 질병에 포함시켜 의료의 대상으로 삼고 있다는 사실이다.

둘째로 "그라하에 썰 사람 중에 눈이 붓고 걸음걸이가 빠르며, 입가에 거품을 물고 스스로 그것을 핥고, 자주 졸고, 걸음걸이가 비틀거리고, 이따금씩 땅바닥에 쓰러지는 자, 혹은 산이나 코끼리의 등이나 나무 위와 같은 높은 장소에서 떨어지고 나서 그라하의 침습을 받은 자, 혹은 노인인 경우 등은 불치병이라 생각하고 포기함이 마땅하다"고 기술되어 있다는 점이다. 즉 두부(頭部) 외상이나 노인성 정신장애, 그밖에 뇌염을 연상시키는 증상 등 일반적으로 기질성 정신장애의 병태를 가리키는 것들에 대해 병세의 경과나 그 진전을 예측할 수 없다는 판정을 내리면서 거기에 신비적이고 초자연적인 해석을 부여하고 있는 것이다.

마지막으로 "데라 그라하는 보름달이 떴을 때 사람에게 들리며, 아수라는 낮과 밤이 만나는 시점, 즉 아침이나 저녁 무렵의 박명(薄明)에 들린다"는 식으로 광기와 달의 상관 관계를 지적하고 있는데, 이것이 서양 고대 관념의 정신이상(lunatic, 광기＝달)을 연상시킨다는 사실이다.

한편 이처럼 초자연적 원인에 의해 유발된 광기를 치료하는 데 『수슈루타 상히타』가 제시한 세 단계의 방법은 다음과 같다. 첫째는 일반적·종교적 처치로서, 종교적 의식과 주문의 암송이며, 둘째는 특수한 종교적 처치로서, 광기를 일으킨 각각의 영적 존재에 걸맞는 공물을 그것에 들린 첫날에 바치는 것, 셋째는 두 번째 단계도 소용이 없을 경우에 하는 의료적 조치로, 염소·곰·호저(豪猪)·부엉이 등의 피부 및 염소 오줌, 그리고 양의 지방을 뒤섞어 만든 선향(線香)으로 환자를 훈증해 주는 것이다.

『수슈루타 상히타』는 다음에서 보게 될 아파스마라(Apasmāra, 간질)나 정신병(운마다 프라디세다, Unmāda-Pradishedha)도 넓은 의미의 '악마로 인한 질병'에 포함시키고 있는데, 막상 그 내용을 읽다 보면 오히려 체액설 쪽에 더 가깝다는 느낌이 든다.

아파스마라(Apasmāra, 간질)

과거의 감각 인지능력을 뜻하는 말인 '스미리티(Smiriti)'에 '상실하다'라는 뜻의 접두어(Apa)가 붙은 것으로, 과거에 대한 인지능력의 상실을 뜻한다. 병의 원인은 감각 대상 및 그 활동에 대한 과도하고 부적절한 주의, 불결하고 위생적이지 못한 식품의 섭취, 신체 자발성에 대한 억제, 월경 중인 여자와의 성교, 연애·공포·걱정·슬픔 등에 대한 과도한 탐닉 등이다. 이와 같은 원인들로 인해 신체의 체액이 악화되면 그것들이 조화를 잃은 도샤와 공동으로 작용해 감각 수송의 통로를 압박하고, 그 결과 타마스(무지)가 우세해져 환자의 정신(체타스, Chetas)은 현저한 손상을 입게 된다. 이렇게 되면 환자는 무의식에 사로잡혀 결국 과거를 망각하게 되는데, 이때 환자는 고민에 사로잡히고, 팔다리에 경련을 일으켜 아무 곳에서나 쓰러지며, 눈과 눈썹을 찡그리고, 이를 갈며, 입에는 거품을 물고, 눈을 뜬 채로 땅위로 쓰러졌다가 잠시 후 의식을 회복하기도 한다. 이 질병을 아파스마라라 부른다고 하는데, 이러한 기술을 보면 심각한 간질 발작(癎疾大發作, grand mal)의 병태를 제대로 파악하고 있다는 느낌이 든다.

이밖에 『수슈루타 상히타』에는 간질이 일어날 징조에 대해서도 기술되어 있다. 즉 심장이 고동치면서 외계가 순식간에 사라져 버리는 것 같은 느낌, 발한(發汗), 생각에 잠기는 것, 실신, 안면 마비, 불면이 바로 그에 해당하는데, 이는 단지 발작의 징조(아우라)에만 국한되는 것이 아니라 간질로 말미암아 야기되는 쾌적하지 못한 상태 전반을 포함하고 있는 듯하다. 한편 아파스마라는 다음과 같은 네 가지의 유사한 형태로 구분된다.

· 바타자(Vātaja)형의 증상 이 유형의 아파스마라 환자는 어떤 초자연적 존재가 자신을 몰래 뒤따라온다는 환상에 사로잡혀 공포감을 느끼고, 실신하거나, 전율에 휩싸여 이를 갈기도 한다.

· 피타자(Pittaja)형의 증상 누렇고 무시무시한 얼굴을 가진 어떤 존재에게 사로잡힐지도 모른다는 공포 때문에 실신한다. 이밖에 갈증, 발열, 사지의 가벼운 떨림 및 불안 증세를 보인다.

· 카파자(Kāphaja)형의 증상 환상에 사로잡힌 채 흰색의 초자연적인 존재가 자신을 잡으러 온다는 공포에 떤다. 이와 함께 전율, 구토 증세, 졸음이 찾아오며, 땅바닥에 엎어져 점액질을 토해내기도 한다. 심장의 통증, 갈증이나 구토는 바타자형·피타자형·카파자형이 각각 다르지만, 헛소리를 지껄이거나 알아들을 수 없는 말로 웅얼거리는 증상은 세 유형 모두에 공통된다.

· 사니파티카(Sānnipātika)형의 증상 앞에서 말한 세 가지 유형의 증상들 모두가 한꺼번에 출현한다.

그러나 이러한 서술은 주로 발작의 징후가 시작되는 방식에 따른 심각한 간질 발작의 분류이기 때문에 현대 의학에서 말하는 가벼운 발작(小發作, petit mal)이나 정신운동발작(PSM)을 어떻게 취급했을지에 대해서는 알 수가 없다. 다만 가벼운 발작의 사례 중 하나는 소아의 경련성 질환, 즉 스칸다파스마라(Skandāpasmāra)에게 씌는 형태로 다른 곳에서 언급되고 있다. 이 스칸다파스마라(소아를 덮치는 악마)에게 들린 아이는 "겁에 질리며, 경련을 일으키듯 주먹을 꽉 움켜쥐고 신음소리를 낸다. 또한 눈알을 엄청나게 빨리 움직이고, 수시로 기절을 하고, 마치 춤이라도 추듯 몸을 떨면서 팔다리를 움직인다. 입에는 거품을 물고, 하품을 하기도, 똥오줌을 싸기도 한다"라고 기술하고 있다. 여기에는 소아 간질, 열성(熱性) 경련, 소무도병(小舞蹈病) 등에 이르는 다양한 질병들이 포함되어 있는 것으로 보이며, 나머지 일부는 아파스마라의 전조 증상에 해당하는 실신으로서 기술되어 있는 것으로 보인다. 나아가 정신운동성 간질이나 간질로 인한 몽롱한 상태는 오히려 '초인적 영향에 의한 질병'으로 분류된 듯하다.

그런가 하면 그 치료에 있어, 바타자형의 아파스마라에는 바르티스(Vartis)를, 피타자형에는 하제를, 카파자형에는 구토제를 처방한 것 외에 바타자형에는 염소 오줌이나 쿠카타(Kucatta), 야바(Yava), 콜라(Kola), 소나(Sona)의 종자 등 다양한 약제를 정제 버터와 함께 투여하라고 권유하고 있다. 일반적으로 정신병(Unmada)에 유효한 의약과 처치가 아파스마라에도 유효한 것으로 취급되는 것을 볼 때 정신병과 간질의 관계는 당시의 인도인들도 역시 인식하고 있었던 것으로 보인다. 한편 그리스 의술의 시조인 히포크라테스는 『신성한 질병에 관한 연구』에서 간질은 초자연적인 병인에 의한 것이 아니라 뇌의 질병이라고 주장했다.

『수슈루타 상히타』는 그 자체가 이미 신이 수슈루타에게 내린 계시의 형태로 기록되어 있는 만큼 전염병에 대한 초자연적 원인을 정면에서 부인하고 있지는 않다. 그러나 일단은 체액설의 입장을 수용하여, 그것을 (좁은 의미의) 초자연적 병인에 의한 병증과 구별하고 있다.

5. 고대 인도의 광기와 명정(酩酊)

인도 고대 의학의 집대성인 아유르 베다 계통의 모든 서적 가운데 가장 체계적인 것을 든다면 『수슈루타 상히타』와 『차라카 상히타』를 꼽을 수 있다. 이토 가즈히로[16]에 의하면 둘 다 그 성립 연대에 대하여 여러 가지 설이 있다고 한다. 일반적으로 수슈루타는 기원전 2세기 초기 사람으로 알려져 있는 데 비해 차라카의 생존 시기에 대해서는 비크람 시대인 기원전 58년경이라는 설도 있고, 기원후 123년경의 카니시카 왕조 때라는 설도 있다. 『차라카 상히타』의 광기관에 관해서는 앞에서 이미 밝힌 바 있지만, 주로 외과 계통을 다루고 있는 『수슈루타 상히타』에도 정신병에 대한 기술은 심심찮게 눈에 띈다. 수슈루타[17]는 정신병의 원인으로 초인적 영향이나 간질 외에 체액의 부조화도 꼽고 있는데, 이 체액의 부조화가 유발한 정신병에 대해 『수슈루타 상히타』는 이렇게 기술하고 있다. "몸의 상부를 가로지르는 조화를 잃은 도샤가 위로 상승하는 신경을 교란시켜 정신착란을 유발하기 때문에 정신병이라 부르며, 그것은 만두스(정신)의 질병이다." 그런데 이 질병은 다음과 같은 여섯 종류로 분류된다.

1. 악화된 체액 각자의 작용에 의한 것. 즉 바타자형, 피타자형, 카파자

형의 세 형태.

2. 셋의 공동 작용에 의한 트리도샤(Tri-dosha)형.

3. 도적이나 왕의 병사, 자신의 적 등에게 위협당하는 사람, 재산을 잃어 상심한 사람, 슬픔이나 실연 때문에 고민에 사로잡힌 사람은 정신착란의 위험에 노출되기 쉽다. 이런 사람은 마음속에 있는 고민거리에 관해 횡설수설 이야기를 할 뿐 아니라, 우둔한 모습으로 노래하거나 히죽거리거나 울거나 한다. 이것을 소카자(Sōkaja)형이라 부른다.

4. 독극물의 작용으로 말미암아 생기는 비샤자(Vishaja)형.

특징적인 증상으로는 눈의 충혈, 얼굴빛의 초췌 및 감각능력의 둔화, 체력 감퇴 및 상실, 안면 홍조 및 의식 상실을 들 수 있다.

위의 분류는 근대 정신의학에서 말하는 정신장애의 원인 분류와 놀라울 정도로 일치하는 것으로, 1과 2는 각각 내인에, 3은 심인에, 4는 외인에 해당된다. 다만 근대 의학과 다른 점이 있다면 여기에 초자연적 원인이 부가되어 있다는 것뿐이다. 차라카[18]와 수슈루타가 지적한 정신병의 원인 및 그 유형의 대조는 아래 표와 같다.

	차라카	수슈루타
개별적 체액인 (내인)	바타(vata)형 피타(pitta)형 카파(kapha)형	바타자(Vātaja)형 피타자(Pittaja)형 카파자(Kāphaja)형
종합적 체액인	트리도샤마드(Tridoshamād)형	트리도샤(Tri-dosha)형
정신적 체액인 (내인=심인)	라자손마드형(Rajasonmād) 타자손마드형(Tajasonmād)	—
심인	—	소카자(Sōkaja)형
초자연적 원인 (외적 침습)	아간툰마드(Aganthunmād)	아마누샤 프라디세다(Amanusha-Pradishedha)형
독극물·기타	—	비샤자(Vishaja)형

치료의 측면에서 『수슈루타 상히타』는 정신병에 대한 처방으로 우선 약물 투여, 즉 토제나 하제 및 두부정화제(頭部淨化劑, Sizo-Virecham), 그리고 후제(嗅劑, Avapida, 치료를 목적으로 흡입하는 약제) 같은 약물들을 사용하라고 권하고 있다. 그 중 후제의 재료로는 카라시 기름과 짐승의 썩은 고기를 권한다.

이밖에 환자에게 기이한 것을 보여 놀라게 하거나, 사랑하는 사람의 죽음을 통보하는 식의 다양한 충격요법도 권장하고 있다. 이를테면 얼굴이 무서운 사람, 길들여진 코끼리, 독 없는 뱀 등을 보여줌으로써 수시로 놀라게 하는 방법, 자고 있는 동안에 꽁꽁 묶어 놓아 보는 방법, 짚단에 불을 붙여 위협하는 방법, 급소를 피해 몸 안에 뾰족한 것을 찔러 넣는 방법, 말라붙은 지 오래된 우물 안에 환자를 가둬 놓고 뚜껑을 덮어 버리는 방법 등의 다양한 술책을 동원하는 것이다.

그러나 정신병의 유형이 심인형(소카자형)에 해당하는 경우는 먼저 슬픔의 원인을 제거해 주어야 한다고 주장한다. 이처럼 수슈루타는 정신병의 모든 형태에 있어 가장 먼저 고려해야 하는 것이 마음의 평안을 회복하는 것이라며 정신요법의 필요성도 기술하고 있다.

이렇게 정신장애의 분류를 외인, 내인, 심인의 세 범주로 나누고 그 치료에 약물요법과 정신요법, 충격요법의 세 종류를 두루 사용한다는 점에서 고대 정신의학과 근대 정신의학은 서로 공통 분모를 가진다. 다만 둘 사이의 결정적인 차이라고 한다면 초자연적 원인이나 주술적인 요소의 인정 여부이다. 이 점에 있어서도 근대 정신의학은 인류가 고대 이래로 정립해 온 광기관을 근대의학의 체계 안에서 구조화한 것임에 불과하다는 사실이 명백해진다.

일본의 현 문화체계 전반을 예로 들어 보아도 넓은 의미의 정신 장애나 심리적 갈등에 대해 정신의학이 포용하고 있는 부분은 지극히 일부에 불과하며, 대부분의 경우는 주술적·초자연적 체계 안으로 수용되고 있는 실정이다. 그 점은 오늘날 이처럼 융성하고 있는 신흥종교들이나 거기로 빠져드는 신자들의 가장 커다란 동기가 질병 치유에 있다는 사실만 보아도 명백하다. 미국만 해도 이런 종류의 주술적 요소는 사라지지 않고 있는데, 그것은 한때 미국 사회를 떠들썩하게 했던 인민사원(Peoples Temple) 사건이나 요가의 유행, 나아가 최근에 한창 주가를 올리고 있는 통속 정신요법(Pop psychotherapy) 등을 보면 쉽게 알 수 있다.

이밖에 『수슈루타 상히타』에는 알코올 중독에 관한 기술도 보인다. 인도의 고대 문화를 대표한다고 할 수 있는 『리그 베다』 속에 '소마(神酒, 신령에게 올리는 술)'와 관련된 노래가 114편이나 포함되어 있는 것을 보면, 그들에게는 영감을 얻기 위한 방편으로 약물을 이용해 도취에 빠지는 전통이 있었던 듯하다. 베다 제식의 중심은 정화한 소마를 성화(聖火)에 던져 여러 신에게 바친 뒤 그 나머지를 제관들과 참가자가 나눠 마시는 데 있었다.

소마란 같은 이름의 식물 줄기를 돌로 두들겨 즙을 짜내고, 짜낸 즙을 양털로 만든 체에 걸러 나무 용기에 넣은 뒤 적당량의 물과 배합한 다음, 거기에 우유 따위를 첨가해 만든 일종의 흥분 음료인데, 그것을 만드는 과정은 시인들에 의해 한껏 과장되고 신격화된 노래로 불려지곤 했다.

소마는 신들, 특히 인드라 신이 애호하는 음료로서, 이 음료를 마시면 신들은 위력이 증대되고 인간은 시적 영감을 얻을 수 있다고 여겨졌다. 쓰지 나오시로[19]의 설명에 의하면, 어형상으로 볼 때 『아베스타』(조로아스터교의 경전 ― 옮긴이)의 '하오마'와 일치하는 이 소마는 매가 인드라 신을 위해 천계(天界)에서 지상으로 가져왔다는 신화가 구전될 정도로 기원이 장구하다고 하는데, 인도에서는 이미 오래 전부터 이것을 입수하는 데 곤란을 겪게 되자 다른 식물로 이를 대체해 왔기 때문에 오늘날 소마가 어떤 식물이었는지를 밝히는 일은 불가능하다고 한다. 여기서 잠시 『리그 베다』에서 소마를 언급하고 있는 몇 가지 구절을 소개한다.

1. 실로 강력하고 위대한 (소마의) 물결이 재빨리 흐른다. 감로(甘露)와 같이 향긋하고 달콤하게 흐르는 황금색의 물결이여, 정화되어라. 인드라, 인드라를 위해 넘쳐흘러라.

2. 오, 찬미의 노래를 불러라. 파바마나(자신을 정화하는 소마)여, 돌로 쳐 정화된 소마가 황홀경을 낳으니. 인드라, 인드라를 위해 소용돌이치듯 넘쳐흘러라.

3. 끝없는 행복과 환희, 기쁨과 쾌락이 존재하는 곳, 그 어떤 욕망들도 이룰 수 있는 곳, 그곳에서 나를 영원히 살게 하라. 인드라, 인드라를 위해 소용돌이치듯 넘쳐흘러라.

이러한 서술을 보면 소마가 황홀경으로 이끄는 향정신성 약물이었다는 사실에는 의심의 여지가 없어 보인다. 또한 이 신가(神歌)를 통해 미루어 짐작해 보면 그 작용은 인도 대마(cannabis sativa indica)의 그것과 유사하지 않았을까 싶은데, 지금까지 인도 문화 속에서 대마는 힌두교 신앙과의 연관 속에서 고찰되어 왔다. 루들로(F. Ludlow)[20]에 의하면 힌두교도들은 대마를 신성하게 여겨 '천국으로 가는 열쇠'로 간주했다고 한다. 그런가 하면 카스테어즈(G. M. Carstairs)[21]는 힌두교의 문화적 특성과 대마 체험 사이에 본질적인 친화성이 있다고 이야기한다. 1951년 북인도에 있는 라자스탄 주의 촌락에서 현지조사를 시행한 적이 있는 그에 의하면, 옛 승려 계급인 브라만은 대마(bhang)를, 무사계급인 라자푸트와 하층계급인 수드라는 술(daru)을 선택하는 경향을 보였다고 하는데, 이 두 가지를 마시고 취하는 것은 도취와 관련된 인도의 종교적·문화적 특성과 깊은 관련을 맺고 있는 것으로 보인다.

『수슈루타 상히타』[22]는 알코올 중독증 및 그와 유사한 질병(파나티야야 프라디세다, Pānatyāya-Pradishedha)에 대한 의료 처치에 관해서도 언급하고 있다. 그런데 여기서 한 가지 주목할 만한 내용은, 정신병에 관한 항목에서처럼 알코올 중독에 관해서도 단계별, 유형별로 기술하면서 그것을 세 체액의 부조화와 연관시켜 유형화하고 있다는 것이다.

즉 수슈루타는 "술의 성질 및 작용"에 대해 "술은 본디 열을 일으키는 성질을 갖고 있으며, 성질이 날카롭고 본질이 미묘해서 습기 및 단백질 성분을 흡수하고 정화(비샤다, Visạda)하는 역할을 한다. 또한 건성인 그것은 즉각적으로 작용하는데, 그 효과는 상쾌하고 자극적이며 확산적이다. 열을 일으키는 성질을 가져서 춥고 떨리는 것을 없애며, 날카로운 성질은 모든 인식의 과정(지성 활동)을 중단시키며, 그 특유의 미묘성은 신체의 모든 지체(肢體), 모든 조직에 쉽게 침투한다. 또한 그것이 가진 정화 능력은 카파(Kapha, 점액)와 정액을 파괴한다. 뿐만 아니라 술 특유의 가벼운 신맛은 식욕을 돋우어 음식물에 대한 욕구를 부채질한다"고 기술하면서, 오늘날에도 잘 알려져 있듯, 안주 없이 술만 마시는 일의 해독에 대해서도 다음과 같이 지적하고 있다. "조리한 고기와 쌀밥, 혹은 다량의 정제 버터가 들어간 다른 음식물과 함께 적당히 마시기만 한다면 술은 사람들에게 장수와 근력을 가져다줄 뿐 아니라 살을 찌게 한다. 또한 기분을 상쾌하게 만들며 아름다움, 행운, 힘과 용기를 가져다준다. 어리석은 사람은 안주 없이, 혹은 공복 상태로 과도한 양의 술을 마시는데, 그렇게 되면 이 불 같은 성질의 액체 는 악화된 신체의 불(가야 아그니, Kāya-Agni)과 함께 어울려 중독 및 무의식과 같은 다양한 증상을 유발한다."

또한 '음주의 폐해'에 대해 "과음은 결국 무의식을 일깨운다. 그 것은 서서히 깨어나 인지력을 마비시키며, 결국에는 자제(감각기관 의 제어) 능력도 손상시켜 음주자의 마음속 가장 깊은 곳에 숨겨져 있던 생각을 밖으로 표출하게 한다"고 지적하고 있다. 그밖에도 수슈루타는 급성 알코올 중독의 과정, 즉 술에 취하게 되는 과정을 '알코올 중독의 세 단계'로 설명하고 있다.

1. 제1 혹은 최초의 (중독) 단계에는 마음이 가벼워지고 기분은 좋아지 며 만족감에 들떠 말을 많이 하게 된다.
2. 제2 혹은 중간 단계에는 말에 두서가 없어지고 흥분 증세를 보이며 옳고 그름을 가리지 못한 채 내키는 대로 행동한다.
3. 제3 혹은 마지막 단계에는 몸을 가누기 힘들어하고 기억력이 떨어 지며 도의적 비판력을 모두 상실한 채 완전히 무의식에 사로잡히게

된다.

이처럼 수슈루타는 술을 마시기 시작해 만취 상태에 이르는 과정을 상당히 정확하게 파악하고 있다.

그런가 하면 『수슈루타 상히타』가 저술되던 당시의 인도 의학은 알코올 중독에 대한 개체 감수성이라는 개념에도 일찌감치 도달해 있었던 듯하다. 수슈루타는 "지방성 음식물을 즐기는 사람, 슬레스마(slesma)가 우위인 사람, 피타가 열세한 체질의 사람은 웬만해선 술에 굴복되지 않지만, 그와 반대되는 사람은 술로 인해 고통을 받는다"며 체질과 중독 발현의 상관 관계, 즉 개인별 체액에 따른 다양한 반응에 대해 지적하고 있다. 또한 광기를 구분하던 방식처럼 알코올 중독의 유형 역시 체액과의 관계에 입각하여 바타형, 피타형, 카파형으로 나누고 있다. 이와 같은 내용들은 고대 인도인들이 이미 도달하고 있었던 것으로 보이는 인식, 즉 에틸알코올을 마시고 취하는 것은 술 주정을 포함해 광범위한 알코올 관련 장애를 유발시키는데, 그 역시 심신의 질병 중 하나일 수 있다는 인식을 시사하고 있다고 하겠다.

제 2장

불경에 나타난
광기와 심층 심리

狂

1. 불교 철학에서 본 광기의 구조

고대 인도가 산출해낸 문화 중에서도 특히 우리가 지금까지 언급해 온 인도 고전 의술의 체계는, 일본의 광기관 형성이나 광기에 대한 대응 양식에 있어 직접적으로는 이렇다할 영향을 미친 바가 없다. 고대 인도 문화가 일본에 준 영향은 주로 불교를 매개로 한 것이기 때문이다. 불교는 일본 문화의 정신세계에 관한 측면, 그 중에서도 특히 사상적·철학적 측면에 막대한 영향력을 행사했다. 중국에 기원을 둔 유학 사상이 일본 문화의 제도 및 정치와 같은 제반 사회관계를 규제하는 토대로 자리잡은 것과 좋은 대조를 이루는 점이다.

일본 문화가 인간의 정신세계를 기술하기 위한 틀로써 불교 사상을 채용하고 있다는 사실은, 메이지 유신 이후 일본이 서구로부터 근대 정신의학이나 심리학을 도입할 당시 정신 현상이나 정신 증상을 표현하는 환각이나 망상, 의식 등과 같은 용어를 한역 불전에서 빌려 올 수밖에 없었던 사정만 보아도 쉽게 알 수 있다.

이처럼 불전은 주로 한역본의 형태로 일본 문화에 영향을 미쳐 왔던 까닭에 팔리어나 산스크리트어가 중국어로 번역된 뒤 다시 일본어로 번역되는 과정에서 왜곡이 일어났을 수도 있었을 것이다.

일반적으로 불교는 고타마 붓다가 창시한 교리로 알려져 있으며 붓다의 생존 연대는 대략 기원전 463년에서 기원전 383년까지로 추정된다.[1] 붓다 자신의 사상도 고대 인도의 철학사상을 토대로 형성된 것이지만, 카니시카왕 시대에 이르면 '아비다르마' 논서라는 독자적인 철학체계가 형성된다. 또한 기원후 2세기경에는 대승 불교가 발흥하는데, 대승 불전 중에서도 반야 경전은 특히 '공(空)' 사상을 발전시킨 것으로 유명하다.

그런가 하면 또 다른 대승 불전인『법화경』즉『삿다르마 푼다리카 수트라』의 성립 연대에 대해서는 기원전 1세기에서 기원후 150년경 사이라는 설(후세 고가쿠)과, 기원전 40년에서 기원후 220년경 사이라는 설(나카무라 하지메)의 두 가지가 있다.[2] 한편 불교의 중심 주제인 '공' 사상은 용수(龍樹, Nāgārjuna, B.C. 150~250)의 중관(中觀) 철학에 의해 철학적으로 조직화되며, 그것을 좀더 체계화시킨 것이 굽타조 시대(3~4세기)의 유식론(唯識論)이다.

이들 몇 권의 문헌 중에서 광기와 광기에 대한 사회적 관점을 가장 적나라하게 다루고 있는 부분은『법화경』[3]의 「여래수량품」

이다. 거기 실려 있는 '광자양의(狂者良醫)의 비유'는 『법화경』의 일곱 가지 비유 중 일곱 번째에 해당하는 것으로 다음과 같은 내용을 갖는다.

"비유를 들어 말하면, 양의가 볼 일을 보기 위해 타국을 여행하는 동안 그의 자식들이 잘못해서 독약을 마시고 고통에 빠져 있었다. 집으로 돌아온 양의가 그 모습을 보고 효험있는 약을 먹게 했다. 그러자 아직 제정신을 잃지 않은 자식들은 약을 먹고 몸이 나았지만, 독이 몸 속으로 깊게 퍼져 제정신을 잃어버린 자식들은 약을 먹으려 하지 않았다. 이를 가엾게 여긴 아버지가 그들을 구하기 위한 방편으로, 미리 약을 준비해 놓고 집을 떠난다. 그런 다음 심부름꾼을 보내 아버지의 죽음을 알리게 한다. 부친의 부음이 전해지자 그때까지 정신을 놓고 있던 자식들은 슬픔에 겨운 나머지 제정신을 찾게 되었고, 그때서야 부친이 미리 준비해 놓은 약을 복용한다. 그러자 몸에 퍼져 있던 독이 순식간에 제거되면서 병이 완전히 물러갔고, 그들의 부친은 집으로 돌아왔다."

이것이 스스로의 발병을 자각하지 못하는 정신장애자에게는 부득이하게 강제적인 의료행위나 나름대로의 '방편'이 가해질 수도 있다는 인식을 비유적으로 표현한다는 사실은 서장에서도 이미 설명한 바 있다. 참고로, 구마라습(鳩摩羅什)이 옮긴 한역 『법화경』에서는 "諸子飮毒 或失本心 或不失者(모든 자식들이 독을 마셨으나 어떤 자식들은 본심을 잃고 어떤 자식들은 잃지 않았다)"로 번역하고 있으나, 사카모토 유키오(坂本幸男)와 이와모토 히로시(岩本裕)[4]가 산스크리트어 원전에서 직접 옮긴 『법화경』에는 여기에다 뒷부분에 이어지는 "爲毒所中 心皆顚倒(독약에 중독되어 마음이

전도되었구나)"의 구절을 합쳐 "의식이 전도되어 있는 자는"이라고
번역되어 있다.

여기에서 '전도(顚倒)'란 '본심을 잃는 것(失本心)', 즉 환자인 자
식들이 외계에 대한 인식, 그 중에서도 사물에 '의미를 부여'하는
데 필요한 지각능력에 장애를 입은 것을 뜻하는 것으로 이는 오늘
날의 정신의학에서 말하는 '의식 상실'과는 뜻을 달리 하는, 본래적
의미의 광기와 가까운 것이라 하겠다. 또한 이 책에서 주목할 점은,
의사가 "각종 처방(經方)에 따라", 즉 인도 의학의 고전적 방식에
따라 약초를 혼합하고 약제를 만들고 있을 뿐 아니라 종교가가 자
신의 역할을 '광기의 치료자'인 의사에 견주고 있다는 것이다.

불전(佛典)을 통해서 미루어 짐작하건대 적어도 고대 인도의 경
우에 있어서 종교는 스스로를 정신의 '병'에 대한 치료자로 규정하
고 있는데, 이때 신앙은 의학의 부족한 면을 보충하는 데 머물지
않고 오히려 스스로의 역할을 의학 모델에 따라 규정해 나가고 있
다. 그리고 이러한 모델은 바로 와츠(A. Watts)[5]나 보스(M. Boss)[6]
같은 현대 정신의학자들이 동양의 종교와 사상을 정신요법이라고
주장하는 근거이기도 하다.

여기서 불교 사상이 적용하는 모델이란 곧 '공관(空觀)'의 모델
을 말한다. 인간의 집착이나 사랑의 대상이 되는 모든 형상있는
것들은 허망한 것이니 그 텅 비어 있는 이치를 깨달으면 열반(Nirv
āna)의 경지에 도달해 평안함을 향유할 수 있다는 것이다.

이때 중요한 점은 이 주제를 설득하기 위해 불교에서 채용하고
있는 것이 정신병리학적 모델이라는 사실이다. 이를 체계적으로
전개하고 있는 사상이 바로 『반야경』에서 발흥하여 용수에 의해

집대성된 중관 철학이다. 이 중관 철학 체계에는 '뱀·노끈·삼 (麻)의 비유'나 '환론(幻論)'이라는 것이 곧잘 이용되어 왔는데, 이 것들은 이른바 '삼성설(三性說)'을 설명하기 위한 비유로서도 이용 되고 있다.

나가야 마사토(長屋雅人)[7]에 의하면, 삼성설(三性說)이란 '변계 소집성(遍計所執性, 모든 보편遍과 분별計된 것은 실체가 없는데도 실체가 있는 것으로 집착所執된다 — 옮긴이)' '의타기성(依他起性, 모 든 존재는 서로 의존依他하여 생기는起 것이어서 스스로 독립하여 존 재하는 것은 없다 — 옮긴이)' '원성실성(圓成實性, 진리의 세계는 완 전圓한 것이어서 달성成實되어 있는 세계를 깨닫지 않으면 안 된다 — 옮긴이)'의 삼성으로써 염정(染淨, 染은 더럽히는 것으로 번뇌를 말하고 淨은 번뇌를 벗어나 청정한 것 — 옮긴이)·유루(有漏, 번뇌가 있음)·무루(無漏, 번뇌가 없음)의 세계를 총괄해 일(一)과 다(多)와 무차별의 세계, 불범일체(佛凡一體)의 세계를 설명하는 것을 말한 다.

이것을 설명하기 위해 이용되는 뱀·노끈·삼의 비유란, 어두 운 밤에 뱀을 보고 놀라 잔뜩 겁을 집어먹었는데 알고 보니 그것은 노끈이었으며, 뱀을 보았다고 생각했던 것은 결국 자기망상에 불 과했다는 이야기이다. 즉 뱀이란 결국 '정유리무(情有理無)'에 지나 지 않는다는 것이다. 그런가 하면 노끈 역시 이것을 분석하면 삼이 라는 물질로서, 그것의 실재는 삼이며 노끈이란 그것의 가유(假有) 를 가리킴에 지나지 않는다. 그리고 이 뱀·노끈·삼은 각각 변계, 의타, 원성이라는 삼성에 해당한다.

『대품반야(大品般若)』『유마경(維摩經)』『금강반야(金剛般若)』

와 같은 불교 경전 및 논전(論典)에서는 이야기를 전개해 나감에 있어 환유(幻喩, māyādrstana)라는 비유법을 빈번히 등장시키고 있다. 그로써 일체의 법이 결국은 '무자성공(無自性空)'이라는 사실, 즉 존재한다고 생각되는 것이 모두 '환영과 같다'는 사실을 설명하고자 하는 것이다. 그런가 하면 모든 종류의 경론(經論)에는 환사(幻師, māyākana)의 비유가 빈번히 등장한다. 이 역시 지극히 인도적인 비유로, 환영(幻影)이 갖고 있는 무(無)이면서도 유(有)인 성격을 가장 잘 아는 사람을 환사라고 전제하면서 환사를 붓다 혹은 보살의 권능에 비유하고 있는 것이다. 유식학파인 세친(世親, 320?~400?)의 『삼성론(三性論)』에는 환사가 나뭇조각에 주문을 넣어 코끼리로 둔갑시키고 이를 사람들에게 보여주는 장면이 기술되어 있다. 이 경우 코끼리는 무(無)지만 환술(幻術)로써 코끼리의 모습이 나타나는 것은 분명한데, 이를 일컬어 사현(似現, aktribhava)이라 한다.

이러한 환유는 단지 비유에 불과하긴 하지만 나름대로 중요한 의미를 담고 있다. 뱀·노끈·삼의 비유와 같은 착각 및 환유의 사례에서 나타나는 집단환각 등은 지극히 평범한 일상적 경험의 입장에서 바라보면 너무나도 허망한 구조를 취하고 있다. 마찬가지로 우리의 일상적 체험도 결국은 허망한 것일지도 모른다는 이중성을 갖고 있는 것이다.

다시 말하자면 '망각(妄覺) $\overset{1}{\leftrightarrows}$ 일상적인 경험세계 $\overset{2}{\leftrightarrows}$ 교의 진리'와 같은 구조이다. 이것을 정신병리학 모델이라 말할 수 있는 것은 1부분과 2부분에 작용하는 상호 역동 관계의 구조가 각각 같기 때문이다.

그렇다면 불교에서는 일상적 경험세계를 어떻게 바라보고 있을까. 중관파의 월칭(月稱, 600?~650?)은 『입중론(入中論)』에서 다음과 같이 설명하고 있다. 세속(일상적 경험)은 승의(勝義, 진리)에 반해 늘 거짓이며, 의식하는가 아닌가와는 상관없이 어둠과 장애로 덮여 있다. 그리고 이 세속은 세속적·의식적인 면에 따라 다시금 두 종류로 나뉜다.

세속적인 통찰 면에 있어서의 진실과 거짓, 즉 '명근(明根)'과 '유과근(有過根)'으로 나눠지고, 후자가 다시 실세속(實世俗, tathya-samvrti)과 사세속(邪世俗, mithyas)으로 나뉜다. 여기서 유과근이란 감각기관에 장애나 질병이 있는 자가 무를 유로 보기도 하고 유를 무로 보기도 하는 것을 가리키는데, 이런 것은 보통 세간의 장애가 없고 질병이 없는 명근에서 보면 대번 그 오류가 지적되어 거짓(邪)으로 판정된다.

그런데 여기서 거짓이란 곧 '전도(顚倒)'를 뜻한다. 이에 반해 건전한 지각인 명근은 세간상도(世間常途)의 세계에 있어 유를 무로 알고, 무를 유로 안다. 예컨대 안질에 걸린 사람의 눈에는 아무것도 없는 공중에서 여러 가지 색채가 팔랑거리는 것이 보일 것이고, 귀에 이상이 있는 사람은 없는 소리도 들릴 것이다. 그리고 그들은 그 모든 것을 진실이라 생각할 것이다.

그러나 이런 질병에서 자유로운 건강한 사람들은 이 모든 것을 환각이자 그릇된 허상으로 알고 물리친다. 질병에 걸렸을 때만이 아니라, 코끼리의 환영을 보고 실제로 있다고 착각하거나 여름 한낮에 피어오른 아지랑이를 물로 오인하는 것, 어둠이 내린 길 위에 놓인 노끈을 뱀이라 착각해 공포에 질리는 것도 마찬가지이다. 이러한 허상은 단지 감각적인 근(根)에만 국한해서 이야기할 수 있는 것은 아니다. 잘못된 판단(妄想), 그릇된 학설(外道) 역시 사세속에 속한다. 이에 반해 오로지 눈앞에 있는 것만을 물체로 생각하고, 그것을 인식하는 마음이 있다는 사실을 알며, 건강한 다섯 가지 감각기관(五根)을 통해 이른바 색(色)·수(受)·상(想)·행(行)·식(識)의 오온(五蘊, 현상)이 바르게 전달되면 이것을 실세속(實世俗)이라 한다.

'실(實)'이란 지각이 건전하고 논리에 오류가 없음을 말한다. 나아가 논리에 오류가 없다고 함은 세속에서 표준으로 삼으며, 세간에서 납득되어짐을 의미한다. 다시 말하자면 세간에 의해 일반화되고 세간에 의해 승인되며(prasiddha) 세간에 통용되기(vyavahriyate) 때문에 실인 것이다. 세간언설(世間言說)이란 바로 이를 뜻한다.

불교 인식론에서는 일상적 경험세계를 세속적인 다수자의 논리에 따라 보증되는 것으로 보면서 그와 반대되는 것을 거짓이요 환각이며 망상이라 치부한다. 그리고 종교적 진리도 이 모델을 따르지만 그보다 한 차원 위에서 전개되는 것으로 본다. 말하자면 사회정신의학적 모델이 또 하나 존재하고 있는 것이다.

2. 불교 심리학과 망상

불교적 인식론의 입장에서도 일상적인 경험세계는 세속적인 다수자의 논리에 의해 보증되고, 그에 반하는 것은 거짓이자 환각이며 망상으로 치부된다. 그리고 불교적 진리는 그보다 한 차원 위의 것으로서 이 모델에 따라 전개된다. 이것은 이른바 사회정신의학적 모델이라 말할 수 있는데, 예를 들어 환사가 보여주는 환각은 나뭇조각으로 코끼리를 보여주는 것으로, 없어야 될 코끼리가 사현(似現)으로 거기에 출현한다.(세친의 『삼성론』) 그리고 우리의 일상적 지각 역시 이와 마찬가지로 부처인 환사의 눈에는 망상에 지나지 않는 것으로 보인다.

불전에 있어 이 '망상'이라는 용어는 우리가 일상적인 판단에서 일으키는 편견이나 얽매임을 가리키는 데 사용된다.

『능가경(楞伽經)』에서 말하는 '십이망상(十二妄想)'이란 망상의 열두 가지 형태를 뜻하는데, 그것은 구체적으로 언설망상(言說妄想), 설사망상(說事妄想), 상망상(相妄想), 이망상(利妄想), 자성망상(自性妄想), 인망상(因妄想), 견망상(見妄想), 성망상(成妄想), 생망상(生妄想), 불생망상(不生妄想), 상속망상(相續妄想), 박불박망상(縛不縛妄想)을 가리키며, 이것들은 하나의 가치관적인 계층구조를 이루고 있다.

이 가운데 '언설망상'에 대해 "다양한 묘음가영(妙音歌詠)의 소리를 계축(計蓄)하고 이것을 삶의 본성이라 생각하는 것, 이를 일컬어 언설망상이라 한다"고 『능가경』은 기록하고 있다. 여기서는 인간의 언어적 표현 자체에 얽매이는 것을 '망상'으로 보고 있는 것이다. 또한 '상망상'에 대해서는 "이른바 수시로 상(相)을 보는 것, 목마른 사슴이 아지랑이를 물로 착각하고 쫓아가는 것처럼 지(地)·수(水)·화(火)·풍(風)에 따라 견(堅)·습(濕)·환(煥)·동

(動)의 성질에 집착하여, 성본융통(性本融通)하는 것을 알지 못한 채 일체의 법상(法相)에 대해 허망 계착(計着)하는 것을 상망상이라 이름 붙인다"고 설명하면서 앞에서와 같은 모델을 적용하고 있다. 즉, 이 경우 지·수·화·풍이라는 물질적 현상의 여러 모습은 본래 하나에서 나와 서로 변환이 가능하기 때문에 이것들을 고정적이고 본질적이라 생각함은 오류라는 것이다. 그리고 거기서 다시금 환유를 등장시켜 현상에 집착하는 것을 사슴이 아지랑이를 물로 착각하고 그것을 쫓는 것에 비유하고 있다. 한편 '이망상'이란 금은보화와 같은 물질적 재화에 대해 "이런 것들은 애초부터 허상이라는 것을 깨닫지 못한 채" 그에 집착하는 것을 가리킨다. 이런 식의 이야기는 불교의 가르침을 보아도 상식적으로 알 수 있는 것이지만, 『능가경』은 거기서 나아가 철학적 인식의 제 단계를 '다층적'으로 상승시켜 나가고 있다. 또한 '자성망상'이란 "자신을 옳다고 하고 자기 이외의 모든 것들은 거짓으로 만드는" 독단과 편견을 가리킨다.

반면 '인망상'이란 "인연소생(因緣所生)의 법에 따라 유와 무를 분별하지 못하고 망상을 일으켜 생사의 원인을 일으키는 것"이며, '견망상'이란 "오음(五陰, 오온) 등의 법에 따라 무분별하게 유무일이(有無一異)를 합하여 모든 사견(邪見)을 일으켜 집착 분별하는 것"이며, '성망상'은 "가명실법(假名實法)에 있어 대대소계(代代所計)하고 언설을 일으켜 결정론을 이룬 것"이라 한다. 결국 인식론상에 있어서의 인과결정론(因果決定論), 현상론(現象論), 유명론(唯名論) 등에 대해 이것들을 '망상'으로 보고 있는 것이다. 여기서 말하는 '망상'은 근대 정신의학 용어인 망상(waka, delusion)과는 그 용법이 전적으로 다르기 때문에 둘 사이에 아무런 관계가 없는 것처럼 생각될 수도 있지만 사실은 그렇지 않다.

불교적 인식론은 『유마경』이나 『금강반야』에도 나오는 '환유(幻喩)', 그리고 중관 철학 체계[8]에서 말하는 뱀·노끈·삼의 비유에서 출발하고 있으며, 『능가경』의 출발점 역시 착각이다. 일상적 경험으로 보기에도 오류임을 알 수 있는 환각에서 출발, 거기서부터 단계적으로 '허망의 인식'이라는 각각의 차원으로 상승해 나가는 구조를 취하고 있는 것이다. 불교적 인식론에서는 최종 목표인 진리 획득(열반)에 도달하기 이전 과정에서 나타나는 이른바 '하위'의 인식 일체가 '망상'이다. 즉 여기서 발견되는 것은 인식 단계에 있어서의 일종의 '층학설(層學說)' 같은 것이다.

불교적 인식론상에서 찾아볼 수 있는 이와 같은 단계설은 그후 밀교가 인도와 티베트 그리고 일본에서 발전을 이루는 과정에서 일종의 불교적인 다층 심리학 형태로 변모한다.

불교 사상 안에서도 특히 티베트 불교의 틀 안에서 독특한 발전을 거둔 밀교는 아름답게 도식화된 만다라 양식을 가지는 것으로 유명하다. 밀교와 정신분석의 연관 관계를 이야기함에 있어 융(C. G. Jung)[7]의 밀교 만다라 및 티베트 대장경에 대한 소개는 매우 중요한데, 그 이유는 아키야마 사토코(秋山さと子)[10]의 지적처럼, 융이 만다라 안에는 우주적인 요인으로서의 정신의 실재가 증명되어 있다고 생각했기 때문이다.

그 경우 그것은 고대 인도 철학에서 발견되는 아트만(ātman)처럼 관념적이고 개념적인 실재가 아니라, 어떠한 고정된 패턴으로 형태적으로 우리 의식 속에서 인지되는 것을 말한다. 동양에서는 개인의 마음 밑바닥에 숨은 듯 잠재해 있다가 특정 상황에서 깊은 감명을 받는 순간 체험되는 일종의 신비적인 심적 패턴을 외면화하고 고정화하려는 경향이 발견되는데, 바로 그 전형이 티베트 불교를 비롯한 밀교계 문화 속에서 도식화된 만다라인 것이다. 융은 상실되어 버린 이 상징을 회복하거나 융합하는 것이 치료의 기능을 가진다고 설명한다.

금강지(金剛智, 671~741, 인도 승려. 중국 밀교의 개조) ─ 불공금강(不空金剛, 705~774, 인도 승려. 중국 당으로 건너가 스승 금강지를 도와 불경 번역에 종사) ─ 혜과(惠果, 746~805, 중국 당의 승려) ─ 구카이(空海, 774~835, 일본 헤이안 시대의 승려. 일본 진언종의 개조)의 순서로 계승되어 중국을 거쳐 일본으로 전래된 밀교는 구카이의 진언 밀교(眞言密敎)라는 형태에서 독자적인 완성 체계에 도달한다.

생신(生身)인 석가세존이나 보신(報身)인 아미타불을 교주로 삼는 여러 대승 현교(顯敎, 밀교 이외의 종파)에 반해 진언 밀교는 법신(法身)인 대일여래(大日如來)를 교주로 삼고 우주를 법신자내증(法身自內證, 대일여래가 스스로 체득하고 있는 내부의 깨달음 ─ 옮긴이)의 경계로 보면서 진언 다라니(陀羅尼, 석가의 가르침의 요체로서 비교적 긴 장구로 된 주문 ─ 옮긴이) 한 글자 한 글자에 신비의 힘이 있다고 여긴다. 그리고 그 삼승(三乘, 중생을 열반에 이르게 하는 세 가지 교법, 聲聞·獨覺·菩薩 ─ 옮긴이)의 비법을 경솔하게 전수하지 않는데, 바로 그런 점이 이를 밀교라 부르는 이유이다.

밀교의 세계란 감추어진 절대의 세계로서 부득불 비일상적인 말로 전달될 수밖에 없으며, 이 비일상적이고 상징적인 언어가 바로 다라니이다. 구카이는 『변교밀이교론(弁敎密二敎論)』이나 『반야심교비건(般若心敎秘鍵)』을 비롯한 기타 저작들 속에서 대일여래의 절대자로서의 언어인 진언 다라니에는 우리들이 생각지 못한 효용이 있다고 밝히고 있다.

이 효용성이란, 진언 다라니를 관상(觀想)하면서 암송하면 우리의 미망 세계를 존재케 하는 근원적인 무지를 제거할 수 있다는 것이다. 이처럼 진언 밀교에서는 일상적인 말이 진언이라는 파토스(pathos)적 언어로 대체될 때 인간이 미망의 세계에서 깨달음의 세계로 비약할 수 있다고 본다. 이와 관련하여 미야사카 유쇼(宮坂有勝)[11]는 문자가 지니는 파토스적 상징성을 해독하는 것이야말로 밀교라고 주장한다. 그런 뜻에서 볼 때 밀교의 다라니는 정신분석가인 세셰(M. Séchaye)[12]의 상징적 실현 기법과 유사한, 일종의 치료적 상징으로서 기능한다고 할 수 있겠다.

한편 밀교는 그 상징 세계의 체계로서 만다라의 세계(금강계 만다라와 태장계 만다라로 나뉜다)를 가지고 있다. 만다라의 세계란 겉으로 드러나지 않는 비밀의 세계를 가리키는 것이다. 이 세계는 자기 마음의 내면에 숨겨져 있다는데, 여기에 이르기 위한 방법을 구카이가 종합적으로 추구한 저작이 『비밀만다라십주심론(秘密曼茶羅十住心論)』(830)과 『비장보약(秘藏寶鑰)』이다.

구카이의 이 '『십주심론』 체계'는 정교하고 치밀한 일종의 다층 심리학적 구성을 취하고 있다. 또한 여기서 말하는 비밀 만다라란 깨달음의 절대지에서 본 참된 실재, 즉 대일여래의 세계이자 우리들 마음속에 본성으로 내재하고 있는 것이기도 하다.

우리가 이 초월자와 교통하려면 우리의 마음을 통로로 삼아야 하는데, 바로 그 통로를 가로막는 것이 '마음의 병'을 일으키는 '근원적 무지'인 것이다. 구카이는 "삼계(三界)의 광인은 미쳤다는 사실을 깨닫지 못하니"(『삼교지귀(三敎指歸)』)라고 주장하면서, 병의 이치를 찾아가는 모델에 따라 인간 내부에 자리잡은 무지의 구조 및 무지에서 깨달음으로 나아가는 마음의 여러 단계에 관해 밝히고 있다.

『십주심론(十住心論)』의 체계란 마음이 갖고 있는 여러 단계(住心)의 구조를 밝힌 것으로, 그 '열 가지 마음의 세계'란 다음과 같다.

1. 제1 주심(이생저양심 異生羝羊心) — 윤리 이전의 단계.
2. 제2 주심(우동지제심 愚童持齊心) — 윤리적인 단계.
3. 제3 주심(영동무외심 嬰童無畏心) — 종교심을 지향하는 단계.
4. 제4 주심(유온무아심 唯蘊無我心) — 무아를 깨닫는 단계.
5. 제5 주심(발업인종심 拔業因種心) — 스스로의 무지를 제거하는 단계.
6. 제6 주심(타연대승심 他緣大乘心) — 사람들을 고뇌에서 구하는 단계.
7. 제7 주심(각생불생심 覺生不生心) — 일체는 공(空)임을 깨닫는 단계.
8. 제8 주심(일도무위심 一道無爲心) — 모든 것이 진실임을 깨닫는 단계.
9. 제9 주심(적무자주심 積無自主心) — 대립을 넘어서는 단계.
10. 제10 주심(비밀장엄심 秘密莊嚴心) — 무한의 세계가 전개되는 단계.

이 체계에 의하면, 우리의 마음은 윤리 이전의 세계(제1 주심)에서 윤리적 세계(제2 주심)로, 종교심의 추구(제3 주심)에서 불교의 세계(제4~10 주심)로 한 단계씩 발전되어 나가며, 제10 주심의 경지는 진언 밀교에 의해서만 도달할 수 있다고 한다. 이 체계가 비록 구카이에 의해 고안되었다고는 하나 이것을 중국이나 일본의 사상이라고 보기는 힘들다. 그보다는 오히려 고대 인도로부터 이어져 내려온 불교적 인간관의 충학설에 뿌리를 둔, 그것의 가장 정교하고 치밀한 형태라 하는 편이 낫지 않을까.

비밀장엄의 세계로 도달한다는 것은 바로 자기 완성, 즉 내면 세계 속의 만다라를 실현하는 즉신성불(卽身成佛)을 의미한다. 그리고 자아의 즉신성불이란 말에는 이미 개인을 육체적 존재로 보는 시각이 내포되어 있다는 점에서 인도의 탄트라 밀교, 티베트 밀교, 나아가 진언 밀교는 서로 공통되는 인간관을 가지고 있음을 알 수 있다.

그 인간관이란, 육체와 정신의 관계를 색심불이(色心不二)나 색신위본(色神爲本)의 관점에서 보면서 물질과 육체를 긍정하고 육체를 절대자 그 자체의 본질과 통하고 있는 절대자의 상징으로 바라보는 태도를 말하는데, 티베트 불교 미술에 성교(性交)를 직접적으로 표현하는 도상이 그처럼 풍부한 것도 바로 이 때문이 아닐까 한다.

일본의 진언 교단에서 가장 많이 읽히는 『이취경(理趣經)』 서두에는 "묘적청정(妙適淸淨)의 경지는 곧 보살위(菩薩位)"라는 문구가 나오는데, 우메하라 다케시(梅原猛)[13]에 의하면 이 '묘적'이란 성적 쾌락을 통한 황홀경을 가리키는 말로서, 이 문구를 통해 읽어낼 수 있는 메시지는 육체와 욕망에 대한 긍정과 그것들의 복권(復權)에 대한 강조라 한다.

이처럼 불교적 인간 정신에 관한 충학설은 특히 그 밀교적 형태

에서 그 하층이 본능적 욕망에 기초하고 있으며, 그런 점에서 정신
분석학의 다층 심리학설과 공통점이 있다. 그러나 층 구조, 혹은
층 구조의 정점에 있는 '묘적청정'의 경지, 다시 말해 성적 욕망을
전적으로 긍정할 경우 이러한 층학설은 서구 심리학의 그것과는
반대로 일종의 둥근 고리 형태의 구조를 나타내게 된다.

3. 불교 심리학과 마음의 병

불교는 종교의 일종이자 독자적인 심리학 체계이기도 해서, 종
교가는 '의사'의 입장에 서서 신자들의 인간적인 고뇌를 덜어 주고
자 한다. 이 모델이 성립할 수 있는 사회문화적 근거가 고대 인도
에서 이루어졌던 의술의 발달 및 인도 고대 사상과 의술의 관계에
있다는 사실은 『법화경』에 실린 '광자양의의 비유'가 보여주고 있
는 대로이다.

미국의 심리요법가인 와츠(A. Watts)[14]는 동양사상과 서구 정신
의학의 가장 커다란 차이점을, 동양에서는 보통 사람의 삶 그 자체
를 하나의 '불행 덩어리'로 보았으며, 사회에 '행복하게 적응'하느
냐는 문제가 되지 않았다는 점에서 찾고 있다. 불교의 궁극적인
목적은 신경증 환자의 고뇌만이 아니라 인류 공통의 고뇌(두카, duḥkha)를 덜어 주는 것이기 때문이다.

이 경우에도 불교 사상이 일상적 경험세계, 즉 '세간언설'의 의
미를 인정하지 않는 것은 아니다. 다만 세간언설로 볼 때 환각이
거짓인 것처럼, 불교적 입장에서 보면 보통 사람의 체험도 거짓이

자 '망상'이다. 그런 까닭에 와츠는, 불교 심리학의 입장에서 보면 인간의 고뇌는 무명(無明, 아비드야, avidya)의 산물이며 체험에 따른 주체와 객체의 구별 따위에서 오는 자기모순에서 비롯된 것이라 말한다. 그것이 신경증에서 비롯된 것이건 좀더 실존적인 데서 오는 것이건, 불안에 사로잡힌 자기라는 것은 애초부터 존재하지 않으며 자아란 추상에 불과하므로 이것을 실재로 취급하는 것은 자기모순의 원인이 될 뿐이다. 따라서 불교 심리학의 최종 목표는 현재의 자기를 파악함으로써 진정한 '마음의 실존'을 깨닫는 것이다. 그렇게 하면 마음의 '목표' 따위는 모두 소멸하고 열반(니르바나)의 경지에 도달하게 된다.

다만 그와 같은 결론에 이르기에 앞서, 불교 경전은 고대로부터 내려오는 다양한 인도 사상들의 논의를 검토하면서 복잡하고 다양한 인간 정신, 즉 자기(self)의 구조론을 전개하고 있는 것이다.

흔히 불교 철학은 '공(空)' 철학이라 일컬어진다. 맞는 말임에는 틀림없지만, 그렇다고 해서 그것이 일반적인 현상계의 존재를 부정한다거나 현상계 속에 있는 인과적 연관성, 즉 오온(五蘊)의 상속(相續)을 부정한다는 뜻은 아니다.[15] 이 현상계의 존재는 내적 생활의 경험적 사실에 의해 증명되며, 이를 일러 유아(有我)라 한다.

이에 대해 『성실론(成實論)』은 "오음(五陰)의 화합을 잠정적으로 이름 붙여 아(我)라 하더라도 실유(實有)로 귀속되지 아니하니"라고 기술하여, 자아 체험은 현상으로 존재하지만 이것을 실체라고는 할 수 없다는 이른바 '현상학적 괄호 넣기'의 태도를 취하고 있다.

그런가 하면 『수상론(隨相論)』에서는 "오음의 근본을 애욕(愛慾)"으로 보고 있다. 다치바나 게이쇼(橘惠勝)의 설명에 의하면, 불교에서 말하는 오온이란 "애욕을 근본으로 하고 애욕을 서식처로 삼으며 애욕을 인연 삼아 수집된 직접 경험의 과정을 분류한 명칭"이며, 구체적으로 말하자면 "인격적인 하나의 계통을 구성한 의식 활동의 전체 내용"이다. 이 경우 '오온 상속'에서 비롯된 복잡한 활동이 오늘날의 심리학에서 말하는 의식(Consciousness, Bewusstsein)이 되는 것이다.

이것은 끊임없는 생성과 소멸의 진행과정으로서 파악할 수 있지만, 색(色)·수(受)·상(想)·행(行)·식(識)이라는 다섯 가지 유형으로 존재한다. 여기서 색온(色蘊)이란 물질적 감각과정에, 수온(受蘊)이란 지각에, 상온(想蘊)이란 내면의 언어와 관련된 표상작용에 해당하며, 행온(行蘊)은 넓은 의미의 사고작용을 가리킨다. 이 수·상·행·식의 사온은 아집(我執)을 구성하는 '아소사(我所事)'의 요소에 해당하는 것으로 그 각각의 요소는 서로 뒤얽힌 채로 통일적 활동을 하게 되는데, 이것들이 자아내는 여러 상을 이해하고 통합하는 주체가 되는 인식 그 자체가 바로 식온(識蘊)이다. 그리고 이때의 '식(識)'이란 곧 '구별'하는 작용을 말한다.

결국 자아(ego)라는 관념의 본질은 한 존재의 의식 내용이며, 오온의 집합에 임시로 이름을 붙인 것에 불과한 것이다. 불교 심리학에서는 이 오온의 현상과 기능을 그 변동의 상으로 파악하면서 거기에 일정한 법칙성이 있다고 보는데, 그 법칙성을 발견하기 위한 방법이 바로 선정(禪定, 마음을 하나의 대상에 집중하여 전혀 동요가 없는 것 — 옮긴이)이며, 그 법칙이란 바로 업(業)의 윤회이다.

이에 대해 다치바나는, 불교는 인간의 내면 세계 안에서 이루어 지는 변화의 인과관계를 발견하고 나아가 내적 생명의 보편성을 체득함으로써 그 속에 숨어 있는 우주적 본성을 개발하고자 한다 고 말한다. 그 인식에 도달하기 위해 주어진 일종의 지침이 바로 '팔정도(八正道)'라는 것이다. 논리적으로 해탈을 향해 나아가기 위한 방법인 팔정도는 주아적(主我的) 번뇌의 혼란을 유발하는 근본 적인 '무명'에서 벗어나고자 '십이연기설(十二緣起說)'을 받아들이 는 한편, 내적 생활에 있어서 철저하게 진리에 도달하고자 심리적 관찰이라는 방법을 채용한다.

한편 불교 심리학에서 말하는 정신의 구조가 일종의 다층 심리 학적 성질을 가진다는 사실은 앞에서도 이미 설명한 바 있지만, 이것을 다른 각도에서 고찰하면 다음과 같이 말할 수도 있다.

이는 우리의 경험적 세계를 구성하는 지각계에 일종의 서열 구 조가 있다고 보는 것이다. 즉 지각의 구성요소가 되는 감각에는 각각의 감각기관인 오근(五根)에 대응되는 오경(五境, 色 — 시각, 聲 — 청각, 香 — 후각, 味, 觸)이 존재하며, 나아가 이들 오식(五識) 을 기반으로 제8식, 곧 아뢰야식(阿賴耶識)이 존재한다는 것인데, 이 아뢰야식의 존재를 인정하는 것이야말로 불교의 가장 큰 특징 이다. '최승심(最勝心)'이라는 말로도 불리는 이 아뢰야식은 오관에 의한 인식보다도 고차원적인 인식을 말한다.

이는 또, 오식을 종합하는 총감각적인 인지작용을 가리키는 제6 식, 곧 '의(意)'보다도 높고, 나아가 그보다 위에 있는 주체로서의 '의식'보다도 높은 존재로, "종자(種子)로서 시시각각 변화하면서

성장하고 성숙하면 세계의 온갖 현상을 만들어 내며 그 열매로서
의 인상을 종자로서 자기 안에 잠재시킨다”고 한다. 다시 말하면
의식보다 한 차원 위에서 이것을 규제한다는 것으로, 융의 용어를
빌자면 집단무의식에 해당된다고 하겠다.

『구사론(俱舍論)』을 비롯한 불교의 가르침들은 위와 같은 정신
구조론을 바탕으로 그 마음에 빠져드는 병(미망)의 원인을 ‘십이연
기’로 설명한다. 십이연기란 무명(無明), 행(行), 식(識), 명색(名色),
육입(六入), 촉(觸), 수(受), 애(愛), 취(取), 유(有), 생(生), 노사(老死)
를 말하며, 이를 구체적으로 기술하면 다음과 같다.

1. 무명(無明) — 시작을 알 수 없을 정도로 먼 과거부터 품고 있는 번
   뇌.
2. 행(行) — 과거의 번뇌 때문에 생겨나는 행업(行業).
3. 식(識) — 과거의 행업이 가져오는 인식의 구조.
4. 명색(名色) — 앞서 기술한 오온, 즉 색·수·상·행·식.
5. 육입(六入) — 육근(六根, 오관과 마음)을 갖추고 태내로부터 태어
   나고자 하는 일.
6. 촉(觸) — 촉각 중심의, 유아(幼兒) 때의 혼란스러운 감각 상태.
7. 수(受) — 성장하여 고통과 즐거움을 식별하고 받아들이는 일.
8. 애(愛) — 사물이나 이성에게 애욕을 느끼는 일.
9. 취(取) — 성적 대상에 대한 집착.
10. 유(有) — 애 또는 취 등과 같은 현재의 인과가 미래세를 결정하는 일.
11. 생(生) — 미래세에 생을 받는 일.
12. 노사(老死) — 미래세에 있어 늙어 죽는 일.

이 인과 연관의 기본에 있는 '무명'을 인식하고 극복하는 일이 불교 심리학의 원칙임은 주지의 사실인데, 그것을 위해 불교는 선정이나 관법(觀法)과 같은 다양한 방법을 통한 '내관(內觀)'을 제안하고 있다.

이러한 방법론들은 현대 정신의학에 이르러 융학파의 정신분석을 비롯하여 모리타 요법(모리타 마사우마가 창안한 체험 요법 — 옮긴이), 나아가 '생명력 이론'을 토대로 한 신흥종교의 정신요법에 이르기까지 상당한 영향력을 행사해 오고 있다.

앞 절에서 기술한 구카이의 밀교 사상이나 다카야마 나오코(高山直子)의 '불법과 정신의학'[16] 이론은 '무명즉법리(無明卽法理)'를 주장하며 인간의 본능적 욕망까지 있는 그대로 긍정한다는 점에서 인도 사상인 힌두이즘의 토속적 전통(탄트라 밀교)과 유사한 데가 있다.

이들 불교 사상은 한결같이 내관을 통해 인간성 일반의 내적 현상을 세밀하게 분석한다. 그런데 그 분석에 의하면 인간의 모든 고뇌는 '무명'에서 출발해 열두 가지 인연의 연쇄에 따라 생겨나는 것이기 때문에, 중생들의 심적 체험은 일반적으로 고뇌를 가져다주는 미망에 불과하다. 그러므로 이러한 '고뇌에서 벗어나기 위한 수단으로' 제시되는 관상(觀想)이나 선정(禪定) 또는 그 수행법은 인간성 일반 및 그와 질적으로 다를 바 없는 신경증 환자의 불안과 고민을 풀어 주는 수단은 되어도 정신병 차원의 문제에 대해 언급하는 경우는 거의 없다.

애초에 불교 심리학의 관념체계 속에는 정상인, 곧 보통 사람들의 정신에 미망의 씨앗이 숨겨져 있다는 사고가 자리잡고 있다.

따라서 정신적 현상의 여러 측면을 분석하여 해명하는 데 굳이 '정기(正氣)'와 '광기(狂氣)'를 구별할 필요가 없었다. 이는 또한 인도 의학이 본래 광기를 체액(도샤)설로 설명했고, 불교가 이것을 받아들여 광기를 외재적인 것으로 바라보았던 탓이라 말해도 좋으리라 생각된다.

제3장
인도 문화와 사회 병리

狂

1. 『마누 법전』의 범죄와 광기

세속적이고 구체적인 과학기술, 또는 입법이나 정치보다는 형이
상학적이고 종교적인 면이 두드러진다는 점에서 인도의 고대 문화
는 로마의 그것과 좋은 대조를 이룬다. 그러나 그런 고대 인도에도
'다르마 샤수트라(dharma-śāstra)'로 불리는 법 체계는 엄연히 존재
했는데, 그것은 인류가 지닌 가장 오래된 성문법의 하나이기도 하
다. 그리고 그 가운데 가장 유명한 것이 바로 『마누 법전』이다.[1]
다수의 인도 법전들 중에서도 가장 권위가 높은 이 『마누 법전』은
산스크리트어로 '마나바 다르마 샤수트라(Mānava-dharma-śāstra)'
혹은 『마누 수므로티(Manu-sumrti)』라 불리기도 하는데, 전편(全篇)
이 산스크리트어 운문으로 되어 있으며 인간의 시조인 마누가 선
포했다고 전해진다.

그러나 이것의 정확한 성립 연대는 대부분의 인도의 문헌들이 그렇듯 분명치 않다. 대략 기원전 200년에서 기원후 200년 사이에 오늘날의 틀을 갖춘 것으로 보이며, 대서사시 『마하바라타』와 동일하거나 유사한 내용이 많이 발견되는 것으로 보아 서로 비슷한 시기에 생겨났을 것으로 추정된다. 사상적 배경으로는 베단타 및 요가 철학의 경향이 엿보이며, 여기에 민속적 요소와 상키야 철학의 흔적도 발견된다. 마누의 계시에 의해 성립한 법전이라 일컬어지긴 해도 사실은 마나와파(派)로 불리는 베다 학파의 소산물인 것이다.

이것은 근대국가의 법률처럼 공포된 실정법은 아니었지만, 여기에 규정되어 있는 법은 인도 민중들 사이에서 지상의 권위로 받아들여졌다. 왜냐하면 이 법전은 저자가 제멋대로 서술한 학설이 아니라 오랜 세월에 걸쳐 인도 민중들 사이에서 이어져 내려온 관습들을 성문법으로 집대성한 것이기 때문이다.

쓰지 나오시로[2]에 의하면 예로부터 마누는 인류의 시조일 뿐 아니라 모든 법규에 있어 최고의 권위를 갖는 절대자라 하는데, 이는 베다 문헌에 실린 "마누가 말하는 모든 것이 의약(醫藥)"이라는 기술에 의해 뒷받침된다. 『마누 법전』은 특정 부족이나 영토만을 대상으로 하거나 힌두교라는 특정 종교에만 한정된 것이 아니라, 바라문 문화의 영향을 받는 모든 지역의 주민들에게 널리 적용할 목적으로 만들어진 것이라 할 수 있는데, 결국 이 이상이 실현되었다는 사실은 인도의 여러 지방에서 수많은 주석서가 저술된 것만 보아도 알 수 있다.

비록 『마누 법전』이 법전이라고는 하지만 여기에는 오늘날의 법률에 해당하는 사항들만 기록되어 있는 것은 아니다. 다시 말해서 이 법전은 우주 개벽과 만물의 창조에서부터 아리안인(人)들이 일생을 걸쳐 수행해야 할 각종 의식인 십이정법(十二淨法), 나날의 행사, 조상 제사, 베다 학습, 음식물, 국왕의 의무, 카스트별 의무와 속죄, 업계(業繫) 및 해탈 등에 대해서도 광범위하게 다루고 있다.

이 중 민법과 형법에 해당하는 부분은 전체의 4분의 1에 지나지 않지만, 그럼에도 2장 18부 718항이나 된다. '법전'에 이렇게 광범위한 사항들이 포괄되어 있는 것은 법(다르마)의 개념을 매우 폭넓게 사용하는 인도에서 일상생활에 있어 대체로 선하거나 바른 것은 다르마로, 이와 반대되는 것은 아다르마(非法)로 구분하는 경향이 있기 때문이다. 따라서 인도 연구자들은 종교적·윤리적인 요소를 잔뜩 포함하고 있는 이 다르마의 개념만 제대로 이해해도 바라문 사회의 이상적인 존재 양식을 파악할 수 있다고 쓰지 나오시로는 이야기한다.

『마누 법전』의 민법 규정 중 '상속권'에 관한 조항 201조에는 거세당한 자, 타성자(墮姓者, patita), 선천적인 맹인 및 귀머거리, 백치, 벙어리 외에 "동작이나 감각기관 일부에 결함이 있는 자는 일체의 상속을 받지 못한다"라는 기술이 있다. 여기서 "동작이나 감각기관 일부에 결함이 있는 자"란 현행 민법상 '행위능력이 없는 자'를 가리키는데, 이들을 상속에서 배제한다고 규정하고 있는 것이다.

그런 한편으로 "(다르마를) 아는 자라면 그런 사람들에게 충분한 음식물과 의복을 자신의 능력껏 제공해야 함이 마땅하거늘, 그 의

무를 저버리는 자는 타성자가 될 것이다"라고 보호의무자의 책임을 규정하는 부분도 있다.

여기서 말하는 타성자란 바라문이니 크샤트리아니 하는 소속 계급으로부터 제외된 사람을 가리키는 것인 만큼, 그들에게 이것은 상당히 가혹한 징벌이라고 할 수 있다.

그런가 하면 형법에 관한 부분을 보면, 법률 사건을 조사하고 심문하는 주체를 왕으로 규정하면서 이를 바라문이나 연륜 높은 고문이 보좌하도록 명시하고 있다. 또한 재판의 대상으로는 채무 불이행, 소유권이 없는 것에 대한 매각, 공동 소유물이나 증여물의 갈취 행위, 임금 미지급, 협정 불이행 등 민사 사건과 관련된 소송 사건을 열거한다. 한편 경계에 관한 분쟁, 절도, 폭행, 명예훼손, 간통 등과 같은 형사 사건에 대해서도 언급하고 있다. 나아가 부부 간에 지켜야 할 의무, 유산 분배, 도박 등도 심리의 대상이 된다고 못박고 있다.

그런가 하면 오판이 일어날 경우의 책임에 대해서는 범인, 증인, 재판관 전체, 왕이 4분의 1씩 공평하게 떠맡아야 한다고 규정하고 있다.

여기서 특히 주목해야 할 점은 예컨대 126조의 "어떤 사람의 외양에 나타난 안색이나 동작, 표정, 눈빛, 몸짓 등을 통해 그 사람의 내면을 통찰해야 한다" "마음속의 움직임은 표정, 동작, 목소리의 상태, 몸짓, 언어 및 눈과 얼굴의 움직임으로 간파해야 한다"와 같은, 표출학(Ausdruckslehre)을 토대로 한 재판 심리학적 기록이다.

뿐만 아니라 소송법상의 증언능력에 관한 조항인 67조의 "비탄에 빠진 자, 술 취한 자, 정신이상자, 음주로 고민하는 자, 피곤에

찌든 자, 욕망으로 갈등하는 자, 분노한 자, 도둑은 증인이 될 자격이 없다"와 같은 규정은 진술심리학에서 볼 때도 근거가 있는 것이어서 이것이 고대의 법인가 눈을 의심하게 할 정도이다.

다만 이 법전은 남녀차별의 경향이 현저해서, 예컨대 남성은 혼자라도 증인이 될 수 있지만 여성은 여럿일지라도 그 자격을 얻을 수 없다며 여성의 증언능력을 부인하고 있다.

이 대목에서는 과연 고대의 법 조항답다는 생각을 금할 수 없는데, 한 가지 특징적인 점이 있다면 그 이유에 대해 "여성은 쉽게 마음의 동요를 일으키기 때문"이라는 심리적 설명을 덧붙이고 있다는 사실이다.

나아가 이른바 '형법 총칙'에 해당하는 항목의 마지막 부분에서는 수형(受刑) 능력에 대한 배려가 엿보이는 법 조항을 마련하고 있다. 이는 126조에 해당하는, "왕은 그 (범죄의) 동기, 때, 장소를 확인하고, 죄인의 수형 능력 및 (범죄의) 성질을 숙고하고 난 후에 범죄자에게 형벌을 가함이 마땅하다"라는 대목인데, 이런 점은 근대법을 무색케 할 정도이다.

다만 형벌 부분에서 『마누 법전』이 보여주는 공정치 못한 점은 신분에 따른 차별을 지나치게 노골적으로 드러내고 있다는 것이다. 예를 들어 명예훼손에 관해서 살펴보면, 바라문의 명예를 훼손한 사안의 경우 크샤트리아에게는 100파나의 벌금형, 바이샤에는 150~200파나의 벌금형을 부과하는 한편 수드라에게는 체형을 가하도록 규정하고 있다. 이에 비해 바라문이 하층 계급 사람의 명예를 훼손한 경우에는 크샤트리아였을 때는 50파나, 바이샤였을 때는 25파나, 수드라였을 때는 12파나의 벌금만 내도록 규정하는 등

신분과 성별에 따른 세부적인 차별 조항을 두고 있는데, 그 기준이 입법자인 바라문 계급에게 지극히 유리하게 되어 있다는 느낌을 지우기 힘들다.

특히 "신분이 높은 사람에게 침을 뱉는 자는 입술을 도려냄이 마땅하며, 오줌을 끼얹은 자는 그 음경을, 연장자 앞에서 방귀를 뀐 사람은 그 항문을 도려냄이 마땅하다"는 식의 잔혹한 규정은 이 법전이 보여주는 신분차별의 전형적인 예이다.

다만 법 체계치고는 폭행 등의 신체적 폭력을 가한 범죄자에 대한 형벌이 지나치게 무거운 데 비해 경제범에 대한 형량이 지극히 가벼운 점이 눈에 띈다. 이 점에 대해서는 오늘날 일본에서 이루어지고 있는 재판의 실정에 불만을 품고 있는 사람이라면 공감을 표명할지도 모르겠다. 예컨대 대부분의 경우에 있어 절도범은 훔친 물건을 돌려주거나 벌금만 내면 그것으로써 죄를 감면받았던 것이다.

그러나 이 책의 관점에서 볼 때 무엇보다도 중요한 사실은 『마누 법전』이 정신이상자의 책임능력 및 행위능력을 어떻게 규정하고 있는가 하는 점이다.

우선 민사상의 행위능력에 관한 규정인 163항의 "술 취한 자, 정신이상자, 질병으로 고통받는 자, (노예처럼) 권리가 없는 자, 타인에게 의존하는 자, 어린아이, 고령자 등이 체결한 계약은 모두 무효이다"에서 보는 것처럼 술 취한 자와 정신이상자를 맨 앞에 열거하고 있다.

그러나 정신이상자의 책임능력에 관해서는 위와 같은 명확한 규정이 없다.

다만 "왕은 채찍이나 등나무 막대기 혹은 그물을 이용해 여자나 어린아이, 정신이상자, 병자에 대해 형벌을 가할 수 있다"는 규정만이 있을 뿐이다. 다시 말하자면 이것은 '새빨갛게 익은 사슬 위에서 불태워지는' 형벌(강간에 대한 형벌)이나 '상지(上肢) 절단'(상위 계급자 폭행에 대한 형벌)과 같은 엄격한 형벌이 정신이상자에게는 가해지지 않았음을 뜻하는 것으로 받아들여도 좋을 듯하다.

이상과 같은 내용을 통해 정신이상자에 대한 『마누 법전』의 규정을 다음과 같이 정리할 수 있다.

1. 정신이상자와 관련해 주로 술 취한 자, 백치를 열거하고 있다. 즉 이들을 모두 같은 범주 속에 포함시키고 있는 것이다.
2. 정신이상자의 행위능력이나 증언능력에 대해서는 현행 민법이나 형사·민사 소송법과 동일한 규정을 적용하고 있다.
3. 책임능력에 관한 규정이 보이지 않는 것으로 볼 때 책임 추궁에 비중을 싣기보다는 처벌을 감당할 능력이 있는가를 더 중시한 것으로 보인다. 즉 정신이상자나 백치에 대해서는 형을 감하여 주고 있다.

한편 『마누 법전』에 규정되어 있는 여성의 낮은 지위는 이후 인도사 전체를 관통하며 깊게 뿌리내림으로써 희생분사(犧牲焚死)의 풍속 같은 독특한 사회 병리[3]를 낳기에 이른다.

2. 희생분사(犧牲焚死)와 인신공양(人身供養)

인도 문화가 그것을 접촉한 서구의 옛 식민 통치자들에게나 오늘날의 여행객들에게 문화적 충격 그 자체란 사실은 너무나 유명하다. 그 중에서도 특히 영국의 식민지 관료들이나 연구자들을 경악케 했던 것은 바로 과부의 희생분사 곧 사티(Suttee)라는 풍습이었다.

남편을 앞세운 미망인이 화장되고 있는 남편의 시체 속으로 뛰어드는 풍습인 이 사티는 거의 의무적으로 강제되었다. 식민지 통치 시절, 영국 관료였던 윌리엄 벤티넥(William Bentinek)은 이런 악습을 뿌리뽑기 위해 '사티 금지법'이란 법률을 제정하면서까지 적극적으로 이를 금했지만, 그런 조치에도 아랑곳없이 아직도 이 풍습은 여기저기서 산발적으로 행해지고 있다.

서머빌(A. Sommerville)[4]에 의하면 이 풍습의 기원은 적어도 3,000년 전으로 거슬러 올라간다고 하는데, 이는 알렉산드로스 대왕의 인도 원정에 함께 출정했던 디투르스 시네루스의 목격담에 의해 뒷받침된다. 인도인 군단장이었던 남편의 시신이 화장되고 있는 장작더미 속으로 앞다퉈 뛰어들어가 함께 불에 타죽었다는 그의 두 부인에 관한 이야기가 바로 그것이다.

더구나 그러한 행위는 형제를 포함한 혈연자의 도움을 받아 이루어지는데, 왕 또한 이런 행동을 방해하거나 저지하기는커녕 홀로 어두운 구천(九泉)으로 떠나는 남편의 동반자가 되어 주는 것을 당연시했다.

그런데 가족들이 과부의 희생분사를 적극 돕는 데는 그럴 만한 이유가 있었다. 그렇게 하면 유족인 자신들에게 사회적인 존경과 명예가 돌아오기 때문이었다. 육친 중에 사티를 행한 어머니나 자매가 많을수록 남자들은 사회적으로 더 많은 존경을 받았다. 사티라는 산스크리트어가 '좋은 아내'를 뜻한다는 점에서도 짐작할 수 있듯 사티를 행한 미망인은 그 자체로 인도 여성들의 귀감이 되었다. 영국 통치 시절 인도에서는 사티의 사례가 적극적으로 보고되어 기록되고 있는데, 예를 들어 1815~1823년의 9년 동안 벵갈 주에서는 그 횟수가 5,425건에 달했다고 한다.

1827년 3월 28일에는 포인더(Poynder)가 열네 살 난 어린 신부의 사티 현장을 목격하고 있다. 그에 의하면, 희생분사를 강요당한 끝에 일단 장작더미 속으로 뛰어들기는 했으나 뜨거움을 견디지 못하고 도로 뛰쳐나온 신부가 강물 속으로 뛰어들자 뒤따라온 숙부가 억지로 끌고 가서는 다시 불 속으로 던져 버렸다는 것이다.

비록 그들 역시 압제자로 인도인들 위에 군림하고 있기는 했지만, 그럼에도 불구하고 식민 통치 시절의 영국 관료들은 이 사티 제도를 막아 보고자 적잖은 노력을 기울였다. 일설에 의하면, 캘커타 시를 건설한 욥 카르녹(Job Charnock)은 눈앞에서 희생분사를 당할 뻔한 아름다운 미망인을 불에서 구해낸 뒤 아내로 삼고 그 미망인과의 사이에서 여러 명의 자식들을 두었다고 한다.

이처럼 남편을 위해 죽음의 세계까지 따라가는 것이 정숙한 아내의 도리라는 생각은 고대 인도의 2대 서사시 중 하나인 『마하바라타』[5]에도 나타난다. 상당히 오랜 세월에 걸쳐 형성된 시로서 힌두인들 사이에서 아침 저녁으로 애송되는 이 『마하바라타』가 오늘날과 같은 형태를 취하게 된 것은 대략 4세기 무렵으로 추정된다. 그 중에서도 특히 "파티비라타 마하토움야(정숙한 여성의 귀감)," 혹은 "사비트리 우파크야나"라 불리는 장의 주인공 사비트리의 정절은 후세에까지 여성의 귀감으로 전해져 인도 여성들 사이에서 찬양의 대상이 되고 있으며, 오늘날에도 주시타 월(태양력으로 5월에서 8월)이 되면 사비트리 푸자라 불리는 축제를 거행한다. 이때에는 이 『마하바라타』에 실려 있는 시를 암송하고 행복한 결혼을 기원함과 동시에 사비트리를 기려 사흘 동안의 단식을 거행하는 한편 용나무 등에서 제사를 지냈다. 이 이야기 속에서 여주인공인 사비트리는 죽음의 신 야마가 남편 사티야바트를 데리러 오자 죽음도 마다 않고 남편을 따라 죽음의 세계로 가려 한다.

"내 남편이 끌려가는 곳, 그리고 그가 자진해서 가는 곳, 그곳에 저도 가겠습니다. 그것이 변치 않는 신의입니다"라고 말하며 사비트리는 돌아가라는 사신의 명령을 듣지 않는다. 그러자 사신은 결국 자신의 뜻을 굽혀 남편을 그녀와 함께 현생으로 돌려 보낸다. 죽은 배우자를 따라 명계(冥界)로 간다는 주제는 그리스 신화의 오르페우스 이야기나 일본의 창조 신화인 이자나기와 이자나미 이야기에서도 공통적으로 발견된다. 그러나 여기서는 뒤쫓아가는 것이 여자라는 점, 그리고 사비트리가 남편을 저승에 남겨 두고 혼자서만 돌아온다는 것은 꿈도 꾸지 않는다는 점이 다르다. 이 이야기가 결국은 희생분사라는 주제의 기본 원리를 제공하고 있는 것이다.

이처럼 아내의 희생을 당연시하는 습성 외에 열성파 힌두인들에게서 발견되는 또 하나의 풍속은 분노한 신들을 달래기 위해 스스로를 희생제물로 바치는 행위이다. 이는 분노한 신들에 의해 유발된 굶주림과 악마의 영향력으로부터 처자들만이라도 구해내기 위한 최후의 몸부림인 경우가 많았는데, 때로는 집단자살로 번지기도 했지만 대부분의 경우 '희생양'이 죽음에 이르는 일은 아주 드물었다. 서머빌[6]이 1926년에 목격한 사례 중에는 승려로 하여금 자신의 등을 가르게 한 뒤 거기에 갈고리를 끼워 대나무에 매달게 한 끔찍한 이야기도 있다.

불교의 본생담(本生談, 붓다의 전생 설화 — 옮긴이)에서도 등장하고 있는 것처럼, 인도에서의 인신공양은 매우 장구한 역사를 지니고 있다. 그 중에서도 팔리어 성전인 『자타카(Jātaka)』[7]에 기록된 원시불교시대(기원전 3세기 이전)의 토끼 본생담은 매우 유명하다. 『자타카』는 붓다가 이 세상에 태어나기 이전의 전생 이야기라지만 실제로는 구전 설화나 전설 속에서 나타나는 흥미로운 이야기를 불교 이야기로 변형한 것으로, 인도 설화, 우화, 동화 등이 풍부하게 수록된 세계 설화문학의 보고이다. 여기에 실린 토끼 본생담의 내용은 다음과 같다.

보디사트바(각성하기 전의 붓다)가 토끼의 태내에서 태어나 숲에 살고 있었다. 토끼는 우포사타(보시)를 하기 위해 스스로 불구덩이 속으로 들어가 자신의 육신을 불에 구운 뒤 탁발 바라문 승려에게 바친다. 그러자 사실은 제석천(帝釋天)의 화신이었던 그 바라문 승려는 토끼의 모습을 달 표면에 새긴다. 이와 같은 자기희생 정신의 배경에는 윤회전생(輪廻轉生)의 신념이 자리잡고 있었을 것이다. 현대의 일본 작가인 미시마 유키오(三島由紀夫)의 자결 역시 이러한 맥락에서 읽어낼 수 있지 않을까 싶다.

희생분사나 자기희생에 관한 이야기 외에, 임금에게 바치기 위한 목적으로 친자식을 살해하는 이야기도 있다. 서머빌에 의하면 인도에서 영아살해(infanticide)는 드문 일이 아니었는데, 이는 가난한 가족들이 굶주림에서 벗어나기 위한 목적으로 저지르는 경우가 대부분이었지만, 그밖에 종교적인 이유도 살해 동기로 작용했다고 한다.

예컨대 불임증으로 고민하던 여인이 자식을 낳기 위해 다른 사람의 자식을 죽이는 경우가 그 대표적인 사례이다. 무고한 희생자의 피를 자기 몸에 적심으로써 죽은 아이가 자신의 자궁 속에서 재생하기를 염원하는 것이다. 이것은 꼭 15세기 프랑스의 '푸른 수염 공작'의 행위를 연상시키는데, 여기서는 행위자가 여성이라는 점이 다르다.

그런가 하면 신들의 노여움을 가라앉히고 그들의 은총을 구하고자 하는 바람 역시 빈번한 유아살해의 원인이 되었다. 중요한 건축물의 준공을 기원하며 주벽(主壁) 밑에 어린아이를 묻는 일도 있었다.

그밖에 악령의 저주를 풀거나 땅속에 묻혀 있는 보물을 찾기 위한 유아살해 풍습도 있었는데, 이러한 사례는 서머빌의 1926년 기록에도 남아 있다. 그 사례란, 세쿤다라바드의 한 부유한 여성이 악령의 수호를 받으며 땅속에 묻혀 있는 보물에 눈이 멀어 쿤비족의 한 여성에게 아이를 유괴해 오도록 부탁한 뒤 그 아이를 희생양으로 삼았다는 내용이다.

이 같은 유아살해의 양상이 인도의 고전문학, 특히 설화집 속에서 반복적으로 출현하고 있다는 사실은 주목할 만하다.

소마데바(Somadeva)가 편찬한 고전적 설화집 『카타 사리트 사가라(Kathā-sarit-sāgara)』(1063~1081)에는 일군의 '바보 이야기'가 실려 있다. 인도에서 이 바보 이야기의 계보는 상당히 뿌리깊은 듯 원시불교의 본생담 속에도 자주 등장하며, 기원전 2세기경 산치(마디아프라데시 주에 있는 불교 유적지 — 옮긴이)에 세워진 탑의 부조에서도 그 중 한 편을 발견할 수 있다. 이와 같은 바보 이야기 시리즈는 한역 불전인 『백유경(百喩經)』에도 잘 정리되어 있다. 『백유경』은 5세기경의 인도 승려인 상가세나(Saṃghasena, 僧伽斯那)의 작품으로 알려져 있으나 오늘날 산스크리트어 원전은 더 이상 전해지지 않는다. 그러나 『카타 사리트 사가라』[8]에는 그 흔적을 짐작케 하는, 『백유경』에 대응하는 설화가 여러 편 수록되어 있다. 그 중에서 '바보 이야기'의 계열에 속하는 것이 47편인데, 그 중에는 자녀살해와 관련한 두 건의 이야기와 자녀살해 미수와 관련한 한 건의 이야기도 포함되어 있다.

제19화 자식을 살해한 남자의 이야기

어떤 어리석은 남자가 있었다. 이 남자에게는 자식들이 많았는데, 몹시 가난했다. 어느 날 한 아이가 죽자 '이 어린 녀석이 어찌 그 먼 길을 혼자 갈 수 있겠는가'라는 생각에 다른 자식 하나를 죽였다. 그 일로 인해 그 남자는 사람들로부터 비웃음거리가 되어 욕을 얻어먹었으며 결국에는 고향에서 쫓겨나는 신세가 되었다.

제20화 자식을 살해한 점성학자의 이야기

한 점성학자가 있었다. 그러나 점성학자란 허울뿐이었고, 학자란 것도 이름뿐이어서 머릿속에 학식 따윈 전혀 들어 있지 않았다. 고향에서 생계를 해결하기가 수월치 않았던 그는 어느 날 처자를 데리고 타지로 떠났다. 거기서 사악한 술수를 이용해 재산과 존경을 얻어 보기로 작심한 그가 사람들 앞에서 어린 자식 하나를 끌어안고 울기 시작했다. 그리고는 그 이유를 묻는 사람들에게 다음과 같이 대답했다. "제게는 과거, 현재, 미래를 꿰뚫어 볼 수 있는 능력이 있지요. 그런데 이 아이가 이레 후면 죽게 될 운명이지 뭡니까. 그래서 슬픈 마음을 가누지 못하고 이렇게 울고 있는 겁니다." 그런 말로 그 자리에 모인 사람을 놀라게 하는 데 성공한 그는 이레째 되는 날 이른 새벽 아직 잠들어 있는 자식을 살해했다. 아이의 죽음이 현실화함으로써 그를 전적으로 신뢰하게 된 사람들은 존경심을 나타내며 그에게 많은 재물을 희사했다. 덕분에 이 사이비 점성학자는 많은 재물을 챙겨 고향으로 돌아갈 수 있었다.

이 두 가지 이야기는 가공할 만한 블랙 유머라 치부할 수밖에 없을 것 같다. 그렇다면 다음에 이어지는 살해미수의 사례는?

제28화 친자식을 살해하려 한 여인의 이야기

슬하에 자식이 하나밖에 없는 여인이 있었다. 그녀에겐 소원이 하나 있었으니, 그것은 자식이 하나만 더 생겼으면 하는 것이었다. 그런 그녀가 어느 날 고행 수도자에게 상담을 받으러 갔다. 사교를 믿는 잔인무도한 여인이었던 그 수행자는 "당신의 아이를 죽여 신께 제물로 바치면 반드시 아이가 하나 더 생길 것"이라고 말했다. 그 말에 여인은 당장 그 일을 실행에 옮겨야겠다고 생각했다. 그러나 옆에 있던 한 노파가 여인을 불쌍히 여기며 슬그머니 충고했다. "당신은 어찌 그리 못된 생각을 한단 말이오. 태어나지 않은 자식을 얻자고 이미 낳은 자식을 죽인다는 말이오. 행여 아이를 낳지 못한다면 어찌할 것이오." 이 친절한 노파의 충고 덕에 여자는 죄를 면할 수 있었다.

이 이야기는 패러디를 통한 우스개 섞인 교훈에 불과한 듯 보이지만 안에 담긴 아이의 희생과 재생이라는 주제는 1920년대의 인도에 있어서 서머빌이 관찰한 실례와 동일하다. 즉 고대로부터 인도 문화에서는 자녀살해라는 주제가 죄와 신앙이 뒤얽힌 심각한 문제 중 하나였던 것이다.

3. 『시귀 이십오화(屍鬼二五話)』의 자살과 범죄

일본 중세에 있어서 광기 및 범죄의 양상을 사례집 형식으로 간결하게 알려주는 것이 『옛날 이야기(今昔物語)』나 『발심집(發心集)』같은 설화집이라는 사실은 『일본의 광기』[9]에서도 이미 밝힌 바 있다. 인도의 경우는 11세기에 성립한 소마데바의 『카타 사리트 사가라』[10] 등이 당시의 문화 속에 자리잡은 사회 병리의 사례를 알려주는 문헌이다.

이 책의 저자인 소마데바는 카슈미르의 바라문 집안에서 태어나 그 궁정에서 봉사하던 궁정 문인이었는데, 이 『카타 사리트 사가라』는 그가 1063년부터 1081년까지 대략 20년에 걸쳐 완성한 것이라 한다.

'바다 같은 이야기의 강'을 뜻하는 이 『카타 사리트 사가라』는 온갖 종류의 잡다한 이야기가 수록된 장편의 설화집이다. 사실 이것은 소바데바의 창작물이 아니라 기원전 3세기경 구나디아가 저술한 기존의 설화집 『브리하트 카타(Bṛhat-katha)』를 산스크리트어로 간추린 것이라 하는데, 이처럼 원저와는 1,300년이나 되는 시간의 벽으로 가로막혀 있는 탓에 여기에는 인도인들 특유의 느슨함과 비역사성이 고스란히 반영되어 있다.

『카타 사리트 사가라』는 『일본영이기(日本靈異記)』나 『옛날이야기』처럼 그저 채집된 삽화를 열거하는 형식이 아닌, 『아라비안 나이트』와 유사한 구조를 띠고 있다. 이 이야기의 전체적인 골격은, 카우샨비를 수도로 하는 바리리아 왕국의 왕 우다야나와 우쟈이니의 공주 바사바다타의 연애 및 결혼 이야기, 그 둘 사이에 태어난 왕자 나라바하다타가 겪는 몇 차례에 걸친 사랑과 모험담, 그리고 그가 비디야다라족의 제왕이 되기까지의 과정 등으로 짜여져 있다. 그러나 이 골격은 이 이야기 속에 담긴 대략 300개에 이르는 갖가지 크고 작은 사건들의 전개 수단에 불과하다. 더구나 그 삽화들 속에는 다시금 서로 독립한 작은 이야기들이 비집고 들어가 있다. 예컨대 『카타 사리트 사가라』에 수록된 내용 가운데 일부를 번역, 출판한 『시귀 이십오화(屍鬼二五話)』에도 독사에게 물려 고통받던 여행자를 도와준 대가로 시귀의 은총을 입어 비디야다라의 왕이 되었다는 늙은 바라문의 이야기가 트리비크라마세나왕의 이야기 안에 삽입되어 있다.

여기서 말하는 시귀(屍鬼)란 산스크리트어로 베탈라(vetāla)라 불리는, 사체에 들러붙어 그것을 활동하게끔 한다고 여겨지는 귀신을 말한다. 한역 불전에서는 이를 기시귀(起屍鬼)나 시귀 혹은 비타라(毘陀羅), 비다도(毘多茶), 미다라(迷多羅) 등으로 음역하고 있는데, 이와 같은 개념은 고대 인도의 토속 신앙에서 기원해 후에 불교와 시바교, 특히 탄트라교로 유입된 것으로 보인다. 한편 상술한 트리비크라마세나왕의 이야기로 잠시 되돌아가면, 이 이야기는 시귀에 씐 사체를 등에 짊어진 채 운반하고 있는 트리비크라마세나왕에게 그 시귀가 이런저런 조언을 들려준다는 식의 복잡한 구성을 취하고 있다.

이 경우 일본 설화집의 빙의자들이 대부분 조상령의 성격을 가진 신령이거나 살아 있는 자나 죽은 자의 혼령 또는 여우 따위의 동물령임에 비해 여기서의 시귀는 눈에 띄게 주술적이며 '시바 신의 친족'으로 간주되고 있을 정도로 '악마적' 성격이 강하다는 특징이 있다. 어쨌거나 『시귀 이십오화』는 기본 구조가 빙의담으로 짜여져 있는 데다 그 속에 범죄나 빙의에 관한 삽화가 다양하게 수록되어 있는, 깊은 흥미를 자아내는 '광기의 기록'이라 할 수 있다.

범죄에 있어서 절도 사례와 재판에 관한 왕의 태도가 제1화에서부터 다루어지고 있다. 단순히 절도에 관한 사례라고는 하지만 일본의 설화집 등에 비교하면 제법 복잡한 구조를 이루고 있다.

이야기 1 왕자의 사랑

왕자가 상아(象牙) 세공사의 딸과 사랑에 빠진다. 신분이 다른 여인을 사랑하게 되어 고민에 빠진 왕자를 위해 그의 글동무인 대신의 아들이 한 가지 꾀를 생각해낸다. 그 계략에 따르기로 한 왕자는 일단 상아 세공사의 딸에게 술을 잔뜩 먹여 취하게 한 뒤 둔부에 낙인을 찍고는 장신구를 빼앗아 도망친다. 그런 다음 불가의 수행자처럼 변장한 채 장신구를 팔려다 체포되어 왕 앞으로 끌려간다. 그리고는 왕자가 숲 속에서 마녀에게 살해되었으며, 그 마녀의 둔부에는 낙인이 있다고 거짓말을 한다. 마침내 상아 세공사의 딸의 몸에 낙인이 찍혀 있다는 사실을 알게 된 왕은 그녀를 추방하고, 기다리고 있던 왕자는 그녀를 데리고 도망친다. 그러자 상아 세공사 부부는 딸을 잃은 상실감을 견디지 못하고 자살한다. 이 경우 세공사 부부를 살해한 자는 과연 누구인가.

이 기묘한 '로미오와 줄리엣 이야기'에 대해 작가는 밀정을 풀어 백성과 신하들의 동태를 살피지 않은 왕에게 책임이 있다는 판정을 내렸다.

『시귀 이십오화』에 수록된 이야기 중에서 사회 병리적으로 의미가 있을 법한 것을 사례별로 모아서 정리하면 다음과 같은 표가 만들어진다.

범죄		자살	
살인	3건	희생분사(사티)	2건
강도	2건	자기희생	4건
강간미수	1건	순사(殉死, 신하)	2건
절도	1건	사신(捨身)	2건
도박	2건	자녀를 잃은 슬픔	1건
횡령	1건	연애의 번뇌	1건
위증	1건	낙원에 가기 위한 자살	1건
폭행	1건		
	12건		13건

이 중 살인의 예는 아내 살인이 한 건, 충성을 위한 자녀살해 한 건, 제물로 바치기 위한 살인으로 과실치사임에 분명한 것이 한 건이다.

이야기 2 아내를 살해한 남편

도박으로 재산을 탕진하고 고향을 떠나 유랑하던 한 사내가 있었다. 명문가 출신에 외모도 반반했던 그는 돈 많은 상인의 딸과 결혼해 그 집안의 양자가 된다. 얼마 후 고향으로 돌아간다며 부인과 나이 든 장모를 동반한 채 길을 떠난 그는 아내를 죽이고 그녀가 소지한 장신구를 빼앗고자 두 사람을 깊은 동굴 속에 밀어 넣는다. 이 일로 장모는 목숨을 잃지만 그의 아내는 간신히 살아 남아 집으로 돌아간다. 그러나 남편의 악행을 고자질하지는 않는다. 그러던 차에 아내의 죽음을 철석같이 믿고 있던 남자가 뻔뻔스럽게도 처가로 돌아온다. 처는 아무 일도 없었다는 듯이 남편을 환대하지만 그 남자는 결국 아내를 살해하는 데 성공하고 장신구를 빼앗아 사라진다.

이것은 극악무도한 악행이지만 이 기담집(奇談集)에서는 이 남자에게 아무런 징벌도 내리지 않는다. 다만 "남자란 이처럼 못된 족속이다"라는 식의 성악설적인 교훈만 덧붙이고 있을 뿐이다.

이런 점은 대부분의 경우 인과응보라는 관념에 입각해 이야기를 전개하고 있는 일본의 불교 설화집과는 눈에 띄게 다른 부분이다. 아무래도 이는 아리안족 특유의 냉정한 현실 인식을 반영하고 있는 것이 아닐까 한다.

이야기 3 자식을 희생양으로 바친 신하

비라바카라는 쇼바바라이의 수드라카왕에게 봉사하는 덕망있는 바라문이다. 어느 날 한 예언자의 몸을 빌려 그의 앞에 나타난 대지의 여신이 "당신의 아들을 희생양으로 바치지 않으면 왕은 사흘 이내에 죽어 버릴 것"이라는 신탁을 내린다. 그는 주저하지 않고 자식의 목을 베어 대지의 여신에게 바친다. 그러자 그의 딸이 오빠의 죽음에 비통해 한 나머지 심장발작을 일으켜 죽어 버린다. 더구나 그의 부인마저 아이들이 화장되는 장작더미 속으로 몸을 날려 희생분사로 삶을 마감한다. 그는 사랑하던 가족을 모두 희생시켜 놓고 혼자서만 살 수 없다며 스스로의 목을 베어 자결한다. 그러자 이 이야기를 듣게 된 수드라카왕 역시 책임을 느끼고 자살을 자행한다. 바로 그 순간, 하늘에서 신의 목소리가 울려 퍼짐과 동시에 왕을 비롯한 신하의 일가족은 모두 소생한다.

이 어이없는 자기희생 경쟁에 독자들은 벌어진 입을 다물지 못할 것이다. 이 이야기 속에서는 대지의 여신에 대한 희생이라는 곡령신앙적(穀靈信仰的) 요소도 발견된다. 그러나 작가가 시귀와 트리비크라마세나왕의 입을 빌려 강조하고자 하는 것은 수드라카왕의 행위를 그 누구보다도 위대하게 그리면서 "자고로 왕이란 존재는 신하의 희생에 힘입어 자신을 지탱해 나가는 것… 따라서 그의 행위가 가장 뛰어난 것"이라는 평가이다.

그밖에도 이 설화집의 특징은 강도 행위를 대수롭지 않은 범죄로 평가하고 있다는 점이다. 예컨대 강도의 습격을 받은 여인의 이야기인 제10화의 경우, 정조를 빼앗길 상황에 처하게 된 여인이 "이미 다른 사람과 약속이 되어 있어서"라는 말로 잠시 유예를 청한 뒤 그 약속을 수행하고 오자, 정말로 다시 돌아온 이 여성의 고지식한 행위에 감동한 도적이 강간을 포기하고 만다는 내용을 담고 있는데, 여기서 도적은 "그 사람이야말로 진실로 관대한 사람"이라는 평가를 받고 있다.

한편 제14화에서는 도적 혐의로 처형대 위에 올라간 사형수에게 첫눈에 반한 미모의 여인이 도적을 따라 희생분사하려 하자 신이 이에 감복하여 두 사람 모두를 구해 주었다는 이야기도 실려 있다.

나아가 제15화, 제22화에서는 전설적인 괴도(怪盜)이자 작은 몸
집에 동작이 날쌘 물라데바(Mūladeva)의 통쾌한 활약상이 그려지
고 있다. 물라데바는 교양이 있고, 약자들의 편에 서기 때문에 민
중들로부터 폭넓은 사랑을 받아 빈번하게 문예작품의 대상이 되는
의적으로서, 『절도술강의(竊盜術指南)』는 그의 저서라 한다.

이렇게 슬쩍 들여다본 것만으로도 우리는 일본의 설화집과 인도
의 설화집 사이에서 발견되는 가치관의 차이를 실감할 수 있다.
특히 특징적인 것은 『시귀 이십오화』 전체에서 묘사되고 있는 자
살 사례들이다. 앞에서 언급한 것처럼 여성들의 희생분사가 한결
같이 미화되고 있는 것은 그렇다 치더라도, 주군의 죽음을 따라
순사(殉死)하는 신하, 부모를 위해 희생되는 자식들의 이야기 역시
결코 적지 않은데, 그 중 주군을 위해 자식을 살해하는 이야기 3의
예는 일본의 3대 가부키 가운데 하나인 〈스가와라덴주 데나라이카
가미(菅原傳授手習鑑)〉와 닮은 형태이다.

이런 이야기는 일본에서도 흔히 찾아볼 수 있는데, 이처럼 자식
잃은 슬픔이나 사랑의 아픔을 감당하기 힘들어 죽음에 이르는 이
야기는 만국 공통의 주제가 아닐까 한다. '낙원으로 가기 위해' 자
살을 택하는 사례 또한 극락정토를 찾으리란 신앙으로 배를 타고
떠나는, 일본 중세에 있었던 일을 생각하면 이해 못할 것도 없다.

그러나 일본에서는 절대로 발견되지 않는 사례가 있으니, 그것
은 위에서 본 것처럼 신하를 위해 왕이 뒤따라 자살하는 예이다.
왕의 자기희생을 찬양하는 이야기는 이것말고도 두 건이 더 있는

데, 여기서는 고행을 위해 심신을 괴롭히던 끝에 죽음에 이른 왕의
행위를 숭고한 자기희생으로 찬양하고 있다. 그밖에 신하의 처를
연모하면서도 아내를 헌상하겠다는 신하의 요청을 도리에 어긋난
다는 이유로 끝내 거절하고 결국은 상사병으로 죽음에 이르는 왕
과 그 뒤를 따라 순사하는 신하의 이야기도 있다.

　이와 같은 '왕의 자기희생담'들은 신하의 일방적인 충성담 일색
인 일본에서는 결코 찾아볼 수 없는 것들로, 이는 필시 프레이저(J.
Frazer)[11]가 그의 저서인 『황금가지』에서 묘사하고 있는 '희생되어
살해된 왕' 이야기의 인도판이라 할 만하다.

제4장
불교 정신의학의 동점

狂

고타마 붓다(석가)는 살아 있는 동안 '위대한 의사'로 이름을 날렸다. 그 까닭은 그의 설교가 고뇌에서의 해방을 목적으로 삼고 있었기 때문이다. 수세기에 걸쳐 붓다는 불교도인 승의(僧醫)들이 이상으로 삼아야 할 의성(醫聖)이자 사람들을 병에서 구해 줄 정신적으로 각성한 존재라고 여겨져 왔다.

붓다에 의하면, 여래는 위대한 의사로 간주할 만한 존재이고 모든 중생은 마치 선천성 시력장애를 가진 사람처럼 '무명(無明)'에 빠진 존재이다. 따라서 애정이나 과오 및 예순두 가지의 잘못된 설법은 바람, 담즙, 점액 등(의 체액)과 마찬가지로 병인이며, 공(空)의 상태, 인과의 소멸, 대상의 소멸, 열반에 드는 일의 네 가지 진실은 그로 인해 생겨난 병을 치유하는 약초인 것이다.

이처럼 불교라는 종교가 그 나름의 '의학 모델'을 갖고 있다는 사실은 『대승열반경(Mahāyāna Mahāprarinirvāna Sūtra)』을 보면 한

층 명료해진다. 즉 불법을 닦기 위해 반드시 필요한 조건으로 스승을 의사로 생각할 것, 자기 자신이 병에 걸려 있음을 인정할 것, 스승의 설교를 의약이라고 생각할 것, 가르침의 실천을 의료로 생각할 것 등의 네 가지를 들고 있는 것이다.

또한 『대승열반경』은 일천제(一闡提, 영구히 깨달음을 얻을 수 없을 것으로 보이는 일군의 중생 — 옮긴이) 곧 "명문(名聞, 소문), 이양(利養, 욕망)에 집착하며, 인과를 믿지 않고, 부끄러움(慚愧)을 알지 못하고, 업보를 믿지 않으며, 현재도 미래세도 보지 못하고, 착한 벗과 친하게 지내지 않으며, 제불소설(諸佛所說)의 교훈에 따르지 않는 악인"을 "이미 죽은 사람은 의사가 살려낼 수 없는 것과 마찬가지로 제불세존(諸佛世尊)도 치료할 수 없는 사람들"이라고 말하면서 이를 난치 질환에 비유하고 있다.[1]

원시불교에 있어서도, 그것의 가장 중요한 교의(敎義) 항목 중 하나인 사성제(四聖諦), 즉 영원히 변치 않는 4대 진리(Catrāri (ārya) satyāni)는 질병과 그에 대한 치료 모델에 따라 이론이 전개되고 있다. 여기서 사제란 고제(苦諦, 범부의 삶은 고통의 연속이라는 진리), 집제(集諦, 온갖 고뇌의 근원은 결국 번뇌 특히 渴愛에 근거한다는 진리), 멸제(滅諦, 갈애를 멸하고 고통을 멸한 열반이 곧 해탈의 이상적 경지라는 진리), 도제(道諦, 이러한 苦를 멸할 수 있도록 이끌어 주는 수도법)를 말하는 것으로, 이 이론에 따르면 질병의 원인은 기본적 무지 곧 무명이고, 무명은 욕망이나 증오를 낳는다고 한다.

따라서 이를 벗어나려면 팔정도(八正道, Āryamārga)라는 수도법을 실천해야 하는데, 이 팔정도란 바른 인식에 해당하는 정견(正見), 정견을 실천하겠다는 각오를 뜻하는 정사(正思), 도덕적으로 바른 언어 표현을 뜻하는 정어(正語), 도덕적인 바른 행동을 뜻하는 정업(正業), 바른 의식주 등의 생활방식을 가리키는 정명(正命), 이러한 이상을 실현해야 할 노력에 해당하는 정정진(正精進), 바른 마음의 통일을 뜻하는 정념(正念), 무아무상(無我無常)을 관(觀)하고 정견을 실현하기 위한 선정(禪定)을 가리키는 정정(正定) 등을 말한다.

요컨대 마음의 통일은 분노나 증오심 따위의 감정을 가라앉히며, 명상은 자비로 이끌어 주는 것이다. 지혜(prajñā)는 제법무아(諸法無我)의 관상(觀想)을 통해 분명하지 않은 것을 소멸시킨다.

이후 원시불교는 소승(hīnayāna), 대승(mahāyāna) 및 탄트라 밀교로 분화된다. 이 중 소승의 교리는 생사 해탈에 의해 열반의 경지에 도달함으로써 자기해방에 이르는 것을 목적으로 삼고, 정신수양을 통해 욕망이라는 해독에서 벗어나는 것을 말한다. 소승불교는 스스로가 욕망이라는 병을 치료할 의학이라고 생각하는 것이다.[2] 이에 비해 대승불교는 보살행(菩薩行)을 중시하지만, 의료행위를 모델로 삼고 전개되고 있다는 점은 소승불교와 다를 바가 없다. 붓다의 치료자로서의 측면을 대변하는 약사여래가 심리적·육체적·심령적인 병에 대한 치유자로 숭배되는 것도 바로 이 때문이다.

이처럼 불교는 스스로의 직분을 의사의 역할에 비유하고 교리를 의약으로 생각하는, 일종의 의료체계를 갖춘 종교로서 등장하고 있는데, 여기엔 고대 인도 의학이 고타마 붓다의 등장 이전부터 힌두교의 틀 안에서 상당히 체계화된 상태로 존재하면서 커다란 사회적 역할을 수행하던 당시의 시대적 상황이 전제되어 있는 듯하다. 또한 의료행위를 하던 하층 카스트의 사람들이 불교를 초기에 수용했다는 점도 불전 속에 의학적 비유가 많아진 이유 중 하나가 아닐까 싶다. 고대 인도 의학은 신체적 치료와 정신적 치유의 양면을 포함하고 있었기 때문이다.

불교는 스스로를, 그 자체로 '병'이라 할 수 있는 인간의 번뇌에서 비롯된 '고(苦)'를 떨쳐 버릴 수 있게 해주는 '의학'에 비유하고 있다. 불교의 이런 측면은 필연적으로 정신요법으로 연결되어, 현실 속에서 나타나는 의학적 의미에서의 심신 질환이나 고뇌를 제거하는 데 도움을 주게 된다.

이후 불교 승단은 승가(僧伽, 출가 집단)의 생존을 보장하기 위한 위생학 체계를 발달시켜 나가며, 보살행이나 자비를 베푸는 행위로 대중에게 의료행위를 베푸는 이른바 승의(僧醫) 집단으로의 면모를 갖추게 된다. 그리고 그 과정에서 신체의학적 병인론이나 치료학을 포함하는 의학적 병리학 및 약리학, 내·외과 정신의학 등의 체계를 포함하게 된다. 이렇게 해서 불교 안에 녹아들게 된 아유르 베다 체계의 인도 의학은 그후 불전을 통해 중국이나 일본으로 전해져 동양의 의학 및 질병관, 치료 문화에 커다란 영향을 미치게 된다.[3]

1. 고대 인도의 승려와 의사

앞에서도 살펴보았듯 고대 인도 사회에 있어 불교도들은 힌두 의학의 체계, 즉 아유르 베다 체계를 계승하면서도 독자적인 불교

의학을 창출해 나갔다. 그리고 오늘날 그것을 체계적으로 보존하고 있는 것은 티베트 의학서들이다.[4]

앞서 기술한 바대로 불전 속에서 불교는 마치 '의학체계'라도 되는 양 설명되고 있으며, 그런 연유에서인지 불전 속에는 많은 명의들의 이름이 등장한다. 그 중에서도 대표적인 세 사람이 바로 아트레아(Ātreyā)와 차라카(Caraka), 그리고 기파(Jīvaka, 耆婆)이다.

세 사람 가운데 불전에 가장 많이 출현하는 인물은 기파인데, 그는 경전에도 '의왕(醫王)'이라 기록되는 등 명의의 대명사로 알려져 있다. 본명이 지바카 코마라바카로 알려진 이 기파의 출신에 대해 『날녀기파경(捺女耆婆經)』이나 『선견율(善見律)』은 그를 빔비사라왕의 아들로 기록하고 있지만, 『사분율(四分律)』은 빔비사라왕의 아들인 무외(無畏)를 기파의 아버지로 기술하고 있다. 어머니가 유녀(遊女)였던 까닭에 당시의 관습에 따라 길가에 버려진 것을 무외가 우연히 발견해 데려다 키웠고, 아트레아가 그에게 의술을 가르쳤다는 것이다.

불전 속에는 그가 코 세척법으로 12년 동안이나 계속된 만성 두통을 고친 이야기를 비롯해, 빔비사라왕에게 시행한 치질 수술, 왕사성(王舍城)에서 행한 개두술(開頭術), 어린아이에 대한 개복술(開腹術), 이센 국왕의 두통 치료, 석가의 설사·풍기(風氣)와 다리 부상 치료, 제자들의 실명(失明) 치료, 치과 치료 등에 있어 눈부신 활약을 보였다는 기록이 남아 있다. 나아가 종교가로서의 고타마 붓다가 의사인 기파에게 흔쾌히 그 자신이나 제자들의 신체 질환을 치료하도록 일임했다는 기록도 보인다.[5]

그밖에 『보적경(寶積經)』 제8권에, 기파가 여러 약재를 조합하고 약초를 주물러 만들어낸 동자(童子)들이 마치 살아 있는 것처럼 움직였으며 그들과 함께 노래하고 춤추면 병이 나았다는 기술이 실려 있는 것으로 볼 때, 그는 이른바 놀이요법에 해당하는 심리요법도 행했던 것으로 보인다.

불전에는 이밖에도 다양한 명의들이 등장하고 있는데,『잡아함경(雜阿含經)』에는 카로, 하고라, 센바, 기파와 같은 4대 명의가, 『불본행집경(佛本行集經)』에는 아트레아, 하쓰라마단나, 자나카 등의 명의가 등장한다. 후쿠나가 가쓰미(福永勝美)에 의하면 명의의 이름을 가장 많이 열거하고 있는 불전은『수행도지경(修行道地經)』으로, 여기에는 명의의 이름이 전문 분과별로 열거되어 있으며 특히 정신의학 영역의 명의로는 대화(戴華), 불사화(不事火) 등의 이름이 등장한다고 한다.

그러나 불전에서 이들 명의들의 이름이 열거되는 경우는 대체로 '의학 모델의 비유'라는 문맥에 한한다. 이는 승려된 자가 의료행위를 생계수단으로 삼는 것을 금하는 불교의 입장과 관련이 있는 것으로 보이는데, 그 예로『잡아함경』『지변론(智變論)』『성실론(成實論)』과 같은 불전에서는 승려의 직업적 의료행위를 사사명(四邪命) 혹은 오사명, 즉 사도(邪道)를 따르는 생활방식이라 배척하면서 '잡구식(雜口食)'이라 부르고 있다. 그런가 하면『사분율(四分律)』에서는 '송주위활명계(誦呪爲活命戒)'『승기율(僧祇律)』의 '작의사활명계(作醫師活命戒)'『범망경(梵網經)』에서는 '사신양명계(邪身養命戒)'에 의해 이것이 금지되고 있으며,『정법념처경(正法念處經)』에서는 십삼방(十三妨), 즉 불도 수행을 방해하는 열세 가지 행위 중 하나로 치병(治病) 활동이 거론되고 있다. 의료행위를 업으로 삼게 될 경우 어떤 식으로든 경제적 측면이 그와 얽혀 들게 되어 탐명치(貪瞑痴)에서 벗어나 생활하는 출가승의 본분을 망각할 우려가 있다고 보았기 때문이다. 이런 맥락에서 승의(僧醫)의 존재는 원칙적으로는 부정되었다. 그러나 수입을 목적으로 삼지 않는 한, 자비를 베푸는 마음으로 하는 의료행위는 용인되었다.

예컨대 용수보살(龍樹菩薩)로 알려진 나가르주나(Nāgārjuna)는 일본의 구카이(空海)처럼 백과사전적 지식을 가진 사람으로 출가 후 엄청난 불교서를 남겼을 뿐 아니라『용수보살약방(龍樹菩薩藥方)』『동화향법(同和香法)』『동양성방(同養性方)』및 티베트 대장경의 의서(醫書)인『치료법일백(治療法一百)』『용수론사석아파약의궤(龍樹論師釋阿婆藥儀軌)』등 의학에 관해서도 많은 저술을 남겼다.

한편, 생존 시기에 있어 대략 기원전 3세기경의 인물이라는 설도 있고 기원후 4세기 후반의 인물이라는 설도 있는 그는, '아유르 베다' 계열 가운데 하나인『수슈루타 상히타』의 일부를 저술한 인물로도 추정된다.

2. 일본의 불교와 의학

힌두권 문화의 일본 유입은 주로 불교를 통해 이루어졌으며, '아유르 베다' 계열의 의학 기술 역시 그와 함께 전래되었다. 또한 일본으로 전래된 이 불교 문화가 한역 불전을 매개로 한 조선 및 중국의 불교였던 까닭에 한방의학 역시 그와 뒤섞여 수입되었다.

(1) 나라(奈良) 시대의 불교와 의학

나라 시대(710~784)에 가장 중요하게 취급되었던 『금광명최승왕경(金光明最勝王經)』은 호국안민과 함께 모든 재앙을 쫓고 복을 부르는 '실용적인' 경전이지만, 그 안에 「제병품(除病品)」이란 항목을 두어 질병의 원인과 증상, 그리고 그에 대한 치료법을 가르치고 있다. 거기에 실린 예를 잠시 살펴보기로 하자.

"기후에는 사계절의 변화가 있으니, 이에 맞춰 음식을 조정해 나간다면 질병은 생겨나지 않는다. 그러나 기후가 변화하면 그와 함께 지대(地大)·수대(水大)·화대(火大)·풍대(風大)에도 사대(四大) 추이가 생겨나는데, 이 변화에 따라 곧바로 음식과 약을 조정하지 않으면 이로써 모든 질병이 생겨난다. …병은 네 가지 종류로 나누는데, 이것이 담음(痰癊)과 풍병(風病)과 열병(熱病)과 총집(總集) 등이다. 이 중 담음은 봄에, 풍병은 여름에 발생하며, 열병은 가을에, 총집은 겨울에 생겨난다. …풍병에는 기름을 사용하는데, 열병에는 이것으로 설사를 하게끔 하고 담음의 경우에는 이것을 이용해 토하게 한다. …명의는 시절에 맞게 약을 처방하고, 약과 음식에 차이를 두지 않으며, 여덟 가지 기술을 잘 터득하고, 각종 의술에도 정통해야만 중생의 병을 제대로 치료할 수 있다."

핫토리 도시로(服部敏良)[6]에 의하면 여기서 말하는 여덟 가지 기술이란, 침자(針刺)·상파(傷破)·신질(身疾)·귀신(鬼神)·악독(惡毒)·해동(孩童)·연년(延年)·증기력(增氣力)의 여덟 가지를 가리킨다. 그 가운데 침자란 눈, 코, 귀와 같은 목 위쪽 부위에 생긴 병을 침으로 찔러 치료하는 것을 말하며, 상파란 외부에서 침입한

해로운 물질을 제거한 다음 거기에 난 염증, 종양, 고름 난 상처 등을 치료하는 방법이고, 신질이란 신체에 내과적 의술을 응용하는 것을 말한다. 나아가 악독이란 아가타(阿伽陀)라는 해독제를 사용한 치료법을, 해동은 어린아이 및 어머니와 유모의 병을 치유하는 것을 말한다. 그리고 연년이란 장생법(長生法)으로 장명액(長命液)을 조제해 무병장생의 길을 도모함을 말하며, 마지막으로 증기력은 생식력을 활성화시키거나 빨리 걸음으로써 다리를 보호하는 것을 일컫는다. 이것은 『수슈루타 상히타』를 출전으로 삼고 있는 것으로, 기죠 산조(義淨三藏)의 『남해기귀내법전(南海寄歸內法傳)』에서 말하는 여덟 가지 기술(八醫)도 이에 상응한다.

한편 "명의는 여덟 가지 기술을 제대로 터득하여 병자의 형색(形色), 언어, 성품과 행실 등을 관찰하는 한편 병자의 꿈을 듣고서 병을 판단하라"고 가르치고 있다. 이를 테면 "피부가 건조하고 머리 숱이 적으며 마음이 들떠 있어 말이 많고 항상 비행하는 꿈을 꾸는 것은 풍성(風性)에 의한 것이며, 어린 나이에 백발이 많고 땀을 많이 흘리며 쉽게 화를 내고, 총명하지만 항상 꿈에서 불을 보는 사람은 열성(熱性)에 의한 것이다. 마음이 안정되어 있고 행동거지에 평정을 유지하며 조심성이 있고 얼굴에 지방이 많고 꿈에 하얀 물체나 물을 보는 자는 음성(癊性)으로 파악하면 될 것이다. 그밖에 의사에게 욕설을 퍼붓고 친한 벗에게도 성을 내고 왼쪽 눈이 흰색으로 변하며 혀는 거무튀튀해지고 콧대가 오뚝하고 귓바퀴 모양이 특이하여 아랫입술 밑으로까지 늘어져 있는 자는 죽어가는 상(死相)이라 생각하라"고 설명하고 있다.

또한 약품으로는 가리륵(訶梨勒, 사군자과의 낙엽교목)이 "이것은 흔히 여섯 가지 맛을 내며 일체의 병을 없애는, 약 중의 왕이다. 다음으로 좋은 약은 설탕과 꿀과 요구르트와 우유인데 이것들은 능히 사람들의 병을 낫게 할 수 있다”는 대목에서 거론되고 있다. 가리륵은 인도산 과실나무에서 열매 맺는 타원형의 과실로 길이는 1.8센티미터에서 3센티미터 정도이며, 의약품으로 사용된다고 한다. 그밖에도 이 경전은 “의사는 위와 같은 사실을 잘 터득해 항상 자비로운 마음으로 환자를 대할 것이며, 결코 재물을 탐해서는 안 된다”는 가르침을 펴고 있다.

결국 『금광명최승왕경』의 일부는 아유르 베다 의학을 간단명료하게 간추린 요약판으로, 핫토리 도시로가 이것을 “불교 경전이라기보다 오히려 의학서”라고 평가했을 정도로 의학서의 구조를 취하고 있는데, 필자가 생각하기에 병을 다스리는 데 이 경을 전독(轉讀, 경전을 띄엄띄엄 읽는 것 — 옮긴이)했던 이유는 의학서를 읽는 것이 주술적 공감을 통한 치병 효과를 갖고 있다는 믿음 때문이 아니었던가 싶다.

이처럼 『금광명최승왕경』에는 인도 의학의 신체의학적 측면이 요약되어 있는데, 『일본서기(日本書紀)』의 「재명기(齋明紀)」에도 이와 유사한 대목이 눈에 띈다. 병으로 고생하던 후지와라 가마타리(藤原鎌足, 12세기의 정치가 — 옮긴이)가 갖은 요법을 시도해 보아도 효험을 보지 못하자 백제의 비구승 법명(法明)으로 하여금 베갯머리에서 『유마경(維摩經)』「문질품(問疾品)」을 독송하게 했더니 곧바로 병이 물러갔다는 기록이 바로 그것인데, 이후 이것은 유마회의 전통으로 굳어진다. 나라 시대에도 이 경전을 독송하면 치병 효과를 거둘 수 있다고 믿어 기도에 흔히 이용했다는데, 그 중 「문질품」에는 다음과 같은 예가 실려 있다. "문수(文殊)가 유마(維摩)에게 '거사의 병은 지대, 수대, 화대, 풍대 중에서 어느 것 때문인가' 하고 묻자 유마가 '이 병은 그 중 어느 것과도 상관없습니다. 그러나 중생의 병은 사대(四大)에서 비롯되며, 중생에게 병이 있기 때문에 저 역시 병을 앓는 것입니다'라고 대답한다."

나아가 문수가 유마에게 수양법을 묻는 대목에서 유마는 다음과 같이 대답하고 있다.

"중생의 병은 전세(前世)의 망상 및 그밖의 온갖 번뇌에서 비롯되는 것이며, 그렇기 때문에 병이라는 실법(實法)은 존재하지 않습니다. 지(地)·수(水)·화(火)·풍(風)의 사대(四大)가 모여 조화를 이룬 채 잠시 몸을 형성하고 있지만, 사대도 본래 무슨 주체가 있는 것은 아니며 병이란 스스로에 대한 집착에서 비롯되는 것입니다. 따라서 병의 근본을 잘 파악해 아상(我相) 및 중생상(衆生相)을 제거하고 법상(法相)을 일으킴이 마땅합니다."

요컨대 병을 치료함에 있어 법(다르마)으로써 번뇌를 제거하여 무아의 경지에 들어설 것을 권유하고 있는 것인데, 이는 모든 불교적 정신요법의 기초라 할 수 있다.

나라 시대에는 감진(鑑眞, 689~763, 중국 당의 고승으로 일본 율종의 시조)이 『사분율(四分律)』을 들여왔다. 『승기율(僧祇律)』과 더불어 승려의 계율을 규정하는 경전이다. 『사분율』에는 불교 승단의 위생에 관한 계율도 포함되어 있었는데, 예컨대 "병에 걸린 것을 알고 약도 아닌 것이나 잡다한 독, 혹은 정도 이상의 여러 약재를 함부로 먹게 함으로써 환자를 죽음으로 내몰 경우 바라이(波羅夷, 교단으로부터의 추방)를 당하게 된다. 중병에 걸린 사람을 부축해

일으키는 도중이나, 눕혀 놓고 목욕시키는 도중, 약을 먹이거나 화
장실을 데리고 오가는 도중에 전혀 해치려는 의도 없이 환자를 죽
음에 이르게 했다면 그것은 범죄가 아니다"라는 대목이 그것이다.
이러한 기술은 우리로 하여금 불교의 승가(僧伽) 내부에서도 실로
다양한 일들이 벌어졌을 것이라는 사실을 짐작케 한다.

　그런가 하면 "설령 비구라 할지라도 병을 앓고 있을 때에는 우
유, 유제품, 생선 및 육류를 먹을 수 있다"는 기록 외에, "술을 마시
는 사람에게는 열 가지 과실이 있으니, 첫째는 안색이 나쁜 것이요,
둘째는 기운이 달리는 것, 셋째는 눈빛이 맑지 못한 것, 넷째는 노
여움을 드러내지 않는 것, 다섯째는 전업자생(田業自生)의 법을 파
괴하는 것, 여섯째는 질병을 키우는 것, 일곱째는 싸움을 일삼는
것, 여덟째는 체면을 잃고 욕을 먹는 것, 아홉째는 지혜가 줄어드
는 것, 열째는 몸을 해쳐서(身壞命) 삼악도(三惡道)에 떨어지는 것
으로, 이것을 음주의 열 가지 과실이라 한다"는 기술을 통해 음주
의 해를 설하고 있다. 그밖에 승려에게 목욕을 권장하는 하는 한편,
살아 있는 풀이나 채소 또는 맑은 물 위에서 대소변을 보거나 침을
뱉어서는 안 된다며 불결한 행위를 금하고 있다. 또한 앞에서 이야
기했듯, 기파가 최면술을 이용해 빔비사라왕에게 치질 수술을 해
주었다거나, 한 고승을 마취시키는 방편으로 술을 마셔 취하게 하고
는 개두(開頭) 수술을 해주었다는 등의 치료 사례도 기록하고 있다.

　『사분율』은 병리론을 비롯한 의학 전반을 설명하고 간병 방법
까지 소개하는 등 외과, 내과, 소아과, 피부과 등 모든 부문에 있어
서 당시 인도 고대 의학의 수준을 요약해 전해 주는 경전인 것이
다. 이처럼 승려들은 가지(加持, 부처의 대자대비한 힘으로 중생이

부처와 일체가 되는 경지에 이르는 일, 여기서는 속간에서 병이나 재앙을 면하려고 올리는 기도를 말함 — 옮긴이)를 이용해 주로 귀족계급의 병을 다스리고자 노력하는 한편 인도 의학의 수입자로서 신체의학적 치료에도 힘을 기울였다.

앞서 기술한 것처럼, 불전에서는 불승이 직업적으로 의술을 펼치는 행위를 경계하고 있지만, 나라 시대의 명승들은 궁중에 들어가 시의(侍醫) 역할도 수행했던 듯한데, 그 중 유명한 승려로는 겐보(玄昉), 로벤(良弁), 지쿤(慈訓), 안칸(安寬), 도쿄(道鏡) 등이 있다.

그 가운데 정신의학 방면에서 주목할 만한 승려는 겐보(玄昉)로, 19년 동안 당에서 체류하다 쇼무(聖武) 천황(재위 724~749) 덴표(天平) 7년에 귀국하여 덴표 9년 7월에 승정(僧正)에 임명되었는데, 천황의 어머니인 후지와라 미야코(藤原宮子)의 치료를 담당했다. 당시 그녀는 병에 걸려 깊은 근심에 사로잡힌 채 인간사에 관심을 두지 않았으며 천황에게도 오랫동안 얼굴을 내밀지 않고 있는 상태였는데, 증상으로 볼 때 이는 오늘날의 우울증 정도에 해당하는 듯하다. 겐보는 이 히스테리성 증상을 치료해 그녀를 쾌차하게 만든 뒤부터 궁중에서 권위를 떨치게 된다.

한편 당에서 일본으로 율종(律宗)을 전파한 도쇼다이지(唐招提寺)의 감진은 의술은 물론 약물에도 정통해 시력을 잃었음에도 불구하고 냄새로 약품을 감정해 한 번도 틀린 적이 없었다고 한다. 그는 『감진비방(鑑眞秘方)』이라는 의학서를 남긴 것으로 알려져 있지만 현존하지는 않는다.

분명 나라 시대의 불교 의학은 귀족을 주요 대상으로 삼거나 사찰 내부의 보건위생만을 목적으로 삼는 경향이 두드러진다. 그러나 쇼무 천황의 경우, 황후가 불도(佛道)로 귀의한 이후 보시를 위한 목적으로 황후전에 히덴인(悲田院), 세쓰야쿠인(設藥院)을 설치해 서민을 위한 의료를 펼치기도 했다. 특히 히덴인에서는 온욕(溫浴) 요법도 시행했다고 전해진다.

(2) 헤이안조(平安朝) 이후의 불교와 의학

헤이안조(794~1192)의 귀족들은 중병에 대한 치료수단으로 기도승의 가지(加持) 기도를 우선적으로 선택했다.[7] 그러나 당시의 승려들이 반드시 기도승으로서 가지 기도에만 전념하고 있었던 것은 아니고, 그들 중 일부는 스스로 의술을 터득해 그것을 임상에 응용했다. 다시 말해서 간병승들은 신체의학적 방법과 기도 둘 다를 병행해 병자를 치료하려 했다는 것이다.

그러나 헤이안 시대로 접어든 이후로는 간병승으로 명성을 떨치는 고승들의 수가 전대에 비해 줄어든다. 그 중에서도 구카이(空海)의 제자 열 명 가운데 한 사람인 신제이(眞濟)는 몬토쿠(文德) 천황의 간병승으로서 치료에 임하던 중 천황이 승하하자 실의에 빠져 은거를 택하고 있는데, 이를 보면 아마도 의료상의 과오에 대해 책임추궁이라도 당했던 것이 아닌가 한다. 헤이안 시대 이후로는 의료기관인 덴야쿠료(典藥寮)에 속하는 세속 의사와 가지 기도를 주업으로 삼는 불승들의 역할이 점차 분화된다.

특히 헤이안 후기 이후 정토교(淨土敎)가 우세해지면서부터 도사(導土, 법회나 장례 의례에서 여러 승려들을 거느리고 의식을 지도하는 승려)들은 임종을 앞둔 환자를 극락왕생의 길로 인도해 주려 한다. 예를 들어 천황을 보좌하는 간파쿠(關白)의 지위에 있던 후지와라 미치나가와 같은 이는 호주지도(法住寺殿)라는 저택을 불사(佛寺)로 삼아 그 안의 아미타당(阿彌陀堂)에 병으로 드러누운 채 아미타불의 손에 연결한 오색 연사(蓮絲)의 한쪽 끝을 쥐고서 안락한 '죽음'을 기원했다.

또한 『옛날 이야기』 『발심집(發心集)』 『보물집(寶物集)』에 등장하는 도사들의 경우 병자들의 신체적 고통을 덜어 주는 데 별다른 힘을 더해 주지는 못하지만, 임종기의 환각을 이용하여 극락왕생을 얻게 해주려고 애쓰고 있다.

다만 『발심집』에 등장하는 한 승려처럼 예외의 인물도 있긴 하다. 그는 몇 해 전부터 간절한 마음으로 왕생을 기원해 오던 자신의 부인이 중병으로 자리보전을 하고는 "천인(天人)이 수레를 타고 날 데려가려 와 있다"거나 "귀하신 스님께서 날 데려가려 와 있다"고 말해도 그것을 그저 악마의 농간으로 치부해 버리고는 그 수레에 올라타거나 그 승려를 따라가지 못하게 말리다가, 부인의 입에서 "이번엔 아무것도 보이지 않는다"는 말이 나오자 마침내 "이번에는 마음 굳게 먹고 왕생하라"고 권하고 있다. 이 이야기에는, 극락은 안내자가 필요 없는, 아미타불의 본원(本願)에 따라 저절로 가 닿을 수 있는 곳이라는 정토 불교의 진수가 제대로 반영되어 있다.

헤이안 시대의 사이초(最澄)나 구카이는 모두 음양(陰陽), 공예, 의술에 뛰어났으며 제생구민(濟生救民)을 자신들의 업으로 삼았다고 전해지는데, 그들의 업적 중에서도 특기할 만한 사항은 여러 절에 욕실을 지어 대중들에게 사용하도록 한 것이었다. 이처럼 불교는 온욕의 유용성 및 치병 효과를 일본인들에게 알림으로써 욕실을 대중화하는 데 커다란 공헌을 했다. 고노(近衛) 천황의 치세기인 고지(康治) 원년(元年, 1142년)경에는 하리마 스가인(播磨須賀院) 소재 고쿠라쿠지(極樂寺)의 승려 젠케이(禪慧)가 천일(千日) 욕실을 세 곳에 설치해 10만이 넘는 사람들에게 제공하는 한편 여러 지역에 권장해 이것을 천여 곳에 만들게 했다는 일화가 널리 전해지고 있다.

가마쿠라(鎌倉) 시대(1180~1333) 이후는 에이존(叡尊)이나 닌쇼(忍性)에 의해 행해진 나병환자 및 행려병자 구제사업 등, 불교 교단이 복지의료 면에서 행한 활약상이 주로 기록되고 있다. 그러나 인도 고대 의학을 중심으로 하는 동양의학의 일본 전래가 애초에 간병승 및 승의(僧醫)들의 활동을 중심으로 이루어졌던 사정은 그 후로도 많은 영향을 남겼다. 그 결과 에도(江戸) 시대(1603~1867) 때 스스로를 유승(儒僧)이라 칭하던 요시마쓰 도도(吉益東洞)나 야마와키 도요(山脇東洋)와 같은 인물들이 나오기 전까지 도쿠가와(德川) 바쿠후(幕府) 관료제 안에서의 의사는 모두 승적을 지닌 출가승의 신분으로 근무하는 것을 원칙으로 했다.

3. 불교와 정신요법

고뇌로부터의 구원을 목적으로 삼는 종교인 불교는 본질적으로 심리요법이라고 미국의 심리학자 A. 와츠[8]는 말한다. 근대 의학의 등장 이후 신체의학 측면에서는 동양의학의 영향력이 저하되었지만 그럼에도 정신요법이나 심신의학 쪽에서는 힌두교나 불교적 발상 및 방법이 널리 채용되어 왔다. 후쿠나가 가쓰미에 의하면, 불교 행법(行法) 중에서 심신의학적 요법으로 받아들일 수 있는 것에는 좌선(坐禪) 요법, 법열(法悅) 요법, 참회(懺悔) 요법, 경력(經力) 요법, 자염력(慈念力) 요법, 원력(願力) 요법, 광명(光明) 요법, 촉수(觸手) 요법, 위력(威力) 요법, 주술(呪術) 요법, 요가(yoga) 요법 등이 있다.[9]

(1) 좌선요법

좌선을 통해 야기되는 정신생리학적인 변화와 그 결과에 따른 치유 효과에 대해서는 류 마쓰노리(笠松章)나 히라이 도미오(平井富雄)를 비롯한 많은 사람들이 활발한 연구를 진행 중이다. 일반적으로 눈을 뜨고 있으면 빠른 속도의 뇌파가 우세한 것이 정상인데, 선정(禪定)에 들어가면 베타파나 감마파와 같은 빠른 뇌파가 사라지고 1초에 10사이클의 속도를 가지는 알파파가 우세해진다. 즉 의식은 명료하지만 그것이 아무것에도 사로잡히지 않은 상태를 유지할 수 있는 것이다.

오늘날은 종파적 맥락을 떠나, 예컨대 바이오피드백(biofeedback, 생체의 신경·생리 상태 등을 어떤 형태의 자극 정보로 바꾸어 그 생체에 전달하는 조작, 미국에서는 일종의 자기 컨트롤법으로 쓰이고 있다 — 옮긴이) 요법을 이용해 눈을 뜬 채로 알파파 상태에 들어가도록 유도하는 훈련이 행해지고 있는데, 심신증(心身症)의 예방과 치료, 창조성의 개발에도 응용될 수 있다고 한다. 후쿠나가에 의하면 좌선 요법에는 이밖에도 지관법(止觀法), 가상관(假想觀) 요법, 관심(觀心) 요법, 수식좌선(數息坐禪) 요법 등이 있다고 한다.

1. 지관법 『수습지관좌선법요(修習止觀坐禪法要)』나 『마하지관(摩訶止觀)』 등에 등장하는 요법으로 정신을 환부의 어느 한 곳, 예컨대 단전이나 발 아래에 집중시키거나, 마음 자체의 활동을 정지시키는 방법이다. 이에 대해『마하지관』은 정신을 단전으로 모으면 호흡이 조절되어 질병을 치유할 수 있다고 기록하고 있다. 특히 이 방법을 통해 효과를 볼 수 있는 증상으로는 상기(上氣, 기가 아래에서 위로 치미는 것), 흉통(胸痛), 양협통(兩脇痛, 양쪽 옆구리가 아픈 것), 배통(背痛, 등이 뻣뻣해지면서 통증과 오한이 오는 것), 심열모(心熱模, 心에 생긴 여러 가지 熱症), 병번불식증(病煩不能食, 병이 빈번하여 먹지 못하는 것), 심종(心腫, 피부가 헐어서 상처난 것), 제하랭(臍下冷, 배꼽 아래가 차가운 것), 상열하한(上熱不寒), 음양의 부조화, 기혁(氣嚇, 기가 놀란 것) 등 전형적으로 심신증에 해당하는 것들이다.

2. 가상관 요법 『치선병비요법(治禪病秘要法)』이나 『마하지관』에 등장하는 이미지 요법. '치선병(治禪病)'이라는 말에서도 짐작할 수 있듯, 좌선을 하는 동안에 생겨나는 심신의 부조화에 대처하는 방법을 일컫는다. 『마하지관』에 수록된 치료법은 에도 시대로 접어들어 하쿠인 에카쿠(白隱慧鶴, 1685~1768)가 『야선한화(夜船閑話)』[10]란 책에서 소개한 것으로, 머리 위에 향기로운 커드(curd, 우유가 효소에 의해 응고된 것)가 올려져 있다고 가상하고 그것이 체온에 녹아 몸 속으로 스며들어가는 이미지를 상상하는 방법을 말

한다. 그렇게 하면 과다한 좌선에서 생겨난 심신증(동요, 수족 냉증, 불안, 식은땀을 동반한다)으로부터 벗어나게 된다는 것이다.

이 방법은 1950년대에 들어 독일의 정신과 의사 J. J. 슐츠가 제안한 심신의학적 자기통제법인 자율훈련법과 지극히 흡사할 뿐 아니라, '이미지 요법' 및 'TM(Transcendental Meditation, 초월명상법)'이라 불리는 최근의 정신요법과도 거의 비슷하다. 이미지의 자기조작이 자율신경에서 내분비계에 영향을 주어 심신증, 신경증을 치유할 수 있음은 오늘날 실증되고 있는 사실이다.

3. 관심 요법 심신이 공(空)이라는 사실을 깨달아 질병을 초월하는 요법. 불교에서 말하는 공관(空觀)을 의학적으로 응용한 것이기 때문에 공관 요법이라고도 한다. 공관에는 소승에서처럼 실상을 분석해 나가 공이라는 결론에 도달하는 석공(析空)과, 대승에서와 같이 분석하지 않고 전체를 공으로서 직관하는 체공(體空)이 있다.

『마하지관』에서 "마음을 직접 볼지니, 안팎으로 오로지 마음을 구할지니, 이를 얻지 못하여 병이 온들 누구를 탓하겠는가, 누구로부터 병이 오겠는가"라고 되어 있는 것은 체공에 따른 설명이다.

『유마경』에서는 공(空)인 심신에 질병이 생겨나는 원인을 전세(前世)의 망상, 전도(顚倒), 번뇌에서 찾고 있다. 이 방법은 신경증, 특히 히스테리성 신경증처럼 '질병이 존재한다'는 자기암시 때문에 발생하는 병태에 가장 적합한 정신요법이다.

4. 수식좌선 요법 들고나는 호흡수를 세는 관법. 이 요법을 실시하면 몸이 가벼워지고 피로가 제거된다고『대승열반경』『구사론』『잡아함경』은 기록하고 있다. 이러한 관법은『우파니샤드』이래의 힌두교 전통에 그 뿌리를 두고 있다.

(2) 그밖의 요법

법을 듣고 기뻐함으로써 마음의 양식을 얻는 한편 치료 효과도 거두는 방법으로 '법열 요법'이, 참회를 통해 이미 저지른 죄업을 소멸시키고자 하는 방법으로 '참회 요법'이 있다. 이 중 참회 요법은, 병인은 죄업의 대가이기 때문에 참회하여 병의 뿌리를 근절하면 질병도 사라진다는 불교 특유의 사고를 토대로 하고 있다. 이처럼 죄의 고백을 통한 카타르시스 효과가 치료에 도움이 된다는 사고는 정신분석 요법에서도 발견되는 것으로, 정신분석을 통한 오이디푸스 콤플렉스의 자기발견과 그로부터의 이탈은 '부친살해 욕망'이라는 '원죄'에 대한 고백 요법에 다름없다고 하겠다.

'경력 요법' '자염력 요법' '위력 요법' '주술 요법'의 효과에 대해서는 위와 같은 심신의학적 설명이 불가능하다. 그것은 초자연적인, 종교 본래의 영역에 속하기 때문이다. 한편 '촉수 요법'이란 보살의 손을 만짐으로써 질병을 치료하는 것으로, 석가가 촉수만으로 질병을 낫게 했다는 사례는 상당히 많다. 예를 들어 『준제경(准提經)』에는 "보통 사람도 가지심(加持心)을 품고 머리를 스물한 번 어루만지면 모든 질병을 낫게 할 수 있다"라고 쓰여 있다.

고통받는 이웃을 진정으로 염려하고, 낫기를 기원하는 마음으로 환자의 몸을 손으로 어루만지는 것은 인류의 가장 오래된 의술과 간호의 원형이다. 오늘날 이런 유형에 해당하는 현대적 의료법으로는 중국의 기공 요법이 있다. 따라서 기공을 해명해 나가다 보면 촉수 요법이 가지는 심신의학적 측면을 밝혀낼 수 있지 않을까 싶다.

(3) 근대 정신요법과 불교

근대 정신요법이 도입된 이후로도 정신요법의 영역에서는 환자의 문화적 배경, 의사와 환자 사이의 사회적 역동성을 고려한 다양한 문화결합적 정신요법이 제창되고 있는데, 그 중에서도 일본 근대가 산출한 두 가지 요법, 즉 모리타 요법과 내관(內觀) 요법은 양쪽 모두 불교 사상과 밀접한 관련을 맺고 있다.

이 중 모리타 요법이란 모리타 마사우마(森田正馬)[11]가 체계화한 것이다. 특히 메이지 유신 이후의 급속한 문화 변용과 사회 변동에 부딪쳐 번민하던 젊은이들의 신경쇠약 상태, 그리고 그들이 경쟁적이고 계층적인 사회에 적응하는 과정에서 드러난 '신경질'적인 자세를 치료하고자 하는 과정에서 등장했다.

모리타는 신경질의 본질이 '집착'과 '얽매임'에 있다고 생각했는데, 이는 불교가 망상, 특히 망집(妄執)에서 병의 원인을 구하고 있는 것과 유사하다. 또한 그가 제안하는 '절대와욕법(絶對臥褥法)'은 고뇌를 통해 잡념을 완전히 몰아냄으로써 해탈의 경지에 이른다는 좌선의 일면과 공통된다. 나아가 그가 '있는 그대로'를 수용하는 경지를 설하고 있는 것도 불교적이다. 모리타는 자신의 요법이 선의 직접적인 영향이라는 사실을 부정하고 있지만, 그것이 불교 문화의 맥을 이어받고 있음을 부정할 사람은 아무도 없을 듯싶다.

한편 요시모토 이신(吉本伊信)에 의해 체계화된 '내관 요법'은 정토진종(淨土眞宗)의 교회사(敎誨師, 교도소 수형자의 정신교육을 담당하는 교정위원이나 강사 ― 옮긴이)였던 요시모토가 비행 소년을 교화시키는 과정에서 개발해낸 요법으로[12] 오늘날 유기 용제

(溶劑) 및 각성제 등에 의존하는 약물의존증과 인격 장애, 히스테리성 신경증의 치료에 의학적으로 사용되고 있다.

이 요법의 실시과정 중에 환자는 예컨대 병풍으로 둘러싸인 방 같은 곳에 갇힌 채 자신의 과거로 거슬러 올라가 '신상에 대한 조사'를 받게 되는데, 그때 특히 어머니와 관계된 과거의 기억에 집중하게 하면 대부분의 환자는 자신이 엄청난 빚을 지고 있다는 사실을 자각하게 된다고 한다. 참회 요법과도 유사한 이 요법은 일종의 카타르시스 효과를 발휘하며 인격의 재통합을 유도하기도 한다.

정토진종의 승려였던 창시자 요시모토가 이 요법을 체계화함에 있어 호넨(法然, 일본 정토종의 창시자)이나 신란(親鸞, 호넨의 제자로 일본 정토진종을 창시함)이 품고 있던 '악인정기설(惡人正機說, 악인이야말로 아미타불이 그의 서원을 통해 구제하고자 하는 대상이라는 이론)'적인 구상과, 죄의 자각을 통해 구제로 이른다는 '아미타불의 본원(本願)' 사상을 염두에 두었다는 사실에는 의심의 여지가 없다.

위에서 살펴본 것처럼 불전을 통해 고대 힌두교의 의학체계를 일본에 전달한 불교는 역사적으로 스스로를 의료 모델에 따라 규정하고 있으며, 본질적으로 해탈과 고뇌로부터의 구제를 지향하는 '치료적' 종교이다. 초자연적 요소를 제외하고 생각한다 해도 오늘날의 심신의학, 정신의학에 불교적 방법과 사상이 미친 영향은 결코 무시할 수 없을 것이다.

제 5 장

티베트, 불교 정신의학과 정신분열병

狂

아유르 베다 체계는 힌두이즘이라는 틀 안에서만 머물지 않고 불교 의학에도 강력한 영향력을 행사했을 뿐 아니라 티베트, 몽골 등의 라마 의학에도 뚜렷한 자취를 남기며 오늘에 이르고 있다.

그 중에서도 티베트 의학은 고대의 의학적 전통이 오늘날까지 명맥을 유지하고 있다는 점에서 특기할 만하다. 티베트 민족은 7세기경 인도에서 유입된 탄트라 밀교를 민속종교인 본(Bon)교와 혼합해 라마교라는 종교를 형성시켰는데, 당시 밀교와 더불어 티베트로 전래되었던 아유르 베다 의학은 이후 1,200여 년이라는 세월 동안 중국 및 페르시아의 영향을 흡수하면서 지속적인 발전을 이루어냈다.

클리포드(T. Clifford)[1]에 의하면 티베트 의학은 불교적·종교적 의학, 탄트라적·요가적 의학, 통속적·신체적 의학이라는 세 가지 범주로 구성되어 있다지만 실제로 이 삼자는 통합적으로 사용

깨달음의 힘의 측면을 체현(體現)하는 바쥬라파니.
그 진언 '흠 바쥬라 파트'는 특히 간질을 고친다고 한다.
(T. Clifford, *Tibetan Buddhist Medicine and Psychiatry*)

티베트 불교의 위대한 스승이자 아유르 베다의 대가이기도 했던 구루 파드마삼바바의 모습. 손에는 만능의 약초인 미로바란을 들고 있다. (같은 책)

티베트에서 질병을 초래하는 악마를 가두어 두는, 도마뱀 모양의 진언
만다라. 부적으로도 사용되었다. (같은 책)

되고 있다. 클리포드가 주장한 세 가지 범주란 다음과 같다.

불교적 의학(dharmatic medicine) 심령적·심리적 실천을 통해 마음의
본성을 자각하고, 부정적인 정동(情動)을 다스리게 함으로써 치유 효
과를 거두고자 한다.
탄트라 의학(tantric medicine) 심신적인 요가 행법을 통해 신체적 생명
력을 이끌어냄으로써 치유를 이루어내려는 것으로, 종종 심령적이고
'주술적'인 힘을 산출하는 일이 있다고 한다.
신체의학의 방법 아유르 베다 체계에 티베트 특유의 방법을 접목시킨
것으로, 여기에는 광천(鑛泉), 마사지, 식이요법, 환경요법, 약초, 뜸이
이용된다. 그밖에 치료자의 '애정 어린 보살핌', 치료자의 도덕적 자질,
지혜와 애정을 기반으로 한 환자와의 상호작용이 중시된다.

이 부분에 있어 티베트 의술은 상당히 높은 수준에 도달해 있다.
개인적으로 필자는 1968년에 네팔 서북부의 산악지대에 위치한 티
베트인 부락 폰모라는 곳에서 그곳의 정신적인 지도자 린포체 라
마가 원시반사(原始反射, 유아기 때에만 나타나는 일시적인 현상으로
지속되면 뇌성마비의 원인이 됨 — 옮긴이)를 이용해 기관(氣管)에 흡
입시키는 일 없이 뇌일혈 환자에게 상당량의 물을 마시게 하는 장
면을 보고 깜짝 놀란 경험이 있다.

티베트 의학에는 여덟 가지 주요 분야 중 하나에 정신의학이 포
함된다. 정신의학사를 볼 때 정신장애를 치료하는 데 이용된 세
가지 접근법은 주술적·종교적 접근, 기질적·신체적 접근, 심리
적·정서적 접근이라고 F. 알렉산더 등이 말하는데, 티베트 정신
의학에서는 이 세 가지 접근이 동시에 이루어진다. 클리포드는 대

표적인 티베트 의학서인 『사부의전(四部醫典)』[2]에 근거해 티베트 정신의학 체계에 대한 소개를 시도하고 있다. 클리포드가 사용하고 있는 것은 영역판인데, 오늘날에도 임상에 적극 활용되고 있으며, 정신의학에 관한 최고의 문헌으로 꼽히고 있는 이 책의 원본이 제작된 시기는 8세기라고 한다.

『사부의전』에서는 아비다르마 철학에 의거해 정신장애의 원인을 다섯 가지로 들고 있다. 카르마(karma, 業), 체액의 부조화, 중독, 정서적 요인, 악마의 영향 등이 바로 그것이다. 단독적으로 혹은 함께 작용하여 광기를 일으킨다고 하는 이 다섯 가지 정신장애의 원인을 구체적으로 살펴보면 다음과 같다.

· 카르마(Karma) 어떤 면에서 카르마는 모든 질병의 원인이 될 수 있겠지만, 카르마로 인한 질병이라는 독특한 범주가 별도로 존재한다. 이는 인과응보의 이치에 따라 과거의 행위가 마치 뿌린 씨에 대한 결과처럼 병으로 나타나는 것으로, 나쁜 카르마에 따른 병에는 불법(佛法, dharma)말고는 치료법이 없다. 이로 인한 질병은 신체에 올 수도 정신에 올 수도 있지만, 특히 정신장애는 과거에 타인에게 입힌 죄의 대가로 찾아온다고 한다.

예컨대 어떤 사람이 남의 명상을 방해하거나 선량한 사람에게 해를 미치거나 하면 그에게는 인생의 어느 한 시기에 갑자기 원인을 알 수 없는 슬프고 억울한 일이 닥쳐온다. 마찬가지로 과거에 못된 짓만 일삼고 살아 온 사람은 나중에 이유도 없이 공포에 사로잡힌 채 살아가게 된다. 이 중 정신장애의 경우, 수행을 쌓은 수도승에게 부탁하면 그 원인이 되는 과거의 악업을 밝혀낼 수 있다고 한다.

· 정서적 요인 슬픔, 걱정과 같은 정서적 원인으로 마음에 병이 생기면 그로 인해 체액의 변조가 유발된다. 이는 체액과 마음이 서로 영향을 주고받기 때문인데, 그런 까닭에 심리 상태만으로도 광기는 충분히 유발될 수 있다. 즉 '생기의 바람(srog-rhung)'에 장애가 생기는 것이다. 불교 의학에서는 가장 커다란 심인(心因)을 생로병사의 고통 및 무상(無常)의 관(觀)으로 바라보면서, 그것들을 억압하고 부인할 때 심리적 긴장이나 정신분열병 등의 장애가 생긴다고 생각했다. 그렇게 되면 티베트 의학에서 말하는 이른바 정신병의 세 가지 기초적 범주인 공포와 망상, 공격성, 억울한 정서와 칩거 욕구 등의 감정들이 발현된다는 것이다. 불교 정신의학은 말하기를, 자아와 행동이 모두 공허라는 사실(무상과 공)의 자각은 고통스런 일이지만 이를 치유하는 데는 불법(空觀)말고는 달리 방법이 없다고 한다. 이 경우의 특징은 무상에 대한 인식이 광기를 유발하는 심리적 기초이면서 동시에 깨달음으로 나아가는 기초이기도 하다는 사실이다. 심인으로 말미암아 생겨난 정신질환 치료에는 약초와 뜸, 불법 수행이 병용되는데, 신경증에 사로잡힌 사람은 스스로 명상을 통해 깨달음을 구하거나 마음 단련을 통해 장애와 싸워 나가면 되지만, 정신병자의 경우는 라마승이 그를 대신해 기도나 종교적 의식을 시행하게 된다.

· 체액의 부조화 체액의 부조화는 바람, 점액, 담즙 중 어느 한 가지의 부조화, 혹은 세 요소가 상호작용해 일으킨 부조화로 생겨난다. 예컨대 담즙이 유발하는 정신장애는 사람을 난폭하고 거칠게 만든다. 또한 분노와 증오는 담즙의 과잉 생성을 초래하며, 그

로 인한 담즙 장애는 공기의 장애를 수반해 '담즙에 의한 광기'를 유발한다. 그렇게 되면 황폐한 정신병 증상이 나타나 환자는 무례하고 난폭한 어조로 떠들어 대며, 기물을 파괴하기도 하고 사람들을 해치기도 한다. 뿐만 아니라 늘 화를 내고 과거의 고통을 되새기며 흥분 상태에 사로잡힌다. 이런 사람들에겐 감금 외에 달리 방법이 없다. 이들은 바람이 잘 통하는 정원이나 강가, 산 속의 작은 시냇가처럼 서늘한 장소로 데려가는 것이 좋다. 음식도 '냉'한 것 위주로 섭취하게 하고 계란이나 지방식은 피한다. 담즙 과잉으로 막혀 버린 '바람'의 통로를 열어 주는 데는 흔히 목욕 요법이 이용된다. 클리포드에 의하면 이런 타입의 정신병은 '미국정신의학회 정신질환 진단 통계 매뉴얼 제3판(DSM—Ⅲ)'에서 규정한 '정신분열병 — 긴장형, 흥분형'의 '과도하면서 때로는 폭력적이기도 한 운동활동 및 흥분'에 해당된다고 한다.

점액 장애의 경우에 있어서는 혼란, 무지, 게으름이 점액 과잉을 유발한다. 그리하여 점액 과잉으로 인해 광기에 사로잡힌 사람은 심한 자폐 증세를 보여 말을 하지 않으며, 잘 움직이지도 않고 무뚝뚝해진다. 게다가 식사도 거부하고, 안구를 위로 굴리며 혼자서 뭔가를 중얼거린다. 또한 그는 물건을 어디에 놓아 두었는지도 기억하지 못한다. 그런 그를 움직이게 하려면 애정 어린 치료가 필요하며, 기회가 있을 때마다 어떤 행동이든 시키지 않으면 안 된다. 비록 수동적이긴 하지만 마사지는 신체에 '움직임'을 부여할 뿐 아니라 열을 일으키므로(일반적으로 점액은 '냉'한 것으로 취급되고 있다) 효과가 있다. 음식도 점액과 길항 관계에 있는 것을 섭취하게 해주어야 하며, 따뜻한 말이 필요하다. 약초를 이용해 보는 것도

구원의 여신 타라 드로르마의 모습.
부처의 여성적 측면을 상징한다. 19세기의 티베트 라마인 드존
린파가 깨달음의 순간에 그린 것으로, 모든 병으로부터 사람들을
보호한다고 한다. (같은 책)

티베트 의술의 신 약사여래(Bhaishajyaguru)의 모습.
(같은 책)

좋은 방법이며, 점액으로 폐쇄된 '바람'의 길을 뚫어 주기 위해서는 치료용 버터를 삼키게 함으로써 구토를 유도해 보는 것도 바람직하다.

마지막으로 바람에 의한 장애는 평소 생각이 너무 많고 과도한 집중을 하는 경우, 혹은 달성되지 않는 목표에 지나치게 매달리거나 가정 문제로 고민에 빠져 있을 경우에 일어난다. 그렇게 되면 '바람'은 '마음'과 연관되어 있기 때문에 곧장 정신장애로 이어진다. 일반적으로 '바람'의 병은 욕망, 쾌락, 애정에 대한 지나친 집착에서 기인하는 것으로 보인다. 이런 경우에 나타나는 정신의 증상으로는 흥분과 비애, 머릿속에 떠오르는 생각을 여과 없이 내뱉는 행위, 그 어떤 것에도 오랫동안 집중하지 못하고 소리를 질러 대거나 이유도 없이 성내는 것 등이다. 이런 증상에 대한 처치로는 바람이 잘 통하지 않는 따뜻하고 어두운 구석방에서 휴식을 취하게 하면서 지방질이 풍부한 식사를 제공하는 것이다. 이들에게는 일반적으로 성교가 권장되지만, '영(靈)'에 의해 유발된 증상일 경우는 성교가 금지된다.

클리포드는 '점액에 의해 일어난 광기'가 DSM－Ⅲ에서 "혼미, 함구(緘口), 거식증 혹은 납굴증(蠟屈症, 타인이 취해 주는 자세를 그대로 유지하는 증상 — 옮긴이)으로 대표되는 전반적인 억제 증상을 보이며, 때로는 식물 상태에 이르기도 한다"로 표현되고 있는 '정신분열병 — 긴장형·자폐적' 증상에 해당한다고 이야기한다. 나아가 '바람에 의해 유발된 광기'는 '사고, 기분, 행동의 특징적 장애'로 표현되는 '고전적 분열증'과 일맥상통된다고 보면서 세 가지 체액에 따른 분류가 이미 알려진 정신분열병의 유형 구분과 밀접하게 연관되어 있다는 사실도 밝히고 있다.

· 중독 중독도 정신병을 유발하는 직접적인 원인이 된다. 이 경우 혼란과 쇠약은 얼굴 표정에도 쉽게 나타난다. 중독 때문에 생겨난 정신의 주요 징후는 '심각한 혼란'으로 소재식(所在識), 즉 자신이 시간적·공간적·사회적으로 어떠한 위치에 있는가를 판단할 수 있는 인식 능력 및 의식의 상실이 그 특징이다.

· 악마의 영향 악마와 악령도 광기의 원인이 되어 사람을 정복하며, 신체·언어·정신을 점거한다. 악령은 단독으로 또는 심인(心因)이나 외인(外因), 체액에 따른 원인(體液因)과 합세하여 사람을 광기로 몰아넣는다. '영'이 씌었을 때 나타나는 정신장애는 그전까지의 인격이 완전히 뒤바뀌어 버리는 것이다. 그 내용은 빙령(憑靈)의 종류에 따라 큰 차이가 있으며, 이는 반드시 주법(呪法)으로 치료해야 한다. 클리포드는 악령 빙의의 경우 정신분열병으로 인한 인격 변화나 정신계 안의 분열이 '악령으로 인한 정신병'의 증상과 대응된다고 생각했다. '신령의 악마적 영향력으로 말미암아 정신병에 걸린 사람'은 비폭력적 태도로 종교 이야기를 하며 청결에 대한 강박관념 증세를 보인다. 그런가 하면 악령의 영향으로 정신병에 걸린 자는 경전이나 기도에 집착하지만, 공격적이고 모독적인 태도로 타인과 자신에게 상처를 입힌다. 클리포드는 이러한 증상들이 DSM-Ⅲ에서 말하는 '정신분열병 — 망상형'에 대한 설명과 일치한다고 한다.

다른 티베트 의학서는 '향긋한 냄새를 탐닉하고 노래와 춤을 즐기는 악마'에게 빙의된 자에 대해 "이유도 없이 히죽히죽 웃는가

하면, 뽐내듯이 과장된 행동을 하기도 하고, 퇴행하여 바보처럼 굴기도 한다"고 기술해 놓기도 했는데, 클리포드는 이 증상이 DSM─Ⅲ에서 설명하고 있는 정신분열병의 '파과형(破瓜型, 파과란 청춘기란 뜻으로 십대 후반에서 이십대 초반의 발병이 많은 것을 말하는데, 감정과 의사의 장애, 사고 장애, 자아가 침해되는 증상 등이 나타난다 ─ 옮긴이)'에 해당한다고 주장한다. 나아가 그는 정신병리를 바라보는 티베트 의학의 입장이 정신분열병의 병태는 태고적 원형의 표현이라고 주장하는 융의 가설과 부합하고 있다고 말한다. 이처럼 클리포드는 현대 정신의학과 티베트의 고대 정신의학 사이에서 상당히 명료한 대응관계를 찾아내려 하고 있는데, 그의 이와 같은 견해에 대해 전면적인 동의를 표해야만 하는 것은 아니다. 그러나 고대 티베트 의학이 파과형, 긴장형을 비롯한 정신분열병의 유사 병태를 인식하고 있었을 뿐만 아니라 이를 질병으로 인식하고 치료까지 했었다는 사실, 나아가 폭력적이거나 공격적인 행동을 이와 연관시켜 파악하고 경우에 따라서는 구속이나 작업 요법 등의 방법으로 그것을 해결하려 했다는 사실은 인정해야 하지 않을까 싶다. 따라서 이는 서구의 근대 문화와 접촉하기 이전에는 정신분열병이 존재하지 않았다는 트리의 이론이나, 정신병자를 소외시키거나 그들에게 노동을 강요하는 풍토를 근대사회, 특히 자본주의 사회의 산물로 바라보는 T. 싸스, R. D. 레잉, E. 고프만 등의 이른바 반정신의학적 입장에 입각한 주장들을 반박할 만한 근거가 된다고 하겠다.

한편 티베트 정신의학은 정신장애를 유발하는 다섯 가지 마(魔)의 존재를 상정하고 있는데, 그것은 다음과 같다.

1. 원소(元素)의 정령(Bycing-poi gdon) 열여덟 가지의 특수 성향을 가
지고 마음을 침식한다.
2. 광기의 마(sMo-byod-kyi-grooup) 단독으로, 혹은 다른 독물(毒物)
과 함께 체액이나 감정을 습격한다.
3. 건망의 마(byJed-brod-kri-grooup) 망각을 초래한다.
4. 행성의 악마적 지배자(Zoa-yi gdon) 간질을 유발한다.
5. 뱀의 정령(Klu'i gdon) 나병을 유발한다.

위에서 간질을 유발하는 마를 행성과 연관시켜 보는 이유는 간
질 증상에서 나타나는 주기성과 관련이 있는 것 같다고 클리포드
는 말하고 있다. 그런가 하면 간질 발작 및 기타 신경계 질환을
치료하기 위해서는 티베트 불교에서 '깨달음'의 힘을 나타내는 '바
쥬라파니'의 진언 '흠 바쥬라 파트'를 암송하면 된다고 한다.

제6장
인도와 중국의 광기관

狂

　인도와 중국이 각각 아시아 2대 문화권의 중심을 형성하고 있음
은 자명하다. 그 사실을 전제로 하면서도 여기서 광기의 기록에
관한 검토를 일단 인도에서 시작한 것은 일본의 정신계에 있어서
지식의 체계를 구성하고 있는 불교가 인도에서 발흥해 중국 및 한
반도를 거쳐 일본으로 전해졌다는 사정을 고려했기 때문이다.

　앞에서도 살펴보았듯 서구 정신의학에서 비롯된 개념인 망상이
나 환각 등의 정신병 증후에 관한 용어가 한역 불전에서 따온 말이
라는 사실은, 스스로의 정신세계를 관념적으로 표현하거나 문장으
로 나타내는 데 있어 인도와 중국 양대 문화의 문맥을 차용할 수밖
에 없었던 일본인들의 현실을 적나라하게 보여주고 있다.

　중국은 중화사상(中華思想)이란 표현이 있는 것처럼 자기완결적
이고 성숙한 문화를 갖고 있는 나라지만, 그럼에도 종교적인 면에
있어서는 인도로부터 불교를 받아들이고 있다. 당시 그 과정은 많

은 사람들의 저항을 감수해야 했는데, 예를 들어 고명한 문화인이
었던 한퇴지(韓退之)는 『논불골표(論佛骨表)』라는 저술을 통해 이
에 대한 저항감을 표시했던 것으로 유명하다. 이와 같은 반발을
무릅쓰면서까지 중국이 불교를 수용하고 있는 점은 시사하는 바가
매우 크다고 할 수 있는데, 그 이유는 고도로 완성된 중국 문화
체계도 인간의 정신세계, 특히 초월적인 것을 다룸에 있어서는 인
도 문화의 힘을 빌려야만 했던 것으로 보이기 때문이다.

인도 문화의 특징을 비역사성과 초월성에서 찾는다면, 중국 문
화의 특징은 역사성과 현실성에 있다. 물론 이것은 중국 문화 내부
에 형이상학이나 세계관을 형성할 만한 저력이 결여되어 있었음을
뜻하는 말은 아니다. '역(易)'을 전개해 보인 중국인들의 우주론 형
성 능력에는 예사롭지 않은 부분이 있기 때문이다. 그럼에도 중국
인들에게는 현실성과 사회적 규범을 존중하며 인간을 문화적 존재
로 파악하는 경향이 두드러진다. 그러한 맥락은 중국의 광기관을
보면 상당히 명료해진다.

지금까지 우리가 사용해 온 '광(狂)'이라는 단어에는 과연 어떠
한 뜻이 담겨져 있는 것일까. 상형문자인 중국어에서 '광'이라는
문자는 문제의 소지를 안고 있다. 이 글자가 개견(犭) 부수를 갖고
있다는 사실은 정신장애자를 짐승과 같은 인간 이하의 존재로 바
라본다는 차별적인 뉘앙스를 풍기기 때문이다.

그런 까닭에 일본 정신의학의 기초를 마련한 구레 슈조(吳秀三,
1865~1932) 같은 이는 정신의학 용어에서 이 '광'자를 제외시키고
자 많은 노력을 기울였다. 그런가 하면 의사의 입장에서 '광'자의
어원에 대한 고증을 시도했던 모리 린타로(森林太郎)는 『설문해자

(說文解字)』를 인용하여 ‘광’이란 원래 광견병을 앓고 있는 개의 상황을 가리키는 말이라고 지적했다.

모로하시 데쓰지(諸橋轍次)의 『대한화사전(大漢和辭典)』은 ‘광’을 “① 미치다 ② 미친 사람. 원래 〈狴〉으로 쓴다(『正字通』狂 本作 狴)”라고 설명하고 있다. 이어서 “㉠ 미친개(『說文解字』狴 狾犬也 從犬㞷聲)”로 설명하고 있는데, 이것을 보면 어원적으로는 광견병(Lyssa)에 걸린 개의 상태를 상정해 이를 “㉡ 정신이 착란하는 병(『廣韻』狂 病也. 『書經』「微子」 我其發出狂)”과 같은 식의 용법으로 확장해 나갔다고 생각된다. 또한 이 사전의 용례에서는 “마음이 이득과 손실 보는 곳을 가려낼 수 없는 것을 가리켜 광이라 한다(『韓非子』「解老」 心不能審得失之地 則謂之狂)”와 같은 식으로, 이해득실의 판단능력 상실을 광이라고 정의하고 있다. 전국시대의 인물이었던 한비자가, 살해당한 것이 기원전 233년경이었음에도 불구하고 그는 이미 오늘날 민사법상의 행위무능력(心神喪失)에 해당하는 정의를 내리고 있는 것이다. 이런 것을 보면 그는 역시 법가의 인물답다고 할 수 있는데, 이처럼 중국 문화는 그 오랜 옛날부터 광기를 현실에 대한 이해 판단의 각도에서 법제적으로 파악하고 있었다. 나아가 중국에서 광의 용례는 “㉢ 정신착란을 일으킨 사람(『詩經』「鄭風」 ‘山有扶蘇’ 乃見狂且. [傳] 狂 狂人也. 『呂氏春秋』「尊師」 其知不若狂. [注] 闇行妄發之謂狂)”으로서, 광이 ‘광자(狂者)’라는 존재를 지시하는 용어로 사용되기에 이른다.

그렇다면 여기서 말하는 ‘광자’란 어떠한 존재일까. ‘광’의 동사적 용법인 “① 미치다” 즉 ‘정상이 아니다’에서 알 수 있듯 이것은 우선 “㉠ 정신착란을 일으키다, 정신이 이상해지다”라는 의미로

“기자가 머리를 풀어헤치고 미친 척하다가 잡혀서 노예가 되었다
(『史記』「宋微子世家」箕子乃被髮佯狂而爲奴)”와 같은 식으로 사
용된다. 일본의 경우 광을 ‘미친 듯이 춤추다’와 같은 식으로 때와
장소를 불문하고 오로지 춤추고 노래하는 행위와 연관시켜 사용하
고 있는 데 비해 중국에서는 광을 ‘피발(被髮)’, 즉 머리를 풀어헤치
는 행위와 연관시켜 사용하는 경우가 많다는 점은 주목할 만하다.
　중국은 ‘문(文)’의 나라이다. 문이란 원래 꾸밈을 가리키는 것으
로, 중국에서는 복장이나 행동거지가 예법에 어긋나면 이를 인간
답지 못한 것, 즉 ‘광’으로 간주했던 것이다. 한편 『사기(史記)』에
실린 이 광의 용례는 우리에게 또 하나의 사실을 알려준다. 은(殷)
왕조 시대의 인물로 추정되는 기자(箕子)가 폭군의 살해 위협에서
벗어나고자 양광(佯狂), 즉 일부로 미친 척했다는 대목이 바로 그
것이다. 이는 일본의 아리마 황태자나 셰익스피어의 작품 속에 등
장하는 덴마크 왕자 햄릿의 경우와 동공이곡(同工異曲)의 이야기
이다. 정신이상을 가장하여 곤경을 벗어나려는 시도가 인류의 고
전적 행동양식의 하나라는 사실을 보여주는 가장 오래된 문헌이라
할 수 있겠다.
　모로하시의 『대한화사전』에 나온 용례를 좀더 더듬어 보면, 광
은 “㉡ 분별이 없다, 멍하다, 이해득실을 따지지 못하는 어리석은
자가 된다(『廣雅』「釋詁三」狂 癡也.『釋文』狂 李云 癡也)”처럼 지
능이 낮은 상태로 파악되기도 한다. 그런가 하면 “㉢ 상궤를 벗어
나다(『春秋左氏傳』「昭公 二十三」幼而狂. [注] 狂 无常也)”처럼 광
을 일정한 규범이 없는 것 또는 일상적이지 않음, 즉 일탈의 측면
에서 바라보기도 하고 “㉣ 경솔하게 행동하다(『集韻』狂 一曰 躁

也.『論語』「陽貨」其蔽也狂. [集注] 狂 躁率也)”와 같은 식으로, 착란·지능장애·일탈 및 경솔하고 조급한 상태 등의 측면에서 파악하고 있기도 하다. 인간을 관찰하고 있는 고대 중국인들의 이처럼 예리한 시선을 보고 있노라면 눈이 휘둥그레지지 않을 수 없다.

상술한 것처럼 고대 중국에 있어서도 광기는 분명히 질병으로 파악되고 있다. 그러나 광기를 단순히 질병으로 파악하는 데서 머물지 않고 인간적 사상(事象)으로도 파악하려 한다는 사실은 다음과 같은 용례의 발전을 보면 분명해진다. 다시금 모로하시 박사가 열거하는 용례로 돌아와서, ‘광’에는 “③ 닥치는 대로 사람들과 충돌하다(『論語』「陽貨」其蔽也狂. [集解] 孔安國曰, 狂 妄抵觸人), 마구잡이로 화를 내다(『黃帝內經』「素問」‘腹中論’ 芳草發狂. [注] 多怒曰 狂)”라는 용례도 있다. 나아가 “④ 안정되어 있지 않고 정신없이 돌아다니다(白居易,「題薔薇架詩」妬得柳花狂. 孫樵,「舜城碑」波非不狂), ⑤ 황망하다, 허둥대다(『楚辭』「九章」‘抽思’ 狂顧南行. [注] 狂 猶遽也), ⑥ 오만하다, 오만 무례하다(『書經』「洪範」 曰狂 恒雨若. [鄭注] 倨慢.『南齊書』「五行志」失威儀之制 怠慢驕恣 謂之 狂)”로 이어지는데, 이러한 용례는 쉽게 이해된다.

그러나 “⑦ 늘어서다(『楚辭』「宋玉」‘招魂’ 竽瑟狂會. [注] 狂 猶 竝也)”와 같은 늘어선 모양이나, “⑧ 가다, 왕(往)과 통용된다(『說文通訓定聲』狂 叚借爲往.『尙書今古文注疏』[注] 狂作往)”와 같은 ‘가다’라는 의미는 어떻게 이해해야 할까. 한편 “⑩ 바보 또는 어리석은 사람(『書經』「多方」作狂. [疏] 狂者 下愚之稱)”도 대충은 알 듯하다. 그러나 “⑪ 오로지 한 가지 일에만 매달려 다른 것은 돌아

보지 않는 자(『詩經』「鄘風」 '載馳' 衆穉且狂. [傳] 衆幼穉且狂 進取
一檃之義)"나 ⑫ "중용의 선비를 얻어 더불 수 없다면 반드시 광자
(狂者)나 견자(狷者)와 더불어야 할 것이다. 광자는 진취적이고 견
자는 하지 않는 바가 있다(『論語』「子路」子曰 不得中行而與之 必
也狂狷乎 狂者 進取 狷者 有所不爲也. [集注] 狂者 志極高而行不
掩)" 또는 "옛날의 광은 작은 예절에 구애되지 않았는데, 지금의
광은 방탕하기만 하고(『論語』「陽貨」古之狂也肆 今之狂也蕩 [集
注] 狂者, 志願太高)"에서 보이는 "뜻이 높아 자잘한 일에 구애되지
않는 자, 진취적인 기상에 넘쳐 행동이 대범한 자"라는 의미에 이
르면, 어느새 광기의 적극적인 가치마저 파악되고 있다.

도도 아키야스(藤堂明保)[1]에 의하면 중국의 유토피아 사상에는
네 가지의 흐름이 있다고 한다. 그것은 성인의 유토피아(유가 우파),
관리 통치의 유토피아(법가), 광인의 유토피아(유가 좌파), 목가적
유토피아(老莊)인데, 여기서 좌파의 흐름은 맹자(孟子)로 시작해 14
세기의 왕양명 및 명말의 양명학 좌파를 거쳐 청말의 공양학파(公
羊學派), 그리고 신해혁명으로 이어진다. 그러나 그것의 원류는 이
따금씩 『논어(論語)』 속에서 모습을 드러내는 '광인'의 사상에 있
다. 상술한 『논어』「자로(子路)」편의 용례는 공자가 화중(華中) 지
역을 방랑하고 진(陳)과 채(蔡)의 국경에서 곤궁한 시절을 보내고
있을 때의 문답인데, 다시 풀어 말하면 다음과 같다.

"중용의 도를 얻은 선비와 더불 수 없다면 반드시 광자나 견자
와 더불어야 할 것이다. 광자는 진취적이어서 뜻하는 바를 나가
취하고, 견자는 뜻하지 않는 것은 절대로 하지 않는 지조를 갖고

있다.”

공자는 이어 “향원(鄕原, 한 시골에서나 군자 소리를 듣는 위선자
— 옮긴이)이 융통성 없이 고지식한 것은 순수한 인간성을 훼손하
는 것이자, 세상의 흐름에 타협해 나가면 된다고 생각하는 것이다.
그런 인간의 얼굴은 보기도 싫다”고까지 말하면서 과잉 적응형 인
간을 매도하고 광기의 가치를 긍정하고 있다.

후에 이 유가 좌파의 사상은 ‘비림비공(批林批孔)’ 시절의 모택
동 사상에도 영향을 미쳐 ‘조반유리(造反有理)’와 같은 표어를 낳기
에 이른다. 애초에 중국에는 사인방처럼 ‘태만교응(怠慢驕應)하고
조급하게 설쳐 대는’ 편인 ‘광’자들이 모택동 주변을 에워싸고 있
었으니, 문화대혁명이 ‘천사가 되려다 돼지가 된’ 결과를 맞이한
것도 어찌 보면 불가피한 일이 아니었을까 한다.

이상과 같이 ‘광’의 용례를 통해 바라본 중국의 광기관을 정리하
자면 다음과 같다.

첫째, 광기를 문화적·인간적 현상으로 간주하고 있다. 둘째, 사
회적 일탈 개념 아래 주로 행동적인 면에서 광기를 파악하고 있다.
셋째, 광기가 지니는 현실에 대한 이해 판단의 상실, 즉 지적인 측
면이 제대로 파악되고 있다. 넷째, 광기가 지니는 긍정적인 측면까
지 파악하고 있다.

그런가 하면, 단어의 뜻이 광견병의 관찰을 통해 나온 것이라는
사실에서도 알 수 있듯 중국에서는 광기를 질병학적 측면에서 바
라보는 것도 잊지 않고 있다. 기(氣)의 사상[2]을 토대로 하는 중국
특유의 정신의학적 질병관은 바로 이런 사고에서부터 비롯된 것이
라 하겠다.

그런 반면 중국에서는 광기가 지니는 초월적·신비적 측면이나 내적 체험의 측면에 별다른 주목을 보이지 않고 있다는 점이 특징적이라 할 수 있는데, 이러한 점은 인도와 매우 대조적이다.

제1장
중국의 '광' 사상

狂

1. 유교와 노장 사상의 '광(狂)'

"항심(恒心)이 없으면 무의(巫醫)도 될 수 없으리라."(『論語』「子路」)

여기서 무의란 한마디로 주의(呪醫)나 샤먼을 가리킨다. 이는 이미 공자의 시대 때부터 중국 문화의 핵심 계층 사이에는 이 말이 경멸적인 어투로 사용되었음을 의미한다. 중국 문화 안에서도 특히 유교는 "괴력난신(怪力亂神)을 말하지 않는다"는 태도를 견지하여 종교에서조차 초자연적 요소를 멀리했다. 그렇기 때문에 유교가 종교적인 측면을 포함하고 있다 하더라도 그것이 신비 체험을 전제로 한다는 이야기는 아니다. 그런 점에서 볼 때 유교는 세계의 주요 고등종교 중에서도 지극히 특수한 성질을 가진다고 말할 수 있다.

초자연적 현상을 대하는 공자의 태도가 "귀신은 공경함으로써 멀리한다"는 것이었던 만큼 유교는 '광기'와 가장 거리감이 있는 사상이었다.

혹자는 '유교 우파'[1]라 부르기도 하는 정통 유교에서는 '인(仁)' 곧 인간의 독자적 특성이라 할 수 있는 인간의 공존성을 강조하면서, 문화를 매개로 인간이 지닌 '동물성'을 도야해야 한다고 주장한다. 기본적으로는 군주제를 기초에 깔고, 군신(君臣) 및 친자(親子)의 상하관계를 기틀로 한 '인륜'을 중심 과제로 삼아야 한다는 것이 정통파 유교의 사상인 것이다.

중국 고대 사상 중에는 유교 외에 한비자 등에 의해 수립된 법가(法家) 이론도 있는데, 이는 덕치주의를 취하는 유교에 비해 철저하게 공리주의적 인간관에 입각한 법치주의였다. 한비자는 군주란 이른바 권력의 상징으로서 "사물을 이야기하지 않고 애증의 감정에 사로잡히지도 않으며 매사에 초연하고 삼가는" 인물이라 말하면서, 심지어는 살아 있는 인간처럼 보여서도 안 된다고까지 주장했다.

결국 법가 사상의 문맥에서 '광기'가 적극적인 의미를 획득할 여지는 전혀 없는 것이다. 이처럼 법가적 인간관은 현대어로 말해서 역할 이론과 성악설(性惡說)에 기반을 둔 것으로, 이를테면 관리의 기술이야말로 법가 사상의 진수라 할 수 있다.

이에 비해 유교 사상 속에는 애초부터 '광기'를 수용할 여지가 맹아 형태로 자리잡고 있었다고 볼 수 있다. 유교가 가장 오래된 텍스트로 삼고 있는(사실 이러한 견해에는 문제의 소지가 있을 수도 있지만) 『서경(書經)』에 이미 "성인이라도 생각하지 않으면 광인이

되고 광인이라도 능히 생각하면 성인이 된다(惟聖罔念作狂 惟狂克念作聖 「多方」)"라는 대목이 기술되어 있기 때문이다. 이 말의 뜻은, 사람은 한 가지 생각의 차이로 인해 광인도 되고 성인도 될 수 있다는 것이다. 다시 말해서 사람은 '광(狂)'과 '성(聖)'의 피막을 동시에 덮고 있는 존재여서 스스로 어느 한쪽을 택할 수 있는 선택권을 갖고 있기 때문에 광인이라 할지라도 선의를 품으면 성자가 될 수 있다는 것이다.

또한 "성인은 광인의 이야기에도 귀기울인다(狂夫之言 聖人擇焉 『史記』 「准陰候列傳」)"는 표현도 발견된다. 그러나 생각하기에 따라서 이것은 단지 역설에 불과할 수도 있다. 즉 여기서 '광인의 이야기'는 가장 신뢰하기 어려운 말이라는 뜻으로 사용되었을 수도 있기 때문이다. 광기에 대한 이 같은 양면 가치는 어느 나라에서나 조금씩 발견되는데, 고대 중국의 경우 역시 그 중 하나이다.

유교의 광기관을 살펴봄에 있어서 주목할 만한 사실은 광기에 이른바 긍정적인 '정(正)'의 가치관이 부여되고 있는 것인데, 앞 장에서 밝힌 유가 좌파의 입장이 바로 그것이다. 좌파라는 표현을 처음으로 사용한 도도 아키야스(藤堂明保)는 이것을 학원 운동 시절 젠교토(全共鬪) 학생들의 이미지에 오버랩시키고 있다. 당시 학생들은 '광기의 복권(復權)'이라는 구호를 주창했으며, 오늘날에도 정신장애자에 대한 '관리' 및 정신장애 증상을 보이는 범죄자들에 대한 사회적인 대책 마련에 반대하면서 마치 그것을 '진보적' 태도인양 말하고 있다. 그런 것을 보면 '좌파'라는 표현이 맞는 말인지도 모르겠다. 그러나 '광기의 복권'을 호소한 이들이 당시 행동 기

반으로 삼았던 슬로건 '조반유리(造反有理)'의 출처인 모택동 사상
이 관리주의적인 법가 사상을 긍정적으로 평가하는 가장 '반(反)광
기적인' 입장에서 '비림비공(批林批孔)'이니 '유법투쟁(儒法鬪爭)'
을 주창하고 있었으니 참으로 세상사는 알 수가 없는 것 같다.

어쨌거나 『논어』에는 광기를 적극적으로 평가하고 있는 공자의
몇 가지 언동이 기록되어 있는데, 공자가 화중(華中)을 방랑하고
진(陳)과 채(蔡)의 국경에서 곤궁에 빠졌을 때의 문답이 바로 그것
이다.

"중용의 선비를 얻어 더불 수 없다면 반드시 광자(狂者)나 견자
(狷者)와 더불어야 할 것이다. 광자는 진취적이고 견자는 하지 않
는 바가 있다."(『論語』「子路」)

"돌아가자, 돌아가자. 우리의 젊은 무리들은 광간(狂簡)하여 찬
란하게 문장을 이루었으나 그것을 마름질할 줄을 모르는구나."
(『論語』「公冶長」)

'광간(狂簡)'이란 뜻은 높으나 이에 대한 실천이 소홀한 것, 진취
적인 기상에 휩싸여 뜻이 원대하지만 행동은 그에 미치지 못함을
가리키는 말이다. 즉 공자는 한편으로는 젊은 제자들의 돌출적인
과격함을 꺾거나 규제할 방법을 알지 못한다고 한탄하면서도 한편
으로는 흔쾌히 젊은이들과 행동을 함께 하기로 마음먹고 있는 것
이다.

여기서 공자로 대변되는 당시의 중국 문화가 '광견(狂狷)'이나
'광간(狂簡)'이라는 말을 어떻게 파악하고 있었는지를 따져 보건대,
'광견'이란 말에 비순응성을 대응시키고 있었음은 자명하다. 분열
병적인 '고립'이나 '비뚤어짐' 같은 광기의 증상을 바로 이 비순응

성의 이면에 있는 것으로 파악했던 것이다.

고대 중국인들이 '광(狂)'의 비뚤어진 측면을 벌써부터 파악하고 있었다는 사실은 '광벽(狂僻)'이나 '광괴(狂怪)'와 같은 단어가 있었다는 것을 보면 알 수 있다.

또한 '광질(狂疾)'이라는 용어는 『국어(國語)』나 『묵자(墨子)』에서도 일찌감치 발견되고 있으며, 『한서』에도 '광역병(狂易病)' 곧 "미쳐서 성정(性情)이 변하는 병"이라는 표현이 등장한다. 이러한 저서들이 공자의 텍스트보다 후대에 쓰여진 것들이긴 하지만 '광기'를 "성정이 변하는 질병"으로 인식하는 경향은 공자의 시대에도 이미 존재했으리라는 것이 타당할 듯싶다. 즉 공자의 문맥은 다만 '광기'를 비유적으로 설명하고 추상화시키고 있는 것일 뿐, 중세 중국에서도 질병이 인간의 성격을 바꿔 놓을 수 있다는 사실과, 그로 인해 비순응적인 인격이 출현할 수도 있다는 사실은 이미 인식되고 있었던 것으로 보인다.

한편 '광간(狂簡)'과 관련된 용법에 대해 모로하시 데쓰지의 『대한화사전』은 가장 병적인 상태를 지칭하는 말로 '광조(狂躁)' 곧 "미친 듯하고 어수선하고 소란스러움"을 들고 있는데, 이 말에는 "경솔하고 허둥거린다"는 뜻도 담겨 있다. 즉 광조·광간과 같은 계열의 어휘는 이른바 경조병(輕躁病, 가벼운 조증)적인 각도에서 광기를 파악한 것으로, 이 경우는 그 결과 발생하는 무모한 에너지를 내포 의미로 삼는 것이라 하겠는데, 공자는 경조병적으로 볼 수도 있는 젊은이들의 맹목적인 에너지를 선망하고 사랑했다. 그리고 여기서 말하는 '광간'은 조(躁)적인 것으로부터 인간성 일반을 가리키는 표현으로 확장되어 있는 것이다.

이러한 경조적인 에너지 위에 나름대로의 신념이 부여되고, 그것이 고정화되면 타인이 보기에 광신적이거나 망상증적인 '신념의 소유자'가 탄생한다. 만성 조증이 이러한 형태를 취하다 결국은 망상증으로 발전해 나간다고 주장한 이는 스페슈트(G. Specht)[2]이다. 이런 형태로 고정화되는 것을 특별히 이해하기 힘든, 잘못된 신념이라고 말할 수는 없지만 정상적인 공분(公憤)일지라도 고정화된 '신념의 생물학'[3]임에는 변함없다고 할 수 있다. 공자는 바로 '광기'의 이러한 면을 파악하고 있었던 것이다.

그런데 공자는 『논어』뿐만 아니라 『장자』 속에도 등장한다.

노장 사상 및 이와 관련된 도교는 중국 사상 가운데 신비주의나 샤머니즘과의 관련이 가장 깊다. 공자가 '광인'과 조우하는 『장자』의 장면은 매우 상징적인데, 이처럼 공자가 광기와 맞닥뜨려지는 장면은 유가의 문헌인 『논어』 속에서도 일찌감치 발견된다.[4]

예컨대 『논어』의 「미자(微子)」편에 등장하는 초(楚)의 광인 접여(接輿), 장저(長沮), 걸익(桀溺), 대바구니를 멘 노인과 같은 은사적(隱士的) 인물들과의 만남이 바로 그것이다. 그 중 초의 접여에 관한 『논어』의 기록은 다음과 같다.

"초나라의 광인 접여가 공자 앞을 지나며 노래하였다. '봉(鳳)이여, 봉이여, 어찌 덕이 쇠하였는가? 지나간 것은 간(諫)하여 고치지 못하지만 오는 일은 오히려 좇을 수 있으니, 말지어다, 말지어다. 오늘날 정사(政事)를 좇는 것은 위태할지니.' 공자가 내려 그와 이야기하고자 하나 빨리 달려가 피하므로 그와 이야기하지 못하였다."

이 비유는 영조(靈鳥)인 봉황에 비유될 정도로 높은 재능의 소유자인 공자가 안타깝게도 정치판에 휘말려 있음을 비유한 것이다. 자신의 능력을 허비하고 있음을 꼬집어 말하고 사라지는 광인 접여의 뒷모습을 공자가 망연자실 바라보고 서 있는 장면을 그리고 있다.

사실 이 이야기에는 후일담이 있다. 『장자』는 이 삽화와 접목해 공자와 광인 접여의 회견 모습을 창작하고 있는데, 여기서 공자는 광인 접여로부터 도덕정치의 이상에 사로잡혀 스스로를 불태우며 살아가는 그 자신의 행위가 분수를 모르는 어리석은 짓거리라고 조롱당한다. 이 문맥만을 놓고 보는 한, 광인 접여보다 훨씬 체제지향적이고 현실지향적인 공자는 순응의 노력을 방기(放棄)한 접여에게서 뒤통수를 맞고 있다. 즉 공자에게서 발견되는 '광'에 대한 지향이란 체제를 벗어나지 않는 한에서의 '파격'을 의미하며, 그런 의미에서는 레잉(R. D. Laing)이나 '광기의 복권'을 주창한 과격파 정신과 의사의 입장과 일맥상통하는 부분조차 있지 않을까 싶다.

이리하여 우리는 '광기'를 축으로 삼아 노장 — 유가 좌파 — 유가 우파 — 법가로 이어지는 일종의 정기(正氣) — 광기의 스펙트럼을 그릴 수가 있는데, 일찍이 춘추전국시대에 이처럼 '백화제방'했던 중국 고대 사상의 풍요함에는 그저 놀라움이 앞설 따름이다.

2. '성(性)'과 '벽(癖)'의 인간론

'광'이라는 주제를 중심으로 한 중국 고대 사상의 인간관을 일종의 스펙트럼 형태로 바라볼 수 있다는 사실은 앞서 이미 기술했다. 여기서는 이 인간관과 성벽(性癖)의 문제에 관해 좀더 검토를 해보기로 하자. 니담(J. Needham)[5]은 『중국의 과학과 문명』이라는 만만치 않은 분량의 책에서 유학 사상은 인간성에 대한 두 가지 측면의 담론을 포함하고 있다고 이야기한다. 인간의 본성을 선하게 볼 것인가 악하게 볼 것인가 하는 문제와, 인간과 동식물의 본성 사이에서 나타나고 있는 차이란 무엇인가 하는 문제가 바로 그것이다.

이에 대해 맹자(B.C. 374~299?)는 이른바 성선설(性善說)을 주장했다. 이는 인간의 자연적인 본성이 천성적으로 선하다고 보는 견해로, 니담은 맹자의 이러한 주장이 오히려 도가의 이론과 흡사하다고 지적한다. 맹자의 이 성선설은 현실과 동떨어진 유가적 이상론으로 여겨져 오래 전부터 비판을 받아왔다.

그러나 최근 윌슨(E. Wilson)나 바라슈(Barash)에 의해 주창되고 있는 사회생물학(sociobiology)에 의하면 원래 동물의 염색체 속에는 종족보존을 위해 개체로 하여금 희생적·이타적 행동을 하도록 유발하는 이타적 유전자가 DNA로서 짜여져 있다고 하니 이를 꼭 비과학적인 낭만주의라고 말할 수만은 없을 것 같다.

이른바 유가 좌파의 입장을 대표하고 있는 맹자의 이러한 견해는 유학 내부에서도 유학 우파의 순자나 고자(告子)에 의해 비판 대상이 되었을 뿐 아니라 법가에 의해서도 비판을 받았는데, 이른바 성악설이 바로 이에 대한 반론이다.

『맹자』에는 인간의 본성을 둘러싸고 맹자와 고자가 논쟁을 벌이는 대목이 나온다. 맹자가 "그렇다면 개의 본성을 소의 본성과 같다고 할 수 있는가, 소의 본성을 인간의 본성과 같다고 할 수 있는가"라고 고자에게 다그치자, 고자는 "식욕과 성욕이 인간의 본성이다(告子曰, 色食, 性也)"라고 대답한다.

사실 식욕과 성욕은 예나 지금이나 변함없이 인간의 본성으로 간주되고 있는 것인데, 이와 관련해서는 맹자 역시 각종 범죄와 범행을 저지르는 인간들이 존재하는 현실을 부정하지 못한 채 그것을 환경 탓으로 돌리고 있다. 이 논쟁은 결국 한조(漢朝)에 이르러 왕충(王充, 27~97)과 양웅(揚雄, B.C. 53~A.D. 18)에 의해 인간은 선악을 두루 갖추고 태어나 교육에 따라 선인이나 악인으로 분류된다는 식으로 마무리된다.

이와 관련하여 니담은 서양의 아우구스티누스 대 펠라기우스의 논쟁(사람은 스스로의 의지로 자유로이 선악을 행할 수 있고 원죄란 없다고 펠라기우스가 주장하자 아우구스티누스가 이에 반박했다 — 옮긴이), 멘델의 유전학 대 네오 라마르크주의의 논쟁을 예로 들며 중국에서는 맹자가 정통으로 인정받았지만 서양에서는 순자의 이론에 더 가까운 아우구스티누스가 정통으로 뿌리내렸다고 이야기한다. 다만 그로 인해 중국 문화 속에 동양 특유의 체면과 속내의 뿌리깊은 괴리가 생겨났음은 모택동 사상과 문화혁명을 둘러싼 현대 중국의 사상적 동향을 보아도 쉽게 알 수 있다.

중국 고대 사상의 인간관을 둘러싼 또 하나의 논점 중에는 '영혼의 단계'를 둘러싼 논의가 있다. 이것도 서양 고대 철학과 대응되는 점이다. 그리스의 아리스토텔레스는 생물을 무생물과 구별하는 원리에 심령(心靈)이라는 용어를 적용하면서 결국 이 '심령' 혹은 '영혼'에는 다양한 단계가 있다고 주장했다. 즉 식물이 물체를 판별

하거나 생장을 주관하는 영혼을 갖고 있다면, 동물은 여기에 감각
영혼을 더 갖고 있고, 사람에게는 그 위에 다시 이성영혼이 추가된
다는 것이다.

영혼의 단계설(니담에 의한 구분)

아리스토텔레스(B.C. 4세기)	
식물	식물영혼
동물	식물영혼+감각영혼
사람	식물영혼+감각영혼+이성영혼
순자(荀子) (B.C. 3세기)	
물과 불	기(氣)
식물	기(氣)+생(生)
동물	기(氣)+생(生)+지(知)
사람	기(氣)+생(生)+지(知)+의(義)
왕규(王逵) (14세기)	
비·이슬·서리·눈	기(氣)
땅	기(氣)+형(形)
식물(흙과 돌)	기(氣)+형(形)+성(性)
동물	기(氣)+형(形)+성(性)+정(情)
사람	기(氣)+형(形)+성(性)+정(情) (+義)

중국인들 역시 영혼의 단계에 관한 학설을 정립하고 있는데, 그
중 순자의 학설은 아리스토텔레스의 이론과 얼마간 유사한 부분이
있다. 순자의 이야기를 잠시 들어 보자.

"불과 물은 현묘한 영(靈)인 기(氣)를 지니고 있지만 그 안에 생
명(生)은 없다. 초목은 생명(生)은 지니지만 지각(知)은 지니고 있지
않다. 조수(鳥獸)에게는 지각(知)은 있지만 정의감(義)은 없다. 이에
비해 사람은 영, 생명, 지각, 정의감을 두루 갖추고 있으므로 세상

170

에서 가장 숭고한 존재이다."(『荀子』「王制」)

이것을 보면 성악설을 주창한 순자도 일종의 인문주의자였다는 사실을 알 수 있는데, 그의 사상은 유학 계열 안에서 더욱 정교해지고 치밀해져 명대의 생물학자인 왕규(王逵, 14세기)로 하여금 다음과 같이 말하게 한다.

"천지는 현묘한 영(氣)을 지니지만 거기에는 천부의 자질(性)이나 감정(情)은 없다. 그런가 하면 비나 이슬, 서리, 눈 따위 역시 아무런 성정(性情)을 갖지 않는다. 땅은 형태를 이룬다. 이처럼 형태를 이룬 물질에는 성은(性) 있지만 정(情)은 없다. 따라서 초(草)·목(木)·토(土)·석(石)에는 성은 있고 정은 없다. 이에 비해 새, 짐승, 벌레, 물고기는 성과 정 양쪽을 모두 가진다. 그리고 성과 정이 함께 출현해 생명을 이루기 위해서는 형태와 기가 결합되지 않으면 안 된다."

사람에게는 거기에 다시 '의(義)'가 결합된다. 우리는 이 '의'를 다소 약한 것처럼 생각하지만, 13세기의 사상가 대식(戴植)은 대략 1235년에 완성한 『서한(鼠漢)』에서 "인간의 고도한 사회적 경향은 인간 고유의 것이며, 인간의 반사회적 경향은 하등 동물과 공유하는 인간 내부의 어떤 부분과 관련된다"는 자신의 의견을 피력했다.

이 점은 최근의 근대 범죄학설에서도 논의가 이뤄지고 있는 부분이다. 타고난 성범죄자를 인류의 조상으로부터 내려온, 즉 유인원적인 변종으로 바라보는 롬브로조(C. Lombroso)의 견해는 이미 낡아 빠진 사고방식에 불과할지 몰라도 범죄를 동물적 본능의 억제 능력 결여로 파악하는 메르겐(Mergen)식 사고방식은 오늘날까지 유효하다. 반면 로렌츠(K. Lorenz)나 틴베르겐(N. Tinbergen) 같은 비교행동학자들은 범죄, 그 중에서도 살인이 고등 동물 중에는 인간의 사회 속에서만 발견되는 특정 현상이라고 지적하며 이른바 범죄를 문명의 산물로 바라보고 있다.

중국의 고대 사상은 이처럼 인간성을 둘러싼 논의를 포함하고 있으며, 중국의 광기관은 사회적·문화적 측면이나 의학적 영역 안의 것도 포함하여 '성(性)'과 '기(氣)'에 관한 사색과 깊은 연관을 맺고 있다. 특히 생물이 '성'과 '기'가 결합된 존재라는 사고방식은 광기관에 있어 중요한 측면을 형성하는데, 이때 '기'는 좀더 역동적인 측면을, '성'은 좀더 구조적인 측면을 대표한다고도 말할 수 있다. 한편 '성'에 관한 관심은 각 개인들이 가지는 '성벽'의 편차에 관한 관찰을 낳게 했다.

그리고 이러한 관찰 결과들은 오늘날의 정신의학적 입장에서는 성격 이상, 식욕이나 성욕에 관한 왜곡된 욕망, 강박 증상 따위의 일람표를 형성하게 된다. 그 중에서도 『벽전소사(癖顚小史)』(聞道人 撰, 袁石公 評)는 중국 고전에서 발견되는 '성벽'의 일람표라 할 수 있는데, 여기서는 '버릇(癖)'이 '광기(顚)'와의 연관 속에서 파악되고 있음에 특히 주목할 필요가 있다. 애초에 『벽전소사』에서 말하는 버릇(癖)은 좌전벽(左傳癖, 항상 『춘추좌씨전』을 인용하는 버릇)이나 전벽(錢癖, 째째한 남자에 대해 험담하는 버릇), 산수벽(山水癖, 관광을 좋아하는 버릇), 단벽(鍛癖, 하나의 대상에 매달려 몰두하는 버릇)처럼 병적이라 부를 수도 없는 요소를 포함하고 있는데, 그 중에는 '창치벽(瘡痴癖)'이라는, 구체적으로는 다음과 같은 증상도 있다.

이야기 1 부스럼을 즐겨 먹는 사람

부스럼을 즐겨 먹는 습성을 가진 유옹(劉邕)이라는 사람이 있었다. 친구인 맹영휴(孟靈休)가 구창(灸瘡)으로 앓고 있다는 소식에 병문안을 간 그는 바닥에 떨어져 있는 부스럼을 주워 먹는 한편 그것도 모자라 아직 떨어지지 않은 딱지까지 뜯어 먹었다. 그로 인해 영휴의 온몸은 피투성이가 되었다.(『世說』)

위와 같은 예는 좀 심한 경우로 이식증(異食症, pica)으로 구분할 만한 것이 아닐까 싶다. 구레 슈조[6]는 『기변우초(磯邊偶抄)』에서 중국 고전에 등장하는 비뚤어진 식욕의 사례들을 열거하고 있는데, 그 중에는 당의 동천(東川) 절도사였던 선우사명(鮮于史明)처럼 냄새 나는 벌레를 즐기는 사람의 이야기도 등장한다. 그는 사람들로 하여금 벌레를 잡아 오게 한 뒤 그것을 미지근한 물에 불려 떠오르게 해서는 식초와 오미(五味)로 간을 하여 조려 먹었다고 한다.

한편 복건성(福建省)의 전직 관찰사였던 권장자유(權長子需)는 사람 손톱을 즐겨서, 누가 잘라낸 손톱 조각을 모아다 주기라도 하면 천금을 얻은 것처럼 기뻐하며 허겁지겁 먹어 댔다고 한다.(唐의 溫庭筠, 『乾腰子』) 그밖에도 청대 남경(南京)의 환관 진력강(秦力强)이 태(胎)의 껍질을 즐겨 먹었다거나, 청조의 부마도위(駙馬都尉) 조휘(趙輝)가 여자의 월경수(月經水)를 맛보곤 그 맛에 반해 자주 먹었다는 예처럼, 이 같은 병증은 성적 도착을 겸하고 있다.

이야기 2 피를 마시는 왕

오대(五代) 동원왕(東圓王)에게는 사람 피를 마시는 취미가 있었다. 그는 여러 명의 처첩을 거느리고 살면서 그들의 팔꿈치를 번갈아 가며

찔러 피를 나오게 한 뒤 그것을 즐겨 먹었다.(『五代史』)

이처럼 드라큘라를 연상케 하는 이야기도 있는데, 명백하게 카니발리즘적인 이 도착행위가 많은 사람들에게는 베르크(K. Berg)[7] 등이 보고한 바 있는 독일의 쾌락살인자 큐르텡[8]을 연상시킬지도 모르겠다.

그밖에도 『벽전소사』에는 '주벽'과 같은 알코올 의존증, '혁벽(奕癖)' 같은 강박적인 도박벽 등의 사례가 놓치지 않고 기록되어 있을 뿐 아니라 '결벽증'과 같은 강박 현상도 기재되어 있다. 구레슈조[9]에 의하면 결벽증과 관계된 옛 기록은 드물지 않다. 예컨대 송병지(宋炳之)라는 사람은 지나치게 청결함을 따지는 이로, 집에 찾아왔던 손님이 채 대문 밖을 나가기도 전에 그가 앉았던 자리를 재빨리 훔치고 방석까지 빨았으며, 하수지(河修之)라는 사람은 하루에도 수십 번씩 틈만 나면 몸을 씻었기에 사람들로부터 수요(水遙)라 불렸다는 등의 사례가 바로 그것이다. 그 중 다음과 같은 예는 특히 유난스럽다.

이야기 3 청결벽

왕사미(王思微)라는 사람도 청결벽이 있어 주위 사람들이 자신의 옷을 만질 때는 반드시 백지로 손가락을 싸도록 시켰다. 어느 날 집 안에서 손때가 잔뜩 낀 기둥을 발견한 그는 집안 사람들로 하여금 그것을 닦게 했으나 그다지 탐탁스런 결과는 얻지 못했다. 그리하여 이번엔 그 부위를 깎아내게 했지만 역시 만족스럽지 않았다. 그러자 그는 결국 나무를 새로 갈아 끼우게끔 했다.(「世說補」)

재미있는 사실은 당의 화가 왕유(王維, 호는 摩詰)나 송의 화가 미불(米芾, 호는 元章), 원의 화가 예찬(倪瓚, 호는 雲林)처럼 중국 회화사를 대표하는 예술가들이 한결같이 강박적인 결벽증의 소유자들이었다는 점이다.

왕유의 경우는 손님이 찾아왔다 돌아가면 자리를 뜨기가 무섭게 그 의자를 닦았다. 스스로도 수시로 손을 씻었던 그는 은으로 대야를 만들고, 하인으로 하여금 자루가 긴 바가지로 물을 뜨게 했으며, 수건을 사용하지 않고 물기가 저절로 마를 때까지 손을 털면서 기다렸다. 어떤 때는 다른 사람이 자신의 신발을 만져 께름칙하다며 수시로 빨았기 때문에 신발이 헤져 못 쓰게 되는 일조차 있었다 한다.

예운림도 얼굴을 씻을 때마다 물을 몇 차례나 새로 갈았다. 예운림이 산 속에서 한동안 머물던 때의 일이다. 그는 한 동자에게 명령해 샘물을 길어 오도록 한 다음 먼저 떠 온 통 속의 물로는 차를 끓이고, 나중에 떠 온 통 속의 물로는 발을 씻었다. 먼저 떠 온 물은 상관없지만, 나중에 떠 온 것은 통에서 새어 나오는 기로 인해 더럽혀져 있을지도 몰랐기 때문이다.

이렇게 열거하고 보니 이들은 오늘날 우리들이 흔히 접할 수 있는 불결공포증 환자나 강박신경증 환자들과 조금도 다를 바가 없다. 그러나 여기서는 이 천재들의 신경증과 그들의 창작의 비밀에 관해 다루고 있는 것이 아니다. 여기서 문제로 삼고 있는 것은 『벽전소사』의 저자인 문도인(聞道人), 즉 중국 문인에 의한 다음과 같은 평가이다. "일반적으로 사람들이 한 가지에 치우치기 쉬운 경향을 벽(癖)이라 하는데, 그 현상은 어리석은(痴) 것처럼 보이기도 하고 미친(狂) 것처럼 보이기도 한다. 전(顚)이란 옛사람들이 말하는 광(狂)에, 벽이란 옛사람이 말하는 창(猖)에 해당될지도 모른다. 그러나 이러한 사람들 모두는 각자 뜻하는 바가 있어 그리 행동하는 것이다. 다만 그 뜻을 헤아리지 못한 세상 사람들이 그것을 벽이라 부르는 것이다.” 이렇게 평가하고 있는 것을 보면 저자의 인간 이해는 강박 현상의 이면에 숨겨진 깊은 뜻에까지 미치고 있는 것이 아닐까 한다.

제8장
중국의 빙의와 샤머니즘

狂

1. 무의(巫 醫), 샤먼, 방사(方士)

중국 문화사에서 광기가 차지하는 위치를 살펴보고 있노라면 우리는 중국의 광기관이 일본의 그것과는 상당히 다르다는 인상을 받게 된다. 물론 '광(狂)'이라는 용어 자체를 포함해 일본에서 통용되는 광기의 개념 속에 중국 사상 및 한역 불전을 매개로 하는 인도 사상의 영향이 현저하다는 사실은 두말할 필요가 없다. 더구나 동양의학 토대 안에서 발견되는 광기관 및 율령제 아래에서의 법적 용어인 '전광(癲狂)'에 관한 개념이 각각 중국 의술과 법령의 개념에 근거하고 있다는 사실 역시 부정할 수 없다.

그럼에도 중국이나 일본의 고전 및 그밖의 역사적 자료를 보면 광기를 둘러싼 현상과 그를 취급하는 양국의 방식에는 상당한 차이가 있다는 인상을 지우기 힘든데, 그 인상을 분석해 보면 결국 다음과 같은 사실로 귀결되지 않을까 한다. 그것은 일본 문화사에 있어 도출되는 양극 구조[1]가 중국 문화사에서는 상당히 일찌감치 배제되어 버렸다는 사실이다.

그 양극 구조란 다음과 같다.

1. 일상-노동-맑은 정신-현실-평지 농경민-제정신-속(俗)
2. 축제-예능-술에 취함-초월-산(山) 사람, 유랑민-광기-성(聖)

지금까지 서술해 온 것처럼 중국 사상에는, 그 중에서도 법가의 이론에는 철저하게 현실적이고 조작적인 '관리의 사상'이 존재한다. 뿐만 아니라 유교에서도 공자 시대 때부터 이미 "괴력난신(怪力亂神)을 이야기하지 않는다" "귀신은 잘 공경함으로써 멀리한다"는 사고가 강조되고 있다. 물론 '광견(狂狷)'의 가치를 중시한 공자 자신을 포함해 중국 사상에 이른바 '광기의 가치[2]'를 나름대로 인정하는 부분이 있는 것은 사실이다. 그러나 그 경우에도 '광'은 그 진지함 때문에, '견'은 그 원칙주의 때문에 과잉 적응형인 '향원(鄕原)'보다 조금 나은 것으로 여겨지고 있을 뿐이다. 다시 말해서 사회문화적인 면이라기보다는 인륜적인 기준에 따라 광기의 가치가 인식되고 있는 것이다.

이에 비해 일본에서 '광'의 가치가 이러한 맥락에서 인식되기 시작한 것은 에도 시대 이후 양명학을 비롯한 중국 사상 등의 영향을 통해 반 고케이(伴蒿蹊)의 『근세기인전(近世畸人傳)』이 성립하면서, 자각적으로는 요시다 쇼인(吉田松陰)이 '광'에 대한 자의식을 성립하면서부터이다.

　한편 중국에서는 '광기'가 지니는 또 하나의 측면인 '성스러움'이
나 '신에 근접함' 따위의 개념은 별로 중시하지 않는 경향이 있었
다. 이미 공자의 시대 때부터 '무의(巫醫)'라는 말이 천한 칭호로
사용되고 있었던 것은 물론, 광인이나 환자가 방언(方言)이라는 형
태로 신의 목소리를 대변할 수도 있다는 발상 자체가 유가의 문맥
에는 들어 있지 않았다. 그러나 중국 사상 속에 신과 인간이 직접
교류할 수 있다는 사고가 원래부터 이렇게 결여되어 있었던 것은
아니다. 이렇게 된 데에는 아마도 도교 사상의 영향이 크지 않았을
까 한다.

　니담[3]의 지적처럼, 도교는 중국에서 북방아시아 모든 민족의 원
시주술인 샤머니즘과 가장 밀접한 관계를 맺고 있는 종교이다. 샤
머니즘이란 베링 해협에서 스칸디나비아 국경지대에 이르는 우랄
알타이계 민족의 토착 종교를 일컫는 것으로, 때로는 그 범위가
아메리카 인디언들의 주술에까지 확장되기도 한다. 그 의식은 아
직까지도 많은 부족들 사이에서 지켜지고 있는 다신교적인 혹은
마신적(魔神的)인 자연숭배가 주를 이루지만 때로는 여기에 지고
신(至高神)이 포함되기도 하는데, 여기서 말하는 샤먼이란 주로 주
술적인 치료와 갑골(甲骨) 점 등을 이용하여 점술 활동에 종사하는
사람을 일컫는다.

　그러나 이 샤먼을 정상으로 봐도 좋은가에 대해서는 의견이 분
분하다. 일반적으로 그들은 신경증이나 간질 혹은 정신병 증세를
나타내며 영혼과 인간의 중재자로서 자기최면 상태로 빠져 드는
데, 그 동안 그들의 의식은 신들과 악령들의 거처를 여행한다. 그
리고 돌아와서는 자신이 신들과 나눈 대화의 내용을 주위 사람들

에게 알려주는데, 이 과정에서 춤과 환술(幻術, 집단최면술에 의한 것)은 샤먼 의례의 중요한 구성요소가 된다.

일설에 의하면 중국에서 불승(佛僧)을 가리키는 말로 사용되는 사문(沙門)도 샤먼과 같은 어원을 갖는다고 한다. 그러나 라우퍼 (Laufer)나 니담이 한결같이 이를 부정하는 것을 보면, 그보다는 퉁구스어인 '슈만(사제 겸 의사)'을 어원으로 보는 설이 좀더 유력하지 않을까 싶다.

니담에 의하면 샤먼의 초기 음역은 '선문(羨門)'이고, 『사기』에 등장하는 주술적이면서 과학적인 음양가인 선문자고(羨門子高)는 샤먼의 일족(一族)이며, 한 무제 때에는 이 말이 주술사에 대한 칭호로 사용되기도 했다고 한다. 그러나 후대로 내려오는 동안 사람들의 기억 속에서 잊혀져 버리고 말아 오늘날 정통적인 중국 본토의 문헌 속에서 이 말의 흔적은 더 이상 찾아볼 수가 없다. 한편 청대에 이르면 북방 민족의 샤먼을 표기하는 용법으로 '산만(珊蠻)'이라는 가차 표기가 사용되며, 만주 황실의 샤먼들은 '사축(司祝)'이라는 술어로 불리게 된다.

샤먼을 표현하는 중국 고유의 용어는 '무(巫)'이며, 이것의 어원에 관해서는 두 가지 설이 있다. 두 사람이 신들린 상태로 춤을 추는 모습을 나타낸 상형문자라는 설과, 중국 점술인 부란(扶亂)의 상형어로서 고대 중국에서 영매(靈媒)가 된 아이를 일컫던 말인 시동(尸童)의 시(尸)가 무(巫)로 변한 것이라는 설이 바로 그것이다.[4]

이 중 첫 번째 설에 의하면 '무(巫)'와 '무(舞)'는 똑같이 갑골문자에 뿌리를 두며, 둘 다 춤추고 기적을 일으키는 샤먼이 깃털이나

무(巫)의 갑골문

깃 뿌리와 같은 제구들을 손에 든 모습을 묘사하고 있다고 한다. 이와 동일한 관념은 뛰어다닌다거나 날아다닌다는 뜻을 가진 '천(遷, 仙의 다른 자)'에서도 발견되는데, 이것들 모두는 한결같이 빙의 상태로 빠져 들기 위한 과정 및 그 결과에 따라 인간이 펄쩍펄쩍 뛰고 춤추는 모습을 묘사한다는 공통점을 가지고 있다.

중국에서 특별히 '무(巫)'와 '격(覡)'을 구별해 사용할 경우 전자는 여무당, 후자는 박수무당에 해당하지만 일반적으로는 '무(巫)'가 둘 다를 포괄하는 뜻으로 광범위하게 사용된다. 여기서 나타나는 여성의 우월성에 대해 니담은 도가의 평등 사상이 모두 모권제의 연장선상에 있다는 사실, 여성적 상징 및 여성의 기교(방중술)에 대한 도가의 강조 등과 연관시켜 이를 매우 흥미롭게 보고 있다.

그러나 여성이 남성보다 훨씬 피암시성이 강해 신이 내리기 쉽다는 사실을 생각할 때 '무'가 '격'에 선행하는 것은 당연하며, 그런 까닭에 주술을 중시하는 도교에서 여성적 요소가 두드러진다고 역으로 생각해 볼 수도 있을 것이다. 그렇게 보면 중국 문화에서는 남성적 법가와 여성적 도교, 그리고 이 양자의 요소를 두루 가진 유가가 일종의 삼각관계를 이루고 있는 것이다.

박수무당을 가리키는 '무축(巫祝)'이란 표현이 시사하는 것처럼 흔히 '무(巫)'는 '축(祝)', 즉 직업적인 기도사(祈禱師)와 대립되는 뜻으로 사용된다. 중국 대륙 주변에 사는 샤먼에게는 네팔 서부 산악지대의 쟌크리(Jankri)와 다미(dhami), 오키나와의 노로와 유타, 시모기타(下北) 반도의 이타코와 고미소처럼 가계적이고 집단적으로 되는 무당과 개인적 성무(成巫) 체험을 거쳐 되는 무당의 두 가지 계열이 있는데, 예전에는 이 '무'와 '축'도 그와 같은 이분법에 따라 서로 달리 사용되었던 듯하다. 그밖에 '방사(方士)'라는 용어도 발견되는데, 이는 도교 체계 안에서의 '순수한 주술사'를 가리킨다고 니담은 말한다.

한 가지 여기서 반드시 언급하지 않으면 안 되는 것이 있다면 샤먼의 악마 축출은 초기의 의술과 밀접한 관련을 지니고 있다는 사실이다. 나카야마 다로(中山太郎)[5]에 의하면 '의(醫)'의 고어는 본래 '의(毉)'인데, 이 글자를 낱낱이 해부하면 '상자 방(匚)'은 병자를 눕히는 자리이고 그 안에 든 '화살 시(矢)'는 병을 초래하는 악령을 쏠 화살, '몽둥이 수(殳)'는 제단을 표시하는 것으로 이는 무당이 주술사로서 병을 치료한다는 뜻을 나타내고 있다고 한다.

의학이나 의사가 존재하기 이전부터 병은 존재해 왔을 터이니 치료자는 반드시 필요했을 것이고, 그 역할을 무당이 담당하는 것은 어찌 보면 당연한 일이었을 거라고 사사키(佐々木雄司)[6]는 말한다. 한편 '의(醫)'라는 한자어가 '毉'에서 '醫'로 전환된 것은 술이 약으로 이용되면서부터라고 하는데, 이 이야기는 '말 그대로' 주술사가 세속적 의사로 전환되었음을 시사하는 것이라 하겠다.

중국 고전을 대표하는 '사서오경(四書五經)'의 한 권인 『서경』에는 무당에 관한 이야기가 두 차례 등장하는데 그 중의 한 예에서는 무당이 국가를 위해 봉사하고 있으며, 『주례(周禮)』에도 국가 종교에 의거하여 고용되어 있는 무당의 존재가 그려져 있다. 그렇다고는 해도 먼 훗날(약 3세기경) 일본에서 예컨대 히메코(卑彌呼)라는 여인이 그랬던 것처럼 무당 자신이 숭배의 대상이 된다거나 스스로 여왕과 같은 존재로까지 격상되었던 흔적은 없다. 진순신(陳舜臣)[7]도 지적하고 있듯, 적어도 주 왕조 이후의 중국 지배자들은 현세적이고 인문주의적인 경향을 강력하게 고수했기 때문이다.

공자 또한 『논어』에서, "항심(恒心) 없는 사람은 쓸 만한 '무당'도, 쓸 만한 의사도 될 수 없다"는 '남인(南人)의 속담'을 즐겨 인용했었다는 사실은 앞에서도 이미 밝힌 대로이다. 이 이야기가 뜻하는 바는, 공자의 생존 당시부터 이미 '무'는 중국 '중원(中原)' 문화의 핵심에서 벗어난 주변적인 존재였을 뿐 아니라, 이른바 '군자(君子)'나 '사(士)' 등에 비해 인간적으로 한 품격 낮은 존재로 간주되고 있었으리라는 점이다.

『논어』에 실린 이 짧고 함축적인 문장은 그밖에도 많은 것을 생각하게 한다. 여기서 '항심(恒心) 없는 사람'으로 지칭되고 있는 '무'와 '의', 한마디로 말해 무의(巫醫, doctor magician)에 해당하는 사람들 중에 일반적으로 정신이 불안정한 사람들이 많다는 사정을 감안할 때, 공자가 말하고자 한 것이 항심 없는 사람들은 그런 무의조차 될 수 없다는 사실인지, 그 반대로 무의가 되기 위해서는 정신의 안정이 필수조건이라는 사실인지 의문의 여지가 남기 때문이다.

이 말을 어떻게 읽어내는가에 따라 우리는 중국의 샤머니즘 속에서 무의들이 차지하는 위치를 유추해낼 수 있다. 필자가 생각하기에 적어도 공자는, 나아가 그가 인용하고 있는 '남인' 사회의 민속적 통념은 무의들에게 얼마간은 정신의 안정을 요구하고 있는 것으로 보인다. 즉 여기에는 이미 '신에 가까운 자'에 해당하는 환자나 광인의 '신성한 광기'에 의존해 신과 소통하고자 하는 기대가 그다지 강하지 않다는 것이다.

예컨대 유학 계열의 문헌인 『춘추좌씨전』을 보아도, 거기에는 가뭄으로 고민하던 한 군주가 신을 구슬리기 위해 타는 듯이 내리쬐는 뙤약볕에 무당을 바쳐 비를 기원하기로 마음먹었다가 주변 사람들의 간곡한 만류로 포기하고 만다는 이야기가 실려 있다.

그 정도였으니 무당의 지위는 결코 높았을 리가 없는데, 고대 일본(『魏志』「倭人傳」)의 '지쇠(指衰)' 이야기를 연상시키는 이 사실에서도 짐작할 수 있듯이 중국의 지배자들이 고대로부터 샤먼에 대해 그다지 경외감을 품고 있었던 것 같지는 않다. 앞에서도 말했듯이 도교의 경우에는 다소 예외인 점도 있지만, 그럼에도 불구하고 이와 같은 느낌이 드는 것은 지울 수 없다.

2. 여우, 일본과 중국 공통의 요괴

중국 문화는 이른바 '표면 문화'와 '내면 문화'라는 이중구조 위에 성립되어 있다고 말할 수 있다. 그리고 '표면 문화'를 대표하는 것이 유교적인 사대부 문화라면 '내면 문화'는 도교적이고 민중적인 문화라 할 수 있다. 나아가 '법가적인 것'은 이 '표면의 문화'가 추구하고자 하는 바의 속내를 대변한다고 볼 수 있다. 이를 도식적으로 표현하면 유교적인 것을 중심으로 표면(유교) — 내면(도교), 체면(유가) — 속내(법가)와 같은 구조로 나타낼 수 있지 않을까 한다.

그런데 앞에서도 말했듯이 이 '유교적인 것'에는 '광'을 긍정하는 요소가 포함되어 있으며 공자 스스로가 '광견'에 대한 긍정적인 생각을 내비치고 있다. 다만 이때의 '광'은 광기라는 용어가 함축하고 있는 내용 중 '비순응형' 쪽에 해당하는 사회적·문화적 측면만을 염두에 두고 있을 뿐, 광기의 또 다른 측면인 '비일상성' '초월성'은 포함시키지 않고 있다. 그런 점에서는 광기를 축제(祭)와 일상(日常)의 양극 구조 사이에 위치 지우는 일본 문화사 속의 광기관과 다소 다른 점이 있다고 하겠다.

중국 문화의 전통 속에 민속적인 광기나 샤머니즘과 같은 비일상적인 체험을 흡수하고 구조화한 것은 오히려 도교 쪽이었다. 물론 여기서 말하는 '도교'란 종교로서 성립되어 구조화된 도교도 아닐뿐더러 좁은 의미에서의 노장 사상도 아니다. 그보다는 유가가 "괴력난신을 말하지 않게" 되고 "귀신은 그것을 공경함으로써 멀리하게" 되면서 이상한 정신 체험이나 초상(超常) 현상에 뜻을 부여하고 그것을 해석하기 위한 틀로 도교적인 신선 사상이나 가장 민중적이라 할 수 있는 방술적인 측면을 '도교적인 틀' 안에 수용하게 된 것이라 하겠다.

물론 『춘추좌씨전』 중 소공(昭公) 원년의 대목에는 진공(晉公)이 병을 점쳐 보게 하자 점술사가 말하기를 "실침(實沈)이나 대태(臺駘) 귀신에 씐 것입니다"라고 했고, 그런가 하면 소공 8년의 대목에서는 위유(魏楡)의 진후(晉侯)가 사광(師曠)에게 묻기를 "돌은 말할 수 있는가"라고 하자, 사광이 이르기를 "돌은 말을 하지 못합니다. 아마 무엇인가에 씌어 있었을 것입니다"라고 말했다는 기록이 있다. 이 대화를 보면 중국 문화가, 나아가 유가 문헌이 빙의 현상을 무시하거나 배제했다고는 말하기 힘들다.

다만 같은 빙의 현상을 거론함에 있어 서구와 일본, 중국은 각자의 사고관에 기초해 나름대로의 방식을 보였던 것뿐이며, 샤머니즘과 빙의의 관계 역시 각자의 시각으로 바라보았던 것이라 하겠다.

이제까지의 빙의 현상 연구[8]와 관련해 서구문화 속에서 나타나는 경향으로 잠시 눈을 돌려 보면, 기독교 이전 로마 시대의 라틴 문학이나 게르만의 미신적 신앙 속에서는 늑대들림(lycanthropia)과 같은 동물 빙의 및 변신 체험(metamorphosis) 이야기가 자주 등장한다. 그러나 기독교 문명의 지배 하에 있던 중세나 근세 초기가 되면 악마들림(démonpathie)이나 신들림(théomane), 그 중에서도 특히 전자의 경향이 주류를 이루게 된다. 그 시대의, 특히 가톨릭 교단이 기록해 놓은 빙의 현상에 대해서는 훗날 세글라(Séglas), 레르미트(L'hermithe), 뒤마(Dumas) 등과 같은 가톨릭 교단의 정신병리학자들이 분석 대상으로 삼고 있지만, 당대에도 요한 바이어(Johan Weyer)를 비롯한 르네상스기 의사들은 악마들림이 사실은 질병이라는 것을 명백히 함으로써 질보그[9]가 말한 제1차 정신의학 혁명의 단서를 마련해 놓았다.

그러다가 근대로 접어들면 서구의 정신병리적 현상 속에서 빙의 체험은 일반적으로 감소 추세로 돌아선다고 에스퀴롤(Esquirol)이나 미야모토 다다오(宮本忠雄)는 기록하고 있다.

일본에서도 빙의, 특히 조령(祖靈)에 의한 빙의는 샤머니즘적인 의례를 통해 민속 신앙의 중심 요소로 자리잡아 왔다. 또한 동물 빙의 현상, 특히 여우나 견신(犬神)들림 등의 여러 현상은 그 다채로움으로 유명하다. 특히 여우들림에 대해서는 일본에 독일 내과 의학을 도입한 벨츠(E. Baelz)도 그 내용을 일찌감치 소개하고 있으며, 일본 근대 정신의학의 개척자인 사카키 하지메(榊俶, 여우들림에 대해 alopecanthropia란 이름을 붙인 사람도 그이다)나 구레 슈조(吳秀三, 『狐に關する載籍の稽考』를 저술했다) 역시 이 현상에 주목하고 있다. 그런가 하면 후미와키 마기(門脇眞枝)는 일본의 사회정신 의학사에 있어 독자적으로 세운 최초의 금자탑이라 할 수 있는, 여우들림에 관한 저서 『호빙병신론(狐憑病新論)』[10]을 발표했다.

메이지 이후의 근대화 과정 속에서 동물 빙의 현상은 점차 자취를 감추기 시작했지만 최근 들어 사토 치카쓰구(佐藤親次) 등이 '개구리들림' 증세를 보고하고 있는 것에서도 볼 수 있듯 민간신앙 차원의 동물 빙의 현상은 여전해서, 정신장애라는 한계상황에 직면하면 일본인들의 마음속 깊은 곳에 묻혀 있던 무의식이 빙의 현상이라는 형태로 표면화되어 나옴을 발견할 수 있다.

이러한 현상의 배경에 대해 미야모토 다다오는, 주어가 생략된 일본어의 구조와도 무관하지 않은 일본인들의 확고하지 못한 자아관 및 자타의 경계에 대한 선명하지 못한 태도가 타자 빙의(possession)와 같은 형태의 인격장애를 쉽게 유발하는 요인일지도 모르겠다고 추측하고 있다.

한편 일본의 샤머니즘은 샤먼이나 주의(呪醫)가 있는 나라들에서 볼 수 있는 것처럼 혼이 자신의 몸 밖으로 나가는 탈혼형(脫魂型, ecstasy type)이 아니라 빙의처럼 들어오는 형태라는 사실도 곧잘 지적되는 부분이다.

그렇다면 중국의 경우는 어떠할까. 중국 도교의 방술(方術) 중에 '환사술(幻師術)'이라는 것이 있다. 이는 인도 불전에 등장하는 환사와는 약간의 차이가 있어, 주로 사자의 영혼을 찾아 다른 차원의 세상으로 여행하고 오는 역할을 맡는다. 도교의 방사(方士)가 이 술법을 실제로 시행할 경우, 최면을 통한 집단환각이나 노골적인 사술(詐術)을 통해 의뢰인은 사자의 영혼과 대면하게 된다. 이때 중요한 점은 결과적으로 사자의 영(靈)과 대면하는 것은 마찬가지라도, 북쪽 시모기타 반도의 이타코나 남쪽 오키나와의 유타가 빙의의 형태로 사자의 영을 자기 몸 안으로 받아들이는 데 비해 이 경우에는 방사가 의뢰인을 대신해 명계(冥界)를 여행한다는 사실이다. 이것은 중앙오스트레일리아 원주민이나 중앙아메리카의 주의들이 행하는, 주가(呪歌)를 이용한 주술적 여행 과정과 흡사하다. 중국의 경우 『장한가(長恨歌)』에 등장하는 당 현종과 양귀비의 영, 혹은 『한서』에 등장하는 한 무제와 이(李) 부인 영의 경우도 여기에 해당한다.

현종과 양귀비의 예는 『장한가』를 통해 헤이안 시대의 일본에도 널리 소개되어 있었던 듯, 『겐지 이야기(源氏物語)』 속에서 자

신의 처인 무라사키와 사별한 히카루 겐지(光源氏)는 다음과 같은
구절을 읊는다.

하늘을 떠다니는 환영이여, 꿈에서조차 나타나지 않는
사람의 혼이 가는 곳을 알려 주오.(「幻の卷」)

주석서에 의하면 이 '환영'이란『장한가』에 등장하는, 환술을 부
리는 도사를 지칭한다. 그러나 겐지는 어디까지나 이것을 중국의
이야기로 치부하고 있을 뿐 실제로 자기도 그렇게 해서 망처와 대
면하겠다는 생각을 품고 있는 것은 아니다.

『겐지 이야기』「아오이(葵)」에 출산을 앞두고 로쿠죠노미야스
도코로(六條御息所, 귀신이 되어 저주를 내리는 여자 — 옮긴이)의 망
령에 시달리는 아오이노우에(葵上)를 험자(驗者)가 가지(加持)해
주는 대목이 등장하는 것에서도 알 수 있듯 '험자'라는 형태의 주
의가 치료에 나서는 장면은 몇 차례에 걸쳐 기록되어 있다. 그런데
그 경우 사용되는 방법 역시 탈혼형이 아니라 들림(obsession)의 형
태이다.

그렇다면 동물 빙의 측면에서는 어떨까. 이와 관련해 볼 때 빙의
자로서의 여우는 사실 '일본과 중국 공통의 요괴'임을 알 수 있다.
중국의 많은 수필집이나 지괴(志怪) 소설에는 여우를 둘러싼 괴담
이나 여우들림에 관한 이야기가 수두룩하다. 그리고 중국 문화 속
에서 이런 책의 저자들은 으레 도가적 발상을 가진 사람들인 경우
가 대부분이다.

이를테면 『원중기(元中記)』라는 책에는 "여우는 쉰 살이 되면 여인으로 변신하며, 백 살이 되면 미녀가 되거나 신무(神巫)가 된다. 그렇지 않으면 남자로 변신해 여자와 성교한다. 천리 밖의 일도 곧잘 알아맞히거나 사람을 홀림으로써 지혜를 잃게 한다. 천년호(千年狐)란 천 년 묵은 여우를 말한다"는 기록이 눈에 띈다.

또한 『유양잡조(酉陽雜俎)』에는 "자호(紫狐)라는 야생 여우가 있는데, 그 놈은 밤마다 꼬리를 쳐서 불을 일으켜 요괴가 된다. 놈이 해골을 머리 위에 얹은 채 떨어뜨리지 않으면 사람이 된다"는 기록도 남아 있다.

『오잡조(五雜俎)』에는 "여우는 천 살이 되어야 비로소 하늘과 통해 사람을 매혹하게 된다. 수놈 여우는 남자가 되어 인간인 여성과 육체관계를 맺고 그 정기를 떨치게 된다"는 기록도 보인다.

그런가 하면 도교적 방술의 고전인 마한(馬漢)의 『포박자(抱朴子)』에도 "여우, 늑대는 모두 팔백 살까지 산다. 그리고 인간의 형상을 갖게 된다. 밤에 꼬리를 쳐서 불을 일으키고는 해골을 머리에 쓰고 인간으로 화한다"는 묘사가 있다.

백낙천의 『백씨문집』에도 해묵은 무덤에 살고 있던 여우가 늙어서 여성으로 변한 뒤 인간을 유혹한다는 이야기가 실려 있다. 뿐만 아니라 이와 유사한 기록은 『수신기(搜神記)』에도 심심찮게 등장한다.

이처럼 중국에서는 '여우가 인간으로 변신'할 뿐 인간이 여우로 변하거나 여우가 인간에게 들러붙는 일은 없다. 예로부터 중국에는 '여우는 영묘하고 불가사의한 동물로서 인간으로 변신해 인간을 미혹한다'는 관념이 뿌리깊었던 모양인데, 이러한 관념이 다채로운 동물 빙의 증후군의 형태로 개화되기 위해서는 일본으로 이식될 필요가 있었던 듯싶다.

언뜻 보기에 이 '중국형' 여우에 의한 비정상적 행동은 정신장애의 증상과는 무관한 듯도 하지만 꼭 그렇지만도 않다.『광이기(廣異記)』에 실려 있는, 당의 견양령(汧陽令)이었던 아무개의 이야기를 잠시 살펴보자.

이야기 1 여우의 농간

갑자기 출가하기로 결심한 아무개가 한 달 정도 열심히 경문을 염송(念誦)하고 있던 어느 날 가마 위에 앉은 보살이 오색의 구름을 거느리고 나타났다. 그러자 아무개는 좌선한 채로 근 일주일 동안 식음을 전폐했다. 걱정된 가족들이 도사를 찾아 상담을 청했다. 그러자 도사는 웃으면서 '천 년 묵은 여우의 농간이 틀림없다'고 말한 뒤 부적을 써서 주고 우물 속으로 사라졌다. 아무개의 자식이 굶어 죽기 일보 직전인 부친에게 부적을 삼키게 하자 그는 씻은 듯이 회복되었다. 나중에야 아무개를 괴롭게 한 것이 변신한 여우의 농간이었음이 드러났다.

이것은 '여우'를 키워드 삼아 필시 정신병임에 틀림없을, 환각을 수반하는 돌발적인 회심(回心)을 설명하고 있는 것이라 할 수 있다. 일종의 도교적이고 불교적인 이 이야기를 히라타 아쓰타네(平田篤胤)는 불교를 광신적으로 믿은 나머지 일어난 정신장애의 일종인 '석마(釋魔)'의 예로서『고금요매고(古今妖魅考)』에 싣고 있다. 이 경우 여우라는 존재가 광기 유발에 원인을 제공했음은 부정할 수 없지만, 빙의자의 역할을 하고 있다고 보는 데는 아무래도 무리가 있을 듯하다.

3. 방술사와 도교 신비주의

　광기의 기록만을 놓고 보아도 중국 문화가 일본에 미친 영향은 매우 지대하다. 그러나 서로 같은 용어를 사용하고 있다고는 해도 각각의 용어가 갖고 있는 실질적인 뜻에는 많은 변화가 일어나, 오늘날 어떤 것들은 마치 영어나 라틴어의 상업광고에서 볼 수 있는 기괴한 용법들처럼 일본 문화의 문맥 속에서만 이해할 수 있을 뿐이다. 일본 문화사에 있어 광기론의 주요 부분을 차지하는 것이 빙의 현상이라는 사실에는 이론의 여지가 없다. 미야모토 다다오[11]는, 일본어의 구조와도 무관하지 않은 일본인들의 흐릿한 자타 경계 개념, 연약한 자아 구조를 가진 심성으로 말미암아 일본에서는 예로부터 광기의 증상이 주로 빙의의 형태로 나타난다고 설명하고 있다. 따라서 문법적 구조는 일본어와 다르지만 용어나 문자에 있어서 공통점이 많은 중국의 경우에 광기가 어떤 모습으로 발현되는지 따져 보는 일은 이 문제에 대한 고찰에 있어 절대로 간과해서는 안 되는 부분이라 하겠다.

　일본에서 빙의 문제를 최초로 연구한 『영수잡기(靈獸雜記)』의 저자인 초사 슈진(蔦舍主人)[12]과 히라타 아쓰타네,[13] 그리고 정신의학의 입장에서 이 문제를 거론한 구레 슈조[14] 등은 한결같이 중국의 천구(天狗)나 여우와 관련된 괴이담(怪異談)으로부터 이야기를 전개시켜 나가고 있다. 그러나 예컨대 천구와 관련한 중국측의 자료인 『사기』 『한서(漢書)』 『진서(晉書)』 등에 실린 기록을 보아도 천구란 원래 천구성(天狗星)이라는 별을 일컫는 것인데, 그 별이 떨어져 내린 뒤에 보면 전체적인 모양은 개와 비슷하고 머리는 뾰족하며 주둥이가 있어 꼭 사람처럼 보인다고 한다. 이것이 지상으로 떨어져 내리는 것은 사람이 사람을 잡아먹는 궤변이나 전란 또는 혁명이 일어날 전조로 치부되었다.

다만 후대(淸代)에 쓰여진 문헌인 『술이기(述異記)』에는 다음과 같은 언급이 보인다. "강희(康熙) 임자년(壬子年) 사월 스무이틀 새벽, 침당(鍼唐) 서북쪽 마을에 사는 손 모라는 남자의 집 옥상에서 주둥이가 뾰족하고 상반신에 빨간 꼬리를 길게 늘어뜨린 게 꼭 천구로 보이는 남자가 서 있는 것을 이웃 사람이 발견하고 그 사실을 큰 소리로 손에게 알렸다. 그가 놀라서 달려나오니 그것은 커다란 소리를 내며 후닥닥 날아가 버렸다." 이와 같이 기록하고 있는 것을 보면, 이를 일종의 환각으로 치부하고 있음을 알 수 있다. 그렇지만 『광이기(廣異記)』의 저자는 이를 역시 '병란(兵亂)의 전조'로 해석했다.

천구가 일본에서 후대와 같은 형태를 갖게 된 것은 산악 종교, 특히 수험도(修驗道)가 천구에 대한 관념을 채용하여 그 모습을 본따 수험자의 복장을 하게 되면서부터이다.

그러나 이것이 일본으로 건너온 초기에는 어떠했을까. 이에 대한 최초의 기록인 『일본서기(日本書紀)』의 「죠메이 천황기(舒明天皇紀)」에 의하면, 유성(流星)이 굉음을 내며 흐르는 것을 소안(僧旻)이 보고 "천구다"라고 말했다고 하며, 그 해에 결국은 동이(東夷)의 난이라는 전란이 일어났다고 한다. 일찌감치 유학을 다녀온 적이 있던 소안은 여기서 중국풍의 해석을 그대로 답습하고 있는데, 다만 중국과 다른 점이 있다면 『일본서기』에는 이 '천구'가 '하늘의 여우’라 불리고 있다는 사실이다. 즉 개가 여우로 대체되고 있는 것이다. 히라타 아쓰타네는 이 사정에 대해 “오래 전 학자(博士)들이 심사숙고한 끝에 붙인 말(訓)인데, 이것은 황국(皇國, 중국)에서 천구라고 불러 오던 요사스러운 것이 천호(天狐)라는 것과 흡사한 모양이었던 까닭이다”라고 설명하고 있다.

앞에서 『광이기』의 기술을 토대로 설명했던 것처럼 중국의 천구는 환각이나 종교적 망상, 거식증 따위의 증상을 보이는 광기 상태로 사람들을 몰고 가는 것으로 생각되기는 하지만, 이것은 좁은 의미의 빙의 상태와는 다른 듯하다.

분명 여우는 ‘중국과 일본의 공통의 요괴’이며, 일본에서 초상 현상이나 정신병리를 여우의 탓으로 돌리는 경향이 중국의 영향에서 기인한다는 사실에는 의심의 여지가 없다. 가부키의 <다마모노마에아사히노타모토(玉藻前曦袂)>나 오카모토 기도(岡本綺堂)의 명작으로 알려진 「다마모노노마(玉藻の前)」에는 중국에서 건너온 구미호를 가리킨다.

그러나 『여씨춘추(呂氏春秋)』(진의 재상 여불위가 적은 일종의 백과전서)에도 나오는 것처럼 중국에서는 구미호를 상서로운 동물(瑞獸)로 여겨, 하나라 사람인 만(萬) 같은 이는 구미호를 보게 되자 그것이 자식 없는 자신에게 많은 자식들을 안겨줄 상서로운 징조라고 생각할 정도였다.

중국의 경우에도 당의 시인인 백낙천의 『백씨문집』이나 『유양잡조』와 같은 문헌을 보면, 여우가 여성으로 둔갑하거나 사람을 호려, 정신병리 용어로 말해 일종의 환각 상태를 유발하는 이야기가 발견되지 않는 것은 아니다. 그러나 중국에서의 빙의자로서의 여우는, 여우들림(狐憑)이 근세의 히스테리성 해리(解離) 반응에서 부터 정신분열병이라는 정신병리의 전 영역에 영향을 미쳤던 일본의 경우만큼 눈에 띄게 부각되지는 않는다.

더군다나 중국의 경우는 여우가 출현하면 반드시 방술사(方士)가 퇴마(退魔)를 위해 함께 등장한다는 특징이 있다. 중국에서는 도가의 신선 관련 문헌에 동물이 사람으로 둔갑하는 이야기를 기술해 놓은 부분이 많다.

예를 들어 『포박자』에는 새나 짐승들도 나이를 먹으면 지혜를 얻어 인간이 된다는 이야기를 비롯해 새가 인면조신(人面鳥身)의 존재가 된다는 이야기도 실려 있다. 거꾸로, 신선이 몸에 날개를 만들어 날 수 있게 된다는 이야기도 발견된다. 동물과 인간의 상호 변환에 참여하는 것이 방사의 역할 중 하나로 그려지고 있는 것이다.

다만 중국에서는 기원전 415년에 이미 위(魏)의 서문표(西門豹)에 의해 황하 강신(江神)의 신부로 여성을 인신공양하는 '무(巫)'적인 풍습이 금지되고 있다고 니담은 말한다.[15] 이것 이외에도 유가적 합리주의에 입각한 통치자가 '무'에 의한 인신공양을 금지시켰다는 이야기는 중국사를 통틀어 수도 없이 전해지고 있다. 언뜻 보기에 이것은 매우 당연한 일처럼 보일지도 모르지만 영국 식민지 관료 시대에 와서야 비로소 과부의 희생분사를 금지했던 인도의 경우를 떠올리면 두 나라 사이의 차이를 알 수 있다.

『진서』에 의하면 2세기에서 4세기 사이에는 중국에도 여무(女巫)가 많았지만, 한대에 이르러 유교가 제국 관료제의 유력한 예배

형식이 되면서 도가의 샤머니즘적 측면은 서서히 억압당하게 되었다고 니담은 말한다. 또한 데 그로트(de Groot)는, 그 결과 언제나 지배 당국과 불편한 관계에 놓여 있던 무당들은 도교 체계의 정치적·철학적 측면은 물론 그 주술적 측면까지도 전반적으로 정부 당국과 대립하는 지경에 이르게 되었다고 이야기한다.

이런 기록을 읽고 있노라면 유럽 중세에 기독교의 지배권력과 마녀, 연금술사들 사이에 연출되었던 대립관계를 머릿속에 떠올리게 된다. 마녀들의 문제에 관해서는 미슐레(Michlet)가 말하고 있는 그대로지만, 연금술사에 관한 문제에 있어서는 유가가 방사들의 연단술(煉丹術) 및 여타의 실험적 측면을 압박했기 때문에 중국에서 자연과학과 기술의 싹이 움트지 못했을 것이라고 니담[16]은 보고 있다.

이는 의술을 하찮은 술수나 천한 재주라고 멸시하던 고대 중국의 풍토와도 관련이 있는 듯하다. 예부터 중국의 도사들 중에는 뛰어난 의술로 유명한 사람이 많았다. 『삼국지』의 시대에 위의 명의로서 일본의 하나오카 세이슈(華岡靑州, 1760~1835, 외과의사)보다 1,600년이나 먼저 대마를 마취제로 삼아 내장의 외과수술을 시행한 화타(華陀)에 관한 이야기는 『후한서』「방술전(方術傳)」[17]에 실려 있는데, 화타 자신도 의술을 천기(賤技)라 여기며 부끄럽게 생각했다고 한다. 그런가 하면 472년에는 '무당'이 중국 왕조의 국가 제례에서 일찌감치 제외되고 있다.[18]

니담에 의하면, 황제 및 정통적으로 유가의 입장을 취하는 관료 정치가들에 의한 '무속' 사용 폐지는 당대 말엽에 완결을 이루어 송대에는 '무속'이 지현(知縣)이나 대수(大守)들에 의해 결정적인 박해를 받기에 이른다. 게다가 마법사나 요술사들에 대한 처벌 조항은 청조 말기나 되어야 비로소 형법 법전 속에서 사라진다. 이처럼 중국에서는 다른 어느 나라보다도 일찍부터 샤머니즘의 요소가 문화의 표면에서 배제되어 억압당하기 시작했는데, 바로 이 사실이 중국과 일본의 전통적인 광기관 및 그 병태의 역사에 있어 차이를 만들어내는 가장 커다란 요인으로 작용하고 있다.

그런 정황으로 인하여 중국에서 샤머니즘은 일종의 '내면 문화'를 형성했다. 그리고 실제로 그것은 '황건적의 난'을 필두로 하는 농민반란이나 혁명 운동의 이데올로기가 되기도 했다. 물론 민간 신앙적이고 주술적인 요소를 도교라는 종교 속으로 통합해 '소독'해 보려는 시도는 끊임없이 되풀이되었다. 그 경우에도 도가의 특징은 거기에 개인적인 신비 체험을 수반하는 것이었다.

한대(漢代)의 마술사이자 주술 능력이 탁월했던 좌자(左慈, 155~220)의 문하생이자 도교에 담긴 철학적 맥락에 정통했던 3세기의 인물 갈현(葛玄, 『포박자』의 저자인 갈홍의 숙부)은 238년에서 250년경 하늘의 지배자, 즉 태상(太上) 혹은 '천진왕(天眞王)'에게서 환각과 계시를 받고 있다. 이때 '태상' 혹은 '천진왕'은 그에게 신성한 영감에 의해 기록된 서른 권 이상의 저작과 함께 천상의 심부름꾼 네 명을 보내주었다고 한다. 처음에는 비인격적인 '도'였던 도교의 모습이 여기서는 인격신의 환각과 거기에서 오는 계시 체험으로 바뀌고 있는 것이다.

326~342년경의 진(晉) 시대에는 여도사인 위화존(魏華存)이 왕포(王褒)라는 정체불명의 인물(의 환각)에게서 우주 조직에 관한 계

시를 받는다. 니담의 말처럼 도교는 샤머니즘적인 '무속'의 실용적 주술과 도교 사상가들의 심원한 철학이 결합된 '기묘한 결혼'의 산물이었지만 그것이 종교화하기 위해서는 인격신과 같은 존재에 의한 환각적 계시의 출현이 필요했던 것이다.

이렇게 해서 중국에서는 샤머니즘이나 신비주의 전통이 이른바 '내면 문화'인 도교 속으로 파고들어 갔으며, 거기에는 환각 체험이 한몫을 했다. 도교의 가르침에 따라 수행하는 방사들의 최종 목적은 요컨대 '선인(仙人)이 되는 것'이었는데, 그것은 분명 스스로 환각 체험을 하든가 타자로 하여금 집단환각을 유발하게 함으로써 달성하는 것이 가장 빠른 길이었다. 도가에서 '신선'이 되는 길은 호흡법, 일광욕 요법, 도인 체조, 방중술, 연금술 및 약품 조제술, 식이요법 등을 통해 '기'를 배양하는 것이었다. 호흡법을 훈련하는 목적은 태식(胎息), 곧 자궁 속에서 태아로 존재하던 때의 호흡 방식을 회복하고자 하는 것으로, 요컨대 들숨과 날숨을 최대한 고요히 유지하도록 노력하면서 숨을 들이쉰 채 가능한 최대한으로 숨을 참는 것이다.

그런데 방사들의 환각 체험이 이명, 현기증, 발한처럼 질식에 의한 가사적(假死的) 징후였음을 볼 때 그들이 자신들에게 좋은 영향을 가져다준다고 믿었던 주관적 효과의 대부분은 무산소증에 의한 것이었음이 분명하다고 니담은 말한다. 다시 말해서 도교적 신비주의의 근본에 있던 것은 바로 산소 결핍에 의한 의식장애였던 것이다.

그러나 앞에서 서술한 것처럼 중국에 있어서 샤머니즘은 일본에서보다 빨리 문화의 중심에서 밀려났으며, 도교 자체도 종교로 성립하면서 샤머니즘으로의 특징을 잃기 시작한다. 이에 비해 티베트처럼 샤머니즘 전통이 뿌리깊은 주변 지역에서는 그 생기를 꾸준히 보강해 나갔다고 니담은 말한다. 그렇게 볼 때 일본 문화 역시 중국을 활 모양으로 둥글게 둘러싼 샤머니즘 전통이 강한 지역 중 하나에 불과하다고 하겠다.

4. 문헌 속의 빙의와 광기

베이스(I. Veith)[19] 역시 중국과 일본의 동물 빙의, 그 중에서도 특히 여우들림의 형태가 어떻게 다른지를 비교 분석한 학자 중 한 사람이다. 그에 의하면 일본에서 여우는 원래 착한 신이자 수확이나 농민의 수호자였지만 나중에 중국의 영향을 받아 사악한 동물로 여겨지게 되었다고 한다. 베이스나 데 그로트와 같은 귀신학(demonology) 연구자들은 여우의 악마적 성질이나 여우가 인간으로 둔갑해 사람들을 유혹하거나 빙의함으로써 상대를 골탕 먹인다는 식의 관념이 일본의 문화 속에 유입된 것은 후대의 일이라 말한다.

그러나 일본에서 발견되는 여우들림과 중국의 그것 사이에는 빈도나 양상에 있어 차이가 있으며, 적어도 중국에서는 근세 일본에서 그랬던 것처럼 여우들림이 정신장애의 병태를 대표하지는 않았던 것으로 보인다. 더구나 베이스는 중국에서는 여우가 정신장애의 원인이라고 여겨지기는커녕 오히려 치료자로 둔갑해 나타나기도 하는 것처럼 보여 이 점이 서구인들의 눈에 상당히 희한하게 비친다고 말하고 있다. 스스로 빙의되기도 하면서 동시에 심신 양면을 치유하는 치료자의 역할도 갖고 있는 것이 일반적인 주의(呪醫)의 모습이라 했을 때, 여우 역시 도교적 샤머니즘의 영역에 속하는 존재이므로 빙의자(혹은 빙의자를 가장하는 자)와 치유자의 이중 역할을 담당하고 있다고 생각할 수 있다.

나아가 베이스는 중국의 전통 사상 속에서 여우는 '암흑의 동물' 즉 '음(陰)'의 체현자이자 여성적인 성질을 지닌다고 간주되었기 때문에 그것이 인간으로 둔갑할 때 여성은 여우들림에 대해 비교적 면역성이 있는 것으로 생각되었다고 한다. 그러나 그 자신도 인정하고 있듯 일본에서는 여우가 여성에게 씌는 일이 드물지 않은데, 이는 이세신궁(伊勢神宮)의 황녀가 '실성'하자 그 원인을 '여우들림'에서 찾은 사례에서도 발견된다. 정신장애(광기)의 원인을 빙의에서 구하는 것은 낡은 사고방식이다. 그러나 광기에는 일정한 원인이 있으며 일정한 절차에 따르면 치료가 가능하다고 생각한다는 점에서는(적어도 정신요법에서는) 치료적 사고라고 키프와 베이스 같은 최근의 민간 정신의학 연구자들은 평가하고 있다.

일본의 경우에도 그렇지만 광기의 병태가 근대 정신의학 도입 이전에 어떠했는지를 알고자 할 때 가장 좋은 단서를 제공해 주는 자료는 설화집일 것이다. 중국의 경우도 육조시대의 지괴(志怪) 소설이나 당대(唐代)의 전기(傳奇) 소설류는 중국 고대의 광기와 빙의에 관한 몇 가지 실례를 우리에게 가르쳐 준다.

마에노 나오요시(前野直彬)가 편역한 『당대전기집(唐代傳奇集)』[20]은 그 가운데서 대표적인 것을 추출한 모음집으로, 그 안에는 역시 여우를 주인공으로 한 몇 가지 괴이담이 실려 있다. 개원(開元) 년간(11세기)에 회주(懷洲)에 살았던 우숙(牛肅)이 지은 『기문(紀聞)』에는 하남성 승지(澠池)라는 곳에 사는 한 머슴이 밤길에 한 여인과 마주치는 장면이 다음과 같이 묘사되어 있다.

이야기 1 오해

그는 여자를 여우가 둔갑한 것이라 굳게 믿고 도망치려 하지만 여자와 맞닥뜨리게 된다. 그리고는 '여우님 제발 살려주세요'라고 애원하는 여인을 호되게 두들겨 팬다. 사실은 여인 역시 남자를 여우라고 믿고 있었던 것이다. 나중에 초죽음이 되어 집에 도착한 여인은 여우의 습격을 받았다고 말했다.

이 이야기는 여우 변신담을 패러디한 예라 할 수 있겠다.

당대의 전기 중에서도 내용이 구체적이어서 광기의 기록으로서 특히 가치가 높은 것으로는 중당(中唐, 8세기 후반) 시대의 관료이자 문인이었던 대부(戴孚)의 『광이기(廣異記)』가 있다. 거기에 보살로 둔갑해 한 지사(知事)에게 씐 뒤 그를 광기로 몰아넣는 여우 이야기가 실려 있다는 사실은 앞에서도 이미 언급했지만, 그밖에 인간이 가해자, 여우가 피해자로 양자의 관계가 역전된 설화도 포함되어 있다.

이야기 2 진주를 토해낸 여우

기산(岐山) 기슭에 장원(莊園)을 이루고 사는 유전백(劉全白)의 유모에게는 중애(衆愛)라는 아들이 있었다. 하루는 그가 여우를 잡기 위해 덫을 만들어 놓고 기다리고 있자니 어디선가 나타난 여우 한 마리가 빨간 치마를 입은 여자로 둔갑하곤 때마침 그곳을 지나가던 쥐를 잡아 먹기 시작했다. 그 모습을 본 중애가 호통을 치자 여자는 놀란 나머지 덫에 걸리고 말았다. 중애가 몽둥이 찜질을 퍼붓자 여우는 숨통이 끊어졌는데, 죽은 뒤에도 여인의 모습 그대로였다. 그는 자신이 착각하여 인간을 죽인 것은 아닐까 하는 마음에 이튿날 그 장소를 다시 찾아갔다. 그랬더니 여인이 다시 살아나 있기에 이번에는 칼로 목을 베었다. 그때서야 여인의 모습은 여우로 돌아왔다.

중애는 한 도사의 조언에 따라 숨통이 끊어져 가고 있는 여우를 목만 밖에 내놓은 채 땅에 묻었다. 그런 다음 고기를 태워 여우 코앞으로, 그러나 먹을 수는 없도록 약간의 거리를 둔 채 가져갔다. 그러기를 여러 차례, 마침내 여우는 많은 양의 침과 함께 한 개의 진주를 토해내고 죽어 버렸다. 이것은 여우의 미주(媚珠)라 불리는 것으로, 중애의 어머니가 그것을 몸에 지니자 남편이 그녀를 소중히 여기기 시작했다.

이 이야기에서 여우는 '북경 오리' 신세와 별반 다를 바 없는 끔찍한 봉변을 당함으로서 '성스러운 동물'로서의 지위를 거의 상실하고 있는데, 이 역시 변신담으로 퇴락한 빙의담의 일종이라 할 수 있겠다.

『광이기』에는 이밖에도 정신병리학적 사례를 설화화(說話化)한 것으로 보이는 몇 가지 이야기가 더 실려 있다.

이야기 3 어느 여도사의 체험

호북성 황매현(黃梅縣)에 사는 여도사인 장연교(張連翹)가 일고여덟 살 때의 일이다. 하루는 병을 들고 우물물을 뜨러 갔는데 우물 속에서 갑자기 연꽃이 피어나더니 서서히 우물 입구까지 올라왔다. 그러더니

연교가 손을 뻗어 따려고 하면 안으로 숨어 버리고 물러서면 다시 나타
나기를 서너 차례 반복했다. 연교는 마침내 우물 속으로 들어갔다. 걱
정된 가족들이 달려왔을 때 연교는 우물물 위에 서 있었다. 무사히 밖
으로 꺼내 올리기는 했지만 갑자기 웃기만 하는 병에 걸려 버리고 말았
다. 이유를 물어 보자 "누군가가 뒤에서 손으로 겨드랑이 밑을 간질이
고 있어 웃음을 참을 수가 없다"고 말하며 계속 웃어 댔다. 부모는 딸
이 괴물에게 씌었다고 판단하고 한밤중에 슬그머니 그녀를 외가로 데
려갔다. 그러자 비로소 웃음이 멈췄다.

그후 집으로 돌아온 연교는 "배가 고프니 밥을 달라"며 하루종일 엄청
난 양의 밥을 먹어 댔다. 심지어는 밤중에도 침상 옆에 절인 야채 등을
놓아 주면 눈을 뜨는 즉시 그것들을 먹어 치웠다. 그렇게 예닐곱 날을
보낸 뒤에는 음식물 냄새가 역겹다면서 음식물을 멀리하기 시작해 가
끔 대추 열매를 서너 개 정도만 먹으면서 한 해 정도를 보냈다. 그러자
부모는 그녀를 출가시켜 도사가 되게 했다. 세월이 흘러 열여덟 살이
되던 해, 혼자 절에 앉아 있노라니 하늘에서 침(鍼) 두 개와 노란색
환약 다섯 알이 떨어져 내려왔다. 이 중 두 알을 집어 입에 넣자 갑자기
정신을 잃어버렸지만 제정신을 차리자 평소보다 힘이 솟고 머리도 맑
아진 듯했다.

천보(天寶) 말엽, 절에 있던 연교는 문득 양친 생각에 슬픈 마음이 들어
집에 가고 싶어졌다. 바로 그 순간, 마을 사람들과 관리들의 눈에는
오색 구름에 둘러싸인 화려한 가마가 하늘에서 내려오는 것이 보였다.
사람들은 연교가 승천하려는 모양이라 생각하고 구경하러 절로 모여
들었지만, 그러는 동안 구름도 서서히 사라져 버렸다. 박식한 사람의
설명에 의하면 구경꾼들이 너무 많아 승천하지 못했다는 것이다. 연교
는 지금도 살아 있다. 배의 앞뒤로 가죽만 붙어 있을 정도로 비쩍 마르
고 수척해졌지만 음식은 전혀 먹지 않으면서.

이 이야기에서 주위 사람들의 견문을 토대로 했다는 설화화를 위한 변형을 제거하고 보면, 연교의 체험은 소아정신의학의 사례 검토회에서 머리를 맞대고 앉아 심각하게 검토해 볼 만한, 증상이 복잡하게 뒤얽힌 사례이다. 일고여덟 살 때 환각체험과 헛웃음으로 시작하여 식욕 과다와 거식증을 번갈아 보이고 사춘기에 접어든 뒤에도 환각을 지속적으로 경험하고 있는 이 증상은 소아분열증의 드문 예에 속하지 않을까. 그게 아니라면 사춘기로 접어들어 몸이 마르는 사람의 유난스런 증세라 할 수 있을지도 모른다. 이 사례를 보고 있노라면 필자는 '어린아이가 보이는 환각'으로 인해 발병한 후로 오랜 세월 동안 말 한마디 하지 않고 아무것도 먹지 않는 특이 증세를 보이다가 우연한 시기에 이소미타르에 의한 마취 면접을 통해 병에서 회복하여 학교에 다니게 된 특이한 사례의 한 여자 아이를 떠올리게 된다.

그러나 여기서는 정신이상을 빙의로 해석하고 그 해결책으로 병에 걸린 자녀(혹은 빙의에 걸린 자녀)를 출가시켜 도사를 만듦으로써 그녀에게 다소의 성성(聖性)을 부여한다는, 광기에 대한 대응방식의 한 가지 원형을 발견할 수 있다. 『광이기』에는 이러한 이야기가 드물지 않은데, 다음과 같은 예도 정신병리학적으로 흥미롭다.

산서성의 태원(太原) 사람으로 절강성의 사호참군(司戶參軍)이라는 관리가 된 왕기(王琦)는 평소 『관음경(觀音經)』에 심취해 늘 그 경문을 암송했다. 그는 어려서부터 곧잘 중병에 걸리곤 했으나 경문(經文)만 외우면 이내 치유가 되었다. 경문을 외우고 있을 때면 늘 이상한 형체가 나타나 그를 괴롭히려 했지만 그의 마음이 워낙 바른지라 해를 끼치지는 못했다.

아홉 살이 되던 해 대엿새 동안이나 병이 떠나지를 않더니 결국은 말을 못하게 되었다. 그러던 어느 날 누군가가 찾아와 문 앞에서 자신의 이름을 부르기에 그를 따라 나섰다. 7~8리쯤 걸었을까, 관아 건물 하나가 앞을 가로막았다. 그곳의 장관은 깜짝 놀란 얼굴로 "뭘 잘못했다고 이렇게 어린 꼬마를 데려왔느냐, 어서 데려다 주어라"라고 명령했다. 그때 옆에 있던 사람이 "사람을 소환해 왔을 때는 그대로 석방하지 않고 사자(使者)의 임무를 맡겨 돌려보내는 법입니다"라고 말했다. 그러자 장관은 "죽어 가는 개 한 마리가 있는데…"라고 말하며 기에게 한 개의 환약을 주었다. 환약을 받아 장관이 지정해 준 집 앞으로 간 기는 개가 나오자 얼른 약을 던져 주었다. 그러자 개는 약을 먹자마자 즉사했다. 그후 "돌아가도 좋다"는 장관의 허락이 떨어지자 그의 병은 씻은 듯이 나았다.

얼마 뒤 그는 다시 병에 걸렸다. 이번에는 자신의 몸 안에 두 사람이 들어와 있는 느낌이 들었다. 그들이 몸 안을 돌아다니기에 기는 "병을 낫게 해주면 한 상 잘 차려 대접해 주겠다"고 말하며 이튿날 요리를 준비했다. 그러자 요물들은 그것을 먹고 물러갔으며 병도 나았다.

영태(永泰) 연간에 다시 중병에 걸린 기가 등잔 밑에 앉아 마음을 가다듬고 경을 읽고 있는데 바로 밑에서 새의 날갯짓 소리가 들리기 시작하더니 그것이 점점 위로 올라오는 바람에 벌린 입을 다물지 못하게 되었다. 이어서 눈앞에 부풀어오른 사체와 커다란 뱀과 죽은 사람들이 나타나더니 불을 훅 불어 꺼버렸다. 그러나 기가 눈을 감고 정신을 집중해 경문을 외우자 그들 모두는 사라졌으며 다음날에는 병도 물러갔다.

의식장애로 인한 환각임이 틀림없는 이 현상을 우리는 반복적인 열성 섬망(熱性譫妄, 고열이 나는 질병에 의한 의식장애 — 옮긴이)이거나 간질성 정신병이거나 메두나(Meduna)의 몽환정신병(oneiroid psychosis)이라고 생각할 수 있는데, 여기서 주목할 만한 사실은 왕기가 환각 체험을 통하여 자신에 대한 '치유' 능력을 스스로 가졌다고 생각했다는 점이다.

제9장
중국 문화와 광기관

狂

1. 코로(Koro)와 귀병(鬼病)

중국에서는 여성이 여우에게 씌는 일이 드문 이유를 여우가 음을 대표하는 동물이라 음양의 이치에 따라 주로 남성을 노리기 때문이라고 설명한다.[1] 제 나름의 독특한 광기관과 그에 대한 치료체계를 가지는 것으로 유명한 중국 문화의 경우, 일본과는 달리 전통 의료체계가 역사적인 단절을 겪는 일 없이 서구의 그것과 더불어 오늘날까지 명맥을 이어오고 있다. 중국의 전통 의술은 1948년 이후 근대 의학과 더불어 공인을 받아 오늘날 침구(鍼灸)나 호흡조절 같은 방법 외에도 향정신성 약물 작용이 있는 약초들과 근대 의학이 병용되고 있다.[2]

얀 체레이(Jan Cerey)[3]에 의하면 중국의 전통 의학은 몽골, 티베트, 인도, 한국, 베트남, 일본에 이르는 아시아 지역 외에 서구 지역으로도 퍼져나가 있다. 1954년 당시의 중국에는 전통적 중의사 면허를 가진 사람이 30만 명으로, 상하이의 경우 중의 6,000명에 양의 300명의 분포를 보일 정도로 중의의 숫자가 압도적이었다고 한다. 1949년 이후 베이징, 상하이, 광저우 등지에는 다수의 중의학원이 건설되었다.

중국의 경우 음양 이원론에 입각한 병리관과 전통 문화는 정신장애의 병태에도, 그에 대한 민간 정신요법 치료에도 지대한 영향을 미치고 있다.

예컨대 '문화결합 증후군(culture-bound syndrome)'이라 불리는 것이 있다. 이것은 일본의 아이누족에게서 발견되는 이무(Imu)나 말레이 문화의 아모크(Amok)처럼 특정 문화의 민속에 내재된 고유한 불안에 기초하는 정신장애를 가리키는 것으로 대부분의 경우는 히스테리 신경증이지만, 내인이나 외인성 정신병이 이와 같은 병태를 나타내는 경우도 없지는 않다. 중국 문화에 있어, 특히 남부 중국의 문화에 있어 현재까지도 관찰되는 문화결합 증후군인 코로(Koro)는 지극히 중국적인 질병이다.

코로의 희생자가 된 사람은 죽음에 대한 극심한 불안 증세를 보인다. 그것은 마음속에 자리잡은 신체적 망상, 즉 자신의 남근이 점점 쪼그라들다 못해 결국은 몸 속으로 들어가 버림으로써 스스로를 죽음으로 몰고 갈 것이라는 망상으로부터 환자들이 자유롭지 못하기 때문이다. 정신분석학의 맥락에서 볼 때 해결되지 않은 오이디푸스 콤플렉스에서 기인한 것이라 말할 수 있는 이 망상은 중국인들이 성에 대해 품고 있는 독특한 사고와 연관되어 있다.

얍(P. Yap)[4]은 코로의 병인을 음양의 부조화가 병을 불러들인다고 믿고 있는 중국 남부지방 사람들의 신념에서 찾고 있다. 얍에 의하면 중국인에게 있어 이 관념의 작용은 단지 병의 상태를 형성할 뿐 아니라 병인적이기도 한데, 이는 지옥의 업화(業火)에 대한 믿음이 때때로 우울증 환자의 병을 악화시키곤 하는 것과 마찬가지라 한다.

코로에 대한 믿음은 실제로 행했거나 혹은 상상 속에서 행한 과도한 성교에 대해 죄책감이나 공포감을 유발한다. 이는 자위(自慰)에 대해서는 특히 그러해서, 이 걱정은 공포를 조장하거나 성기에 대한 무감각, 성기에 대한 비현실감으로 나아간다. 셴(R. Hsien)에 의하면 코로 증상은 급작스런 충격에서 미처 벗어나지 못해 불안감에 사로잡히기 쉬운 사람들에게서 주로 발견된다고 하는데, 여기서 그가 보고한[5] 코로의 사례 한 가지를 살펴보기로 하자.

이야기 1 남근이 작아지는 불안감

1957년 8월, 한커우(漢國) 출신의 양이라는 서른한 살의 중국인 요리사가 불안 발작과 심장의 두근거림, 호흡 곤란, 사지 마비, 현기증과 같은 다양한 증상을 호소하며 병원을 찾는다. 이미 몇 명의 중의를 찾아가 '기력 쇠약'이라는 진단을 받은 그는 피를 맑게 한다는 명목으로 남자아이의 소변 및 태반을 투여받고 있었다.

그는 특히 창부들과 성관계를 가질 때마다 자신의 남근이 점점 작아져 뱃속으로 들어가 버릴지도 모른다는 불안감에 사로잡혔다.

양은 다섯 형제 중 장남으로 양쯔 강 유역의 작은 마을에서 성장했다. 그가 일곱 살이던 어느 보름날 밤, 부친이 원인불명의 병으로 사망했다. 막내 동생이 태어난 지 며칠도 채 지나지 않았을 때의 일이었다.

모친은 그를 사랑했지만 모친과 재혼한 계부는 막내 동생만 귀여워하고 그를 미워했다. 평소에 계부는 순종적이지 않고 성격이 무뚝뚝한 그를 틈만 나면 구타하는 한편 돈을 벌어 집안에 보탬이 되라고 닦달했다.

열한 살이 되자 그는 이발사의 조수로 들어갔다. 열여섯 살 때부터는 요리 기술을 갈고 닦아 요리사가 되었다. 그 결과 적잖은 돈을 모을 수 있었다. 하지만 도박에 손을 대어 그 대부분을 탕진함으로써 실망한 어머니로부터 질책을 받았다. 그 일로 어머니를 볼낯이 없게 되자 그는 열여덟 살이 되던 해에 가출하여 상하이로 갔다. 거기서는 선박 요리사로 일했는데, 그때부터 몸이 마르기 시작하면서 황달 증세가 나타났다. 지나친 자위행위 때문이라고 생각한 그는 이런저런 약물치료를 받기 시작하지만 백약이 무효였다. 결국 최후의 수단으로 날마다 자신의 첫 소변을 받아 마시기를 시도한 지 4개월, 마침내 병에서 벗어날 수 있었다.

중일전쟁이 끝나 갈 무렵 스무 살이 된 그는 배에서 요리사로 일하면서 마약 밀매에도 손을 뻗어 짭짤한 부수입을 올렸다. 그후 해군에 들어갔지만 낮은 급여에 불만을 느껴 타이완으로 탈출했다. 군대에서 벗어난 뒤로는 과자 가게에 일자리를 얻었으나, 그때부터 다시금 도박벽이 살아나고 다시금 창녀촌에 발걸음을 하기 시작했다. 그는 아침마다 찾아오는 성적 긴장에서 벗어나기 위해 거의 매일 밤 창부와 성관계를 가졌다. 돈을 아껴야 한다거나 제대로 된 가정을 꾸려야겠다는 생각은 전혀 없었다.

그러던 중 1957년 6월경부터 호흡 곤란, 현기증, 가슴 두근거림, 사지 무력증, 급격한 근육 감퇴와 더불어 심한 목마름, 메스꺼움, 구토 증상 등이 찾아온다. 그 때문에 내과 검사를 받았지만 별다른 이상은 발견되지 않았고, 비타민 B를 투여받은 뒤에는 정상으로 돌아왔다. 건강을 회복하고 그는 다시 창부를 찾기 시작했는데, 그러자 이번에는 전보다 훨씬 격렬한 발작이 찾아왔다. 치료를 위해 한편으로는 중의를, 다른 한편으로는 양의를 찾아가 비타민 주사를 맞는 생활이 반복적으로 이어지던 1957년 8월, 마침내 그는 정신과를 찾게 된다.

당시 상태가 조금이라도 좋아진다 싶으면 감당할 수 없는 성욕에 시달리며 창부를 찾아 다녔던 그는 자주 성교 후에 복부로 밀려오는 이상한 공허감을 호소했으며, 남근이 오그라들어 복부로 들어가 버리면 어쩌나 하는 심한 공포감에 남근을 움켜쥐곤 했다. 극심한 두근거림과 현기증 때문에 남근을 움켜쥔 채로 실신 직전까지 가기도 했다. 그는 매일 밤마다 1밀리미터 정도로 줄어들어 있는 남근을 발견했으며 그것을 원래대로 해 놓은 다음에야 안심하고는 잠이 들었다. 그런가 하면 항문이 매일 밤 조금씩 뱃속으로 깊이 박혀 들어가는 것 같다고 호소했다. 그 뿐이 아니다. 병의 원인이 성적 결함에 있다고 말한 어떤 약사의 말만 굳게 믿고 그는 다음과 같이 말했다. "손은 떨리고, 남근은 기어 들어가 버립니다. 가슴은 두근거리고… 약국에서는 제 신경이 냉(冷), 한(寒), 풍(風)에 의한 침해를 받고 있다고 하는데, 그런 게 아닌가요? 서양 의사들에게 그런 게 이해될지 모르겠군요."

이 증상에 대한 정신분석학적 해석은 오이디푸스 콤플렉스와 연결된다. 필시 친아버지의 죽음으로 미해결인 채로 남아 환자에게 거세 불안을 동반한 죄책감을 발생시켰을 오이디푸스 콤플렉스가 계부 및 어머니와의 삼각관계 속에서 환자의 마음속에 되살아남으로써 행동으로 나타났고, 그로 인해 생겨난 이차적 죄책감이 다시금 신경증으로 발전되었으리라는 것이다. 그러나 로하임(G. Roheim)[6]의 말처럼, 이렇게 결론지어 버리는 것은 모든 문화 속에서 공통적으로 발견되는 오이디푸스 콤플렉스의 경향을 확인하는 데서 머물고 만다. 즉, 이 이야기에서 발견되는 이러한 병태들은 중국 문화 특유의 성에 관한 관념 및 음양설, 그리고 오행설에 근거한 지·수·화·풍 사상 등과 불가분의 관계에 있는 것임을 간과해서는 안 될 것이다.

단, 인도에서도 이와 유사한 병태가 발견된다는 사실이 카스테어즈(G. M. Carstairs)[7]에 의해 보고되고 있는데, 인도인들 사이에서 정액의 과다 배출이 병인으로 알려져 있는 만성 불안과 피로, 무력감 등은 그들에게 있어 가장 일반적인 불안 신경증이다. 이 역시 정액을 신성시하고 그것을 힘과 건강의 원천으로 여기는 힌두교도들의 사고방식과 무관하지 않을 것이다. 이와 관련하여서 필자도 네팔 서부 산악지대를 조사[8]하면서 정액상실 신경증(지르얀, jiryan)이라 이름 붙일 만한 예를 관찰한 적이 있다.

이야기 2 정액을 앗아가는 마녀

네팔 서북부 산악지대의 히말라야산 속에 있는 한촌(寒村) 티브리코트로 부임한 젊은 교사는 부임한 이래 매일 저녁 자신을 찾아오는 흰옷 입은 여인과 식사를 같이 했는데, 그 결과로 자신의 몸이 점점 야위어 갔고 체력도 쇠약해졌다고 한다. 그의 생각은, 사실은 마녀(보키시)인 그 여인이 자신의 정액을 앗아가고 있다는 것이었다.

이 남자가 보고 있는 흰옷의 여인은 필시 잠결에 보는 환각으로, 이른바 성적 몽마(夢魔)의 한 형태가 아닐까 한다. 교사로서 업무를 보는 데는 아무 지장을 느끼지 않았고 그밖에 다른 징후를 나타내지도 않았던 것으로 볼 때, 그가 좁은 의미의 정신병을 앓고 있다고는 생각하기 어렵다. 그보다는 넓은 평야지대를 떠나 외부와의 접촉이 단절된 히말라야 산간 속으로 단신 취임하게 된 그의 현실적 상황과 마녀 빙의(보키시 아에고)에 관한 일반적인 믿음, 정액에 관한 인도권 문화의 관념이 뒤얽혀 이와 같은 병태를 만들어 냈다고 보는 편이 나을 것 같다.

카스테어즈는 지르얀의 발병 원인 역시 코로와 마찬가지로 강력한 가부장에 대한 해결되지 않은 오이디푸스 콤플렉스에 있다고 상정한다. 물론 인도나 중국이 전통적으로 강력한 가부장제 사회라는 사실에는 의심의 여지가 없다. 그러나 문제가 과연 그렇게 간단한 것일까.

이야기 1에서 코로에 걸린 남자가 호소하고 있던 한(寒)과 냉(冷)에 대한 공포는 한냉 공포증(프리고포비아, frigophobia, paling)으로 불린다. 이는 중국에서 발견되는 독특한 병, 즉 '풍'이 두려운 나머지 옷을 있는 대로 껴입는 공포 신경증의 경우에도 발견된다고 얍은 말한다.[9]

중국 남부에서 볼 수 있는 문화결합 증후군의 대표적인 예가 코로라면, 북부에서 자주 발견되는 빙의 현상은 귀병(鬼病)이라 불리는데, 이는 환자가 자신을 죽은 사람의 혼과 동일시하는 증상을 말한다.

이 '귀병'은 일단 발작이 시작되면 30분에서 수시간 동안 지속되는데, 이때 환자는 심한 진전(振顫)과 소재식(所在識)의 상실, 명료하지 못한 의식, 섬망(譫妄), 방언(glossolalia), 환각 및 환청 등을 동반하는 몰아 상태에 빠져든다. 사람들은 이 병을 죽은 친척이나 저 세상으로 간 친구의 혼에 씐 결과라고, 특히 죽은 조상의 영에 대한 공양이 충분치 않아 생긴 일이라고 믿었다. 린(T. Lin)[10]에 의

하면 이런 사례는 신앙심이 투철한 집안의, 제대로 교육을 받지 못한 여성이 심한 갈등에 직면하는 경우에 주로 발생한다고 한다.

이에 대한 치료는 무의(巫醫)가 트랜스 상태로 들어가 조상령과 환자를 중재하는 형태로 이루어진다. 이 귀병은 적응력이 떨어지는 사람에 대한 사회적 압박 때문에 야기되는 히스테리성 해리 반응으로 보이는데, 중국 문화에서는 주로 주변인에 속하는 사람들 사이에서 흔히 발견된다. 아마 여기에도 조상령에 대한 신앙과 사자(死者)의 혼에 대한 두려움이 전제 조건으로 작용하고 있는 것은 아닐까.

2. 중국인의 인격 형성과 자녀 교육

베이스(I. Veith)[11]의 지적처럼 중국과 인도, 일본을 비롯한 극동 지역 사람들의 정신지(精神誌)에 있어 건강함과 건강하지 못함을 결정짓는 중요한 측면의 하나는 장수와 다산, 그리고 성적 능력이다. 특히 중국에서는 조상을 숭배할 자손을 많이 낳는 것이 부모에 대한 효도라는 견지에서도 이를 더욱 중요시했다. 동양의학의 여러 문헌이 성적 능력이나 다산, 정력 등에 대해 관심을 집중시키고 있는 것도 바로 이 때문인데, 인도의 『카마수트라』나 일본의 『의심방(醫心力)』 28권의 중심 주제 역시 바로 그것이다. 그 중에서도 『의심방』의 「방술(方術)」이라는 장에는 에로틱한 기술의 실제가 수록되어 있을 뿐 아니라 일반적인 보건을 비롯하여 노인 보건에 대한 내용들이 상당히 많이 수록되어 있다. 이를테면, "사람은 일생 동안 소비할 수 있는 정액의 양이 일정하기 때문에 이를 지나치게 소비하면 죽음이 가까워진다. 그러니 장수하고 싶으면 정액을 소비하지 않도록 노력함이 마땅하다"와 같은 식이다. 이와 같은 견해는 중국 의학서를 통해 일본으로 전해진 것으로서, 이러한 사고가 일본 사회 속에서 상식으로 자리잡게 된 것은 에도 시대이다. 이에 대해서는 굳이 가이바라 에키켄(貝原益軒)이 설파한 양생(養生)의 가르침을 들추지 않더라도, 고전 라쿠고(落語, 만담)『단명(短命)』의 '오치(라쿠고에서 사람을 웃기고 그 이야기를 매듭 짓는 부분 ― 옮긴이)'를 상기하면 쉽게 이해될 것이다. 한편 성적 능력이 어린 배우자와의 성교를 통해 흡수된다는 믿음이 보편화되어 있었던 중국과 일본에서는 남녀를 불문하고 노인이 젊은 측첩(側妾)을 거느림으로써 젊음과 건강을 유지하고자 했다. 그리고 이러한 관념은, 얍[12]도 지적하고 있듯, 화남 지방에서 코로와 같은 문화결합증후군을 낳는 토대로 작용한다.

웬신쳉(Wen-Shing Tseng)[13]과 수(F. L. K. Hsu)[14]는 비교학적 방법을 이용해 중국 문화의 정신의학을 고찰한 뒤 그에 대한 저명한 연구 결과를 남기고 있다. 그런가 하면 쳉 박사 일행은 미국 매사츄세츠 주의 주민들과 현대 타이완인들을 비교 연구하고 있는데, 이 연구는 공산화 이전의 중국에 대해서도 적용될 수 있다고 한다. 그들이 파악한 중국 문화의 특징이란 다음과 같다.

1. 중국 문화는 기본적으로 농경문화이며, 바로 이 점이 가족 구성원들의 결속을 강화한다. 가족 단위의 사회조직을 갖는 중국에서는 확대

가족이 일반적이어서, 경우에 따라서는 한 지역 전체가 '왕씨 마을'이나 '진씨 마을'이라는 명칭으로 불리기도 한다.

2. 따라서 중국 문화에서는 친족 명칭이 분화되어 있고 이것이 혼동되는 경우는 거의 없다. 일본어로는 그저 '아저씨'라 부르면 족한 아버지의 형(伯父), 아버지의 동생(叔父), 어머니의 형제(外叔)는 어간부터 다르기 때문에 혼동의 여지가 없다.

3. 가족간에 발생하는 고유한 대인관계의 질서, 특히 두 사람 사이의 관계의 질서는 공자가 인(仁)을 주창하던 당시부터 인륜의 기본으로 간주되어 왔다.

4. 중국의 고전문학은 기본적으로 인간의 개인적 감정이나 사고보다는 오히려 개인의 사회적 입장이나 역할에 중점을 둔다. 사회를 자신이 원하는 방향으로 변화시키기보다는 그 자신을 사회에 맞추고자 노력한다는 점에서 중국인들은 개인중심적(individual-centered)이기보다는 상황중심적(situation-centered)[15]이다.

5. 고대로부터 중국인들은 자신들의 생사, 빈부, 존귀를 하늘이 정해준 것으로 믿었다. 농민들은 사계 및 농사의 길흉을 주관하는 것이 하늘의 섭리라 믿으며 조상을 숭배했으며, 자손의 번영은 자신이 쌓은 선행 여부에 의해 결정된다고 생각했다. 그러나 내세가 천국과 지옥으로 확실하게 이분되어 있다는 관념을 품고 있지는 않았다.

6. 중국인들은 대중 앞에서의 공공연한 애정 표현을 부끄러워하기는 했지만 성을 신비롭게 여기지는 않았으며, 마음속에 성에 관한 죄책감을 갖고 있지도 않았다. 우즈(A. H. Woods)[16]에 의하면 중국인들에게 원죄의 관념 따위는 전혀 없었다. 공자 역시 성욕과 식욕을 인성의 자연스런 부분이라고 보았다. 남성이 성교를 통해 여성이 갖고 있는 음의 정기를 흡수하면 건강해질 수 있다는 사고 역시 일반적이었다.

7. 중국 철학에서는 조화를 강조한다. 음양의 이치에 따라, 음(여성적 요소)과 양(남성적 요소)의 부조화가 병을 불러들인다고 생각한다. 공

자는 죽음의 문제에 관한 질문을 받을 때면 "삶도 제대로 알지 못하거늘 어찌 죽음을 알 수 있으랴"라는 말로 답했다고 하는데, 이는 중국인들의 인생관을 정확하게 대변하고 있다. 즉 중국인들은 현세를 중시하면서 미래는 그다지 중요시하지 않으며, 인간은 식물과 마찬가지로 흙에서 나서 흙으로 돌아간다고 생각한다.

정신분석의 입장에서, 특히 비교문화정신의학에서 중요하게 생각되는 문제는 자녀를 교육하는 방식이다. 쳉은 중국인에게서 찾아볼 수 있는 자녀 교육의 특징을 다음과 같이 분석하고 있다.

중국인들에게 있어 자녀는 곧 보물이다. 중국 여인들은 남들이 보는 앞에서 수유하는 것을 조금도 부끄럽게 생각지 않기 때문에 젖먹이 아이들은 울기만 하면 언제든지 젖을 빨 수가 있다. 분유가 출현하기 이전까지만 해도 어머니의 젖이 모자라면 이웃에게 젖동냥을 했고, 부유한 집에서는 유모를 두는 것이 일반적이었다. 중국의 젖먹이들은 대개가 어머니의 손길 속에서 자라나며 잠도 부모의 침대에서 함께 잔다. 모자간의 애착은 장려되며, 서둘러 젖을 떼는 일도 없다. 유아는 약하기 때문에 섬세한 보호가 필요하다는 이유를 내세워 병에 걸리지 않아도 한방약을 먹인다. 이러한 방식 때문에 아이들은 어른이 된 후에도 가족들이 모든 욕구를 들어 줄 것이라는 기대심리를 품게 된다. 성인들의 생활에 있어서도 식사는 대인관계를 맺을 수 있는 가장 중요한 통로여서, 예컨대 중국에서는 '안녕하세요?'와 같은 일상의 인사 대신 '식사는 하셨습니까?'라는 인사말을 주고받는 게 일반적이다.

배변 교육 역시 수유와 마찬가지로 너그러운 방식에 따라 행해졌다. 옛날에는 남자 아이에게 '밑 없는' 바지를 입혔기 때문에 언제 어디에서나 쉽게 배설 욕구를 해결할 수 있었다. 특히 농촌에서는 사람의 배설물은 아주 유용한 비료로 사용되었기 때문에 농촌에서 자란 아이들이 배설물에 대해 혐오감을 갖는 일은 전혀 없다. 그런 까닭에 중국의 부모들은 배변 교육에 별다른 적극성을 보이지 않는 것이 보통이었다. 중국의 어머니들은 아이들을 안은 채로 오줌을 누이며, 아이의 신체 동작을 잘 파악해 아이가 오줌을 수월하게 눌 수 있도록 배려한다. 즉, 아이가 자기 조절을 할 수 있도록 훈련시키는 길을 택하기보단 어머니 자신이 아이의 리듬에 맞추려고 한다. 마치 그 자신이 아이의 모든 기능을 책임지고 있기라도 하듯이 말이다.

이에 대해 뮌스터버거(W. Muensterberger)[17]는 중국의 부모들은 아이들의 괄약근 조절을 매개로 버릇을 가르치기는커녕 오히려 신경근육계의 훈련을 통해 가정교육이라는 과제를 수행하려는 경향이 있다고 이야기한다. 이전에는 아이가 자라 난폭하게 되지 않도록 손발을 약간 굽히는 식의 의식적(儀式的)인 동작을 시켰던 것이다. 아이들은 대여섯 살이 되면 붓글씨를 익히는 데 많은 시간을 할애했다. 이것은 단지 서예 솜씨를 갈고 닦는 것이 아니라 성격 교정에 그 목적이 있었다. 세대나 지위가 다른 사람들에게 적의를 품게 되었을 때 그것을 어떻게 처리해야 하는가는 특별한 주의를 요하는 부분이다. 형제간에 다툼이 일어날 경우에 형은 동생에게 양보하지 않았다는 사실을, 동생은 형을 공경하지 않았다는 사실을 질책받는다. 다툼의 원인이 무엇이었건 형제는 서로에게 공격적 행동을 가했다는 사실로 인해 비난을 받았으며, 화를 공공연히 행동으로 표현하는 것은 강력하게 제지당했다.

중국의 가옥은 높은 담장으로 외계를 차단하고 있지만, 집안에서 개인의 사생활은 전혀 보장되지 않는다. 어렸을 때는 부모들과 방을 공유하며, 어느 정도 성장하면 동성의 형제와 같은 방을 쓴다. 그러면서 자립과 통제 외에 서로 나누어 갖기, 즉 더불어 사는 법을 배운다. 그런 한편으로 밖에서 버릇없는 행동을 하여 집안에 수치를 끼치는 일이 없도록 가르침을 받으며, 어느 정도 나이가 들고 나서는 가족의 개인적인 치욕을 남에게 떠벌리지 못하도록 교육받는다. 이렇듯 어려서부터 서서히 형성되기 시작한 수치 중심의 양심 체계는 성장한 뒤에도 모든 사고의 기초가 된다. 따라서 중국에서는 죄와 그에 대한 책임이 결코 개인적이지 않다. 이는 공자의 윤리체계(유교)가 사람들 상호간에 지켜야 할 올바른 행동에 대한 규정에 초점을 맞추고 있음을 보아도 알 수 있다. 정해진 행동 기준에서 일탈하는 것은 수치감을 가져다준다. 중국 사회는 법과 마찬가지로 예의와 감정에 의해 통치되고 있는 것이다.

중국의 확대가족 내부에서는 양친의 애정을 서로 더 많이 획득하고자 하는 과정에서 나타나는 친형제들 사이의 갈등이 별로 심하지 않은데, 그것은 집안에 양친 이외에도 다른 방계의 어른들이 많기 때문이다. 그런가 하면, 집안에서는 모자의 친근 관계가 효행의 길로 받아들여지는 데 비해 권위있는 부친은 자식과의 사이에서 감정적인 거리를 확보하기 때문에 명료한 삼각관계에 의한 부모와 자식 사이의 갈등 역시 절대로 찾아볼 수 없다. 그런가 하면 혼인 규제는 씨족제도를 토대로 매우 엄격하게 유지되어 '동성(同姓)을 아내로 맞아들이지 않는' 등 근친상간 금기의 적용 범위가 상당히 넓다.

꿈과 마찬가지로 인생의 본질적인 주제를 반영하는 것에 옛날 이야기가 있다. 이것들은 사람들이 품고 있는 환상에 대한 표현이자 동시에 부모들이 세상을 살아가는 지혜를 자녀들에게 가르치는 방편인데, 그 중 중국 아동들에게 사랑받는 것으로 손오공이라는 원숭이 이야기가 있다. 이것은 천계(天界)를 장악하려던 벌로 부처에 의해 바위 속에 감금당하게 된 원숭이가 경문(經文)을 가져오기 위해 인도로 가는 승려를 돕게 되는 이야기로서, 권위에 도전한 죄에 대한 처벌이 바로 이 이야기의 주제이다. 어찌 보면 서구의 동화인 「잠자는 숲 속의 미녀」 이야기와 비슷한 면이 있는 듯싶지만, 손오공은 그림 형제의 이야기에 등장하는 공주들과는 차원이 다르다. 일찍이 월트 디즈니는 『서유기』를 영화화하면서 서양풍의 공주를 원숭이와 함께 등장시켰는데, 이는 중국 아이들에게는 전혀 공감을 불러일으키지 못하는 불필요한 군더더기에 불과했다. 중국 아이들에게는 삼각관계라는 주제가 너무나도 낯설었기 때문이다.

오이디푸스 신화를 연상시키는 설화는 중국에도 있다. 어떤 장군이 출정한 뒤 얼마 지나지 않아서 그의 부인이 아이를 낳는다. 어머니와 함께 산 속에서 자라난 아이는 사냥꾼이 되어 어머니를 봉양한다. 18년 후 원정에서 돌아오던 장군은 호랑이에게 쫓기는 젊은 사냥꾼을 발견하고 그를 구하기 위해 화살을 날리지만 실수로 그만 젊은이를 사살하고 만다. 그런데 그가 바로 자신의 아들이었던 것이다. 부자간에 일어난 오살(誤殺)이라는 점에서 이 이야기는 오이디푸스 이야기와 닮은 데가 있다. 그러나 중국판 오이디푸스 이야기에서는 부자관계가 반대로 설정되어 있는데, 바로 이 점이야말로 중국 사회의 기본에 깔린 부권적 구조를 제대로 반영하고 있다 하겠다.

중국에서는 아동이 취학연령에 접어들면 부모의 태도가 급변한다. 부모나 교사에 의한 엄격하고 권위적인 훈련이 본격적으로 시작되는 것이다. 그때서야 비로소 아이는 사회화하기 시작하며, 책임을 떠맡기 위한 첫걸음을 내딛는다.

이와 같은 문화적 양상과 자녀 교육에서 나타나는 특징은 중국인의 인격 형성, 나아가 정신장애의 양상에도 확연한 영향을 미치고 있다고 쳉 박사는 생각한다. 다음 절에서는 그 관련성에 대해 살펴보기로 하자.

3. 서양인이 본 청말(淸末)의 정신 위생

중국의 '자녀 교육' 방식이 성인이 된 뒤의 정신 위생에 어떠한 영향을 미치는지는 앞 절에서 이미 설명했다. 이번에 이어질 물음은 '그렇다면 성인이 된 뒤의 문화에는 어떠한 영향을 미칠까'이다.

쳉이나 린의 주장에 의하면 중국 문화, 특히 중국의 전통 문화는 개인주의적이 아니라 공동체 중심적이며, 그들의 가치 기준은 지극히 현세적이다. 그리고 이 두 가지 요인이 결합된 결과, 중국인들에게는 우울증의 발병이 비교적 드물며 일반적으로 성격도 안정되어 있다.

특히 우울증의 상태 역시 심기증(心氣症, 자기의 건강에 대해 필요 이상으로 염려하는 상태 — 옮긴이)과 같은 것이 대부분이고 심각한 죄책감에 의한 것은 별로 많지 않으며, 정체성의 위기(identity crisis)로 인해 고민하는 경우도 드문데 이 역시 위의 요인과 무관하지는 않을 듯싶다. 그러나 그런 그들도 근대 문명을 경험한 사람들 사이에서 주로 발견되는 고뇌와 절망에서 비켜서 있기란 그리 쉬운 일이 아니었던 듯하다. 굳이 루쉰(魯迅)의 『광인일기』를 예로 들지 않더라도 말이다. 다만 요시카와 유키지로(吉川幸次郎)의 지적처럼 중국의, 특히 지식층의 고뇌는 대체로 정치적인 문제와 뒤얽혀 있는 경우가 많아, 설령 고뇌를 표현하고 있다 해도 그것이 순수하게 내면적이지만은 않은데, 이러한 경향은 루쉰 역시 예외가 아니다.

일반적으로 유구한 전통을 가지고 있거나 공동체의 규범이 강하게 작용하는 문화의 경우 그것은 개인의 정체성에 안정을 가져다줄 수 있다. 그런 것처럼 중국인들에게도 가부장제가 가져다준 초자아는 그들의 현세적인 가치관과 맞물려 그들이 징벌적이거나 피학적인 경향으로 나아가는 것을 막아주었던 것 같다.

그러나 이처럼 문화상대론의 견지에서 중국의 정신 위생 문제를 고찰할 수 있게 된 것은 사실 극히 최근의 일이다. 우리는 중국이 근대 초기의 제법 오랜 기간 동안 반식민지 상태에 놓여 있었다는 사실을 염두에 둘 필요가 있다. 그 시기, 중국에서 정신장애나 자살 등을 포함한 사회병리학적 현상을 관찰하고 보고한 사람들은 주로 구미의 선교사들이나 전도 목적으로 건너온 의사들이었는데, 그들의 보고는 기독교적 편견에 사로잡혀 있기 일쑤였다. 그들은 특히 청말에서 민국 초기의 고유한 광기관 및 정신병자에 대한 처리 방식에서 일면적인 사실만을 다루는 경향이 적지 않았는데, 란

솜(M. D. Ransom)의『중국사회병리학』역시 이런 종류의 자료들을 정리한 것 중 하나이다.[18]

상하이 후지앙(滬江) 대학에서 사회학을 강의했던 란솜은 주로 1920년대에 초점을 맞추어 당시 세인들이 광기를 어떤 식으로 파악하고 있었는지를 다음과 같이 관찰하고 있다.

1. 광인은 전세(前世)나 현세(現世)에서 뭔가 악행을 저질렀음이 분명하다고 많이들 생각한다.

2. 조상이 어떤 신을 화나게 했기 때문에 그 대가로 자손이 광인이 된다는 생각 역시 발견된다.

3. 일반적으로 악령이나 요괴가 들러붙었거나 영혼이 신체를 떠나면 사람이 제정신을 잃게 된다고 믿고 있으며, 이를 완치하기 위해서는 영혼을 몸 안으로 되불러 오거나 악마를 쫓아내야만 한다고 생각한다.

4. 사람들의 마음속에는 광기의 발현에 대한 일종의 숙명론적 생각, 즉 광기에 사로잡히고 아니고는 결국 운명의 소관이라는 생각이 잠재되어 있다.

5. 광기의 발병은 앞으로 그 가정에 찾아올 불길함이나 재난에 대한 암시라는 신념도 발견된다.

6. 바람을 가리키는 한자인 '風(풍)'과 광증을 가리키는 한자인 '瘋(풍)'이 같은 어원을 가지는 것으로 볼 때, 광기에 사로잡히는 이유는 바람신(風神)이 광인의 집을 임시 거처로 삼고 그 사람의 신체에 머물기 때문이다.

7. 죽은 조상이나 신령이 노하여 자손의 머리를 때린 것도 광기의 이유가 된다.

8. 별로 미신적이지 않은 사람들은 몸 안의 장기가 광기를 유발한다고 생각한다.

9. 구식 의사들 중에는 광인의 혈액순환이 보통사람들과는 반대로 이루어진다고 믿는 사람도 있다. 이런 의사들은 정신을 통제하는 중심이 심장에 있다고 믿기 때문에 심장이 거꾸로 순환해 통제력을 상실하면 신체도 방향을 상실한다고 생각한다.

10. 광인은 풀에서 거둔 신선한 아침 이슬을 먹으면 그 의식이 명료하게 회복된다고 한다.

이밖에도 일반인들이 수용하고 있는 비교적 근대적인 설명에 의하면, 발광의 원인을 애인·남편·처·자녀·지위·가옥·금전의 상실 및 심신의 피로, 과로, 공포, 유전과 같은 충격에서 찾는 것으로 나타났다.

란솜에 의한 이 관찰은 요컨대 '미신적'으로 취급되는 병인론들을 비체계적으로 추려낸 것으로, '풍(風)' 이론을 제외하면 근대 정신의학이 발전되기 이전에 서구를 지배하던 광기관과 별다른 차이점이 없다. 란솜은 단지 서구인의 눈에는 '미신적'으로 비치는 중국인의 광기관을 골라 자신들의 키에 맞추어 재단한 것뿐이다.

매카트니(J. L. McCarthney)[19][20]는 당시의 상태에 관해 '외국인 의사'의 입장에서 다음과 같은 기록을 남기고 있다.

"중국에서 정신병자는 절망적인 계급을 형성하고 있다. 길거리에서 뭔가 나쁜 일을 저지르다 붙잡히면 그들은 곧바로 투옥되어 죄인 취급을 당한다. 남에게 해를 끼치지 않는 사람 중에 어쩌다 거리를 배회하고 있는 자가 있으면 그는 우롱거리가 되거나 비웃음을 당하기 일쑤이며 돌팔매질을 당하는 경우도 있다.

대체로 가족들은 그들을 남처럼 대하는가 하면, 어두운 방에 혼자 가둬 놓기도 한다. 설령 그 정신병자가 가장의 사랑을 받는 자식이라 할지라도 환자가 옷을 찢는다거나 그밖에 다른 파괴적인 행동을 보이면 가족들은 그를 외면한다. 대부분의 환자는 집 안에서 사슬에 묶여 있다. 가장은 가족 구성원의 행동에 대한 책임을 져야 하기 때문에 가족의 일원인 광인을 엄중하게 통제하려 한다.

악마들림에 관한 믿음이 만연해 있는 사회 분위기는 악마를 내몰기 위한 난폭한 치료 방식을 정당화한다. 그 때문인지 음식물을 반입할 수 있을 정도의 손바닥만한 창만 있는, 문도 없는 작은 독방에 감금당해 있던 정신장애자들의 사례는 끝도 없이 보고되고 있다. 먹을 것, 입을 것, 침구, 생활 필수품 따위는 생명을 유지하는 데 지장이 없을 정도로만 반입되며, 목욕이란 꿈도 꿀 수 없다. 가족들에게 있어 이들은 이미 죽은 사람이나 다름없는, 벗어 버리고 싶은 무거운 짐에 불과하기 때문이다.”

매카트니는 다음과 같은 기록도 남기도 있다. “아버지는 생사의 권한을 쥐고 있는 만큼 때로는 집안의 광인을 죽여도 아무런 지탄을 받지 않는다. 극단적인 경우에는 손발과 목 주위에 무거운 쇠사슬을 걸기도 한다. 많은 사람들의 몸에 채찍을 맞은 흔적이 남아 있다. 그런가 하면 엄지손가락에 심한 화상 자국이 남아 있는 노비와 노인의 예도 보고되고 있다. 그런 상처가 남을 정도로 고문을 가하려면 엄지손가락에 기름이나 등유를 적신 심지 조각을 끼우고 불을 당긴 채 한참을 그대로 놓아 두어야 했을 것이다. 그처럼 심한 고문을 가하는 목적은 희생자가 단순히 고집불통이어서 순종을 안 하는 것인지 정말로 미친 것인지를 가리기 위함이지만, 때로는 악마를 쫓아내기 위한 방편으로 그 방법을 사용하기도 한다. 어떤 지역에서는 정신병자를 농가로 데려간 뒤 가슴에 커다란 돌을 올려 놓기도 하는데, 만일 이 방법으로 악마가 분쇄되지 않을 경우 환자는 몸 위에 돌을 올려 놓은 채로 굶어 죽는 것이 통례였다.”

인그램(J. H. Ingram)[21]도 다음과 같이 말하고 있다. “오늘날 광인은 가족의 보살핌을 받는다. 그러나 마음의 병적 상태에 대한 배려는 거의 없다. 사람들은 광인들이 자신의 행동에 대해 책임을 져야 한다고는 생각지 않지만, 그럼에도 그들을 조롱하고 그들에게 화를 내며 그들을 구속하고 밥을 굶기며 고문한다. 근대의 치료 이론에 의하면 이것은 정신상태를 더욱 악화시킬 뿐이건만…”

나아가 인그램은 다음과 같은 극단적인 예도 인용한다. 부친이 발광한 자식을 물에 빠뜨려 죽이거나, 모친이 깡패들을 고용해 평소 집안에 막대한 손해를 끼쳐 오던 광포한 광인 자식의 팔 한쪽과 손가락 하나를 부러뜨리게 만들었다는 사례가 바로 그것이다.

가족들은 종종 악마를 쫓아 달라고 방술사나 무당을 불러오거나 사원에 가서 기도를 하기도 한다. 때로는 난폭한 가족을 위해 우리가 만들어지는 경우도 있으며, 악마를 쫓아내고자 환자를 가혹하게 두들겨 패는 일도 있다. 발광한 가족의 ‘빗나간 마음’을 되돌려 보고자 해안이나 자연 풍광이 좋은 곳에 마련된 정원으로 데려가는 가족이나, 신들에 대한 공양으로 선행을 베풀거나 가난한 사람들에게 보시(普施)를 하는 가족도 없지는 않다. 그밖에 광인의 다리를 사원 안에 있는 우상의 다리와 연결함으로써 치료를 기원하는 가족, 네 명의 남자로 하여금 희생자가 탄 가마를 짊어지고 마을을 왕복하게 함으로써 악마 축출을 기도하는 가족도 있다.

매카트니와 인그램은 이처럼 비참한 상황에서 탈피하기 위한 유일한 방법이 근대 정신병원의 건설이라고 생각했다. 그들의 서구 의학적이고 선교사적인 입장에서 보면 그 방법이야말로 가장 바람 직한 해결책이었던 것이다. 이러한 서술을 읽고 있노라면 구레 슈 조와 가시다 고로(樫田五郎)가 언급한 바 있는, 근대 일본의 정신 병자에 대한 사택 감금이라는 비참한 상황을 떠올리게 된다. 그것 은 근대 정신의학의 도입으로 말미암아 정신장애자들이 소외와 격 리를 경험하게 되었다는 푸코식 사고방식이 일면적이라는 사실과, 근대 정신의학 이전에도 정신장애자들의 상태는 일반적으로 비참 하고 잔혹했었다는 사실을 시사하고 있는 것은 아닐까. 분명 그러 한 면도 없지는 않을 것이다.

그러나 결코 잊어서는 안 되는 것은 일본에서도 메이지 정부는 일본 문화의 고유한 신앙이나 민간 전승과 연관되어 있던 일본 사 회의 광기관을 '미신 타파'니 '폐불훼석(廢佛毀釋)'이니 '문명 개화' 니 하는 명목으로 파괴했다는 사실이다. 그뿐만 아니라 '부국강병' 의 기치 아래 실질적으로는 도쿠가와 바쿠후만큼도 민간인에 대한 배려를 하지 않은 채 광기 문제를 처리했다. 구레 슈조가 일본의 정신병자들은 "이 병을 앓고 있다는 불행에, 이 나라에 태어났다는 불행"의 이중고를 겪고 있다고 신랄한 비난을 서슴지 않았던 것은 바로 그런 상황을 일컫는 것임에 다름 아니었다.

란솜과 같은 서구인의 눈에 비친 1920년대의 중국은 루쉰이 『아 Q정전』이나 『광인일기』 등에서 누를 수 없는 통한의 감정으로 기 록하고 있듯, "사람이 사람을 먹는" 반(半)식민지적 사회였다. 그러 니 선교사나 식민지 관료적 계몽가의 눈에 비친 중국인들의 광기 관이나 광인에 대한 취급 방식이 위와 같다고 해도 전혀 이상할 것은 없다. 그런 상황을 지켜보며 예컨대 란솜 같은 이는, 중국인들은 유전적인 요인에 따라 생겨날 불행한 결과를 자각하지 못한 채 정신박약아로 태어난 자식들에게도 결혼을 허용하고 있다는 식으로 신랄한 비난을 퍼붓고 있는데, 이런 내용을 읽고 있노라면 마음 한구석이 복잡해져 오는 것을 금할 길이 없다.

4. 중국 사회와 정신지체

중국 전통사회의 정신병자 처리 방식을 선교사나 식민지 관료의 입장에서 바라볼 경우 전근대적인 면에만 초점을 맞춘 채 '근대화'의 필요성을 주장하는 형태가 되기 때문에 실제로 그 안에는 상당한 편견이 섞여 들어가게 된다. 그럼에도 일단은 그 색안경을 통한 관찰부터 살펴보기로 하자.

매카트니[22]에 의하면 중국의 고대 의술이 처음으로 정신병 치료에 도전한 것은 기원전 1122년이라 한다. 당시 치료법으로는 주술 및 요술, 그리고 최면술이 이용되었는데, 그러한 상황은 1920~30년대의 중국 사회와 별반 다를 바가 없었을 것이라고 그는 말한다. 그는 또, 파두유(巴豆油)와 같은 구토제의 사용과 악성 조증(躁症, mania) 환자에 대한 비결기(菲決欺, hyosyamus)의 투여에 대해서도 밝히고 있다.

그밖의 주술적 정신의료 행위로는 부적을 태워 그 재를 환자에게 마시게 하는 방법이 있었으며, '혼을 빼앗긴' 환자에 대한 치료법으로 환자가 처음 발병했던 장소 주변을 빗자루로 쓸면서 가족

들이 환자의 이름을 반복해서 부르면 그의 혼을 되찾아 줄 수 있다
는 믿음이 있었다고 한다. 뿐만 아니라 영(靈)의 현시나 꿈을 통해
병환을 고쳐보고자 환자가 사원에 있는 우상 앞에서 잠을 자는 방
법도 사용되었던 것으로 보인다. 이것들은 고전적인 공감 주술이
나 유감(類感) 주술, 그리고 고대 그리스 의술에서도 응용되었던
아스클레피오스 신전에 있어서의 '치료 꿈(incubation dream)'의 예
이다.

주목할 만한 점은 침술, 뜨거운 철사 조각으로 환자의 신체를
점점이 지지기, 혐오감을 유발해 제정신을 찾아 주기 위해 시행되
던 인분 퍼붓기 등과 같은 일종의 충격요법 목록이 마련되어 있었
다는 사실이다. 뿐만 아니라 한 학생 보고자가 매카트니에게 보고
한 예에 의하면, 어떤 지방에서는 정신병 치료에 이용할 목적으로
특별히 산꼭대기 위에 집을 짓기도 했다고 한다. 해가 떠오르기
시작할 무렵인 이른 아침의 정기가 치료에 가장 효과적이라는 믿
음 때문이었다. 이 건물의 벽에는 무시무시한 얼굴, 다수의 섬뜩한
초상, 교수대, 불꽃 등이 그려져 있었다고 하는데, 이는 광인이 그
광경을 보고 놀라면 제정신을 찾을 수 있을 것이라는 믿음에서 비
롯되었다.

그밖에 소량의 약초를 마련해 일부는 환자의 베개 밑에, 나머지
는 코 위에 올려 놓는 방법도 이용되었으며, 신령(神靈)을 달랠 목
적으로 징을 울리거나 밥 공기에 여섯 개의 젓가락을 꽂은 채 제사
를 지내기도 했다고 한다. 한방의(漢方醫)는 정신병의 원인이 쇠약
해진 신체 때문이라고 판단될 때에는 강장제를, 허파 구멍에 들어
찬 가래 때문이라고 판단될 때에는 거담제를 각각 처방했다.

어떤 지방에서는 일부 곤충의 수컷은 미친 여자에게, 암컷은 미친 남자에게 효험이 있다는 믿음에서 이것들을 삼키게 하기도 했다. 또한 바람신을 모시는 사당의 정화수를 물에 섞어 마시는 방법과 환자에게 물을 뿌리는 방법도 이용되었으며, 그밖에 망령을 놀라게 만들어 병자의 몸에서 물러나도록 하기 위한 방편으로 환자에게 피를 뿌려 대기도 했다. 이밖에도 이 사태(광기)를 대처할 다소 난폭하지만 신속한 대책으로는 커다란 구멍을 파고 그 안에 광인을 처넣는 방법도 이용됐다. 이로써 광인의 위해로부터 주위 사람들을 보호할 수 있다고 생각했을 뿐 아니라, 흙내를 맡게 하면 광인이 제정신을 찾을지도 모른다고 생각했다.

매카트니[23]나 란솜[24]의 눈으로 보기에 당시 중국의 상황은 이러했다. "직접 이러한 치료를 받는 환자의 입장이 되어 보면 우리는 광인들이 얼마나 비참한 상태를 참고 견디고 있는지를 알 수 있을 것이다. 또한 이와 같은 세상의 요법들 대부분이, 그러한 치료를 받고도 회복된 환자가 간혹 있을지는 몰라도, 일반적으로는 병의 상태를 악화시킨다는 사실을 깨닫게 될 것이다. 오늘날 중국에 반드시 필요한 것 가운데 한 가지는 이런 사람들을 간호할 근대적 정신병원을 대도시에 건설하는 일이다. 이런 환자들의 대다수는 적당한 시기에 보살핌을 받는다면 회복될 수 있다. 그러려면 지금보다 훨씬 많은 정신병 전문가, 사회사업가, 변태심리학자가 필요하다." 물론 이와 같은 견해가 부분적으로 옳다는 것은 사실이다.

그러나 색안경을 벗고 보면 여기서 란솜이나 매카트니가 열거했던, 정신병에 대한 중국의 전통 요법은 근대 이전에 서구에서 시행되던 정신병 치료법과 본질적으로 다르지 않다. 뿐만 아니라 주술을 빼놓고 생각해 보면 실제적으로는 최면요법, 암시요법, 물(水) 치료법, 충격요법, 변조(變調) 요법을 기초로 성립되고 있다는 점에서 전두엽(前頭葉) 절제술(lobotomy)이나 향정신성 약제 발견 이전의 근대 정신의학과 본질적으로 다르지 않다고 말할 수 있을 정도이다.

따라서 여기에 적혀 있는 1920~30년대 정신병자들의 비참한 상태는 당시 반식민지 상태에 놓여 있던 중국 민중 일반의 비참한 상황과 별다른 차이가 없었을 것이다.

일본에서 현재 시행되고 있는 정신보건법 제3조는 정신장애를 정신병(중독 정신병을 포함), 정신지체(정신박약), 정신병질(성격장애)의 세 범주로 나누고 있다. 여기에 신경증(노이로제)이 포함되어 있지 않은 것은 의외인 듯싶지만, 신경증은 본인 스스로가 질병에 걸렸다는 사실을 자각하고 자발적으로 의사를 찾는다는 점에서 다른 내과적 질병과 같은 범주에 속하는 것으로 본다. 사회라는 타자가 당사자의 정신을 정상이 아니라고 인정함으로써 병자로 낙인찍히게 되는 다른 세 경우와는 성질이 다르다고 할 수 있다.

위의 세 범주 중에도 정신지체는 특히 상대적인 것이어서 해당 문화 안에서 어느 정도까지를 정신지체로 규정하느냐는 각 문화나 사회에 내재된 고유한 척도에 따라 차이가 있으며, 한 문화 안에서도 시대별로 차이를 보인다.

예컨대 일본에서 시행된 정신위생 전국 조사의 결과에 따르면 정신장애자의 수는 1954~63년 사이에 큰 폭으로 줄어들었다. 이 10년 동안에 일본인이 그만큼 영리해져 정신지체자들의 수가 감소

한 것이라면 그야말로 고마운 일이겠지만 실상은 전혀 그렇지 않았다. 이는 단지 이 기간 동안에 정신지체를 인정하는 기준이 변화해 정도가 미약한 정신지체자, 그 중에서도 취학연령에 있거나 학생인 경우는 '정상아'로 처리해 버리는 경우가 많아졌기 때문에 생겨난 결과였다.

이런 점에서 볼 때 정신지체를 어떻게 생각하고 어떻게 처우할 것인가의 여부는 명백하게 비교문화론적인 문제라 하지 않을 수 없다. 중국 문화가 아주 오랜 옛날부터 정신지체를 '지성의 병'으로 인식해 왔다는 사실은 한자가 〈癡치〉 혹은 〈痴치〉라는 글자를 가지고 있다는 사실만 보아도 알 수 있다. 서구 문화에 소크라테스에서 비롯된 '무지의 지(知)'라는 개념이 있다면, 일본에는 정토진종의 '일문부지(一文不知, 문자를 하나도 모르는 어리석은 자)'라는 개념이 있다. 이처럼 '성스러운 환자', 즉 정신지체의 성화(聖化)라는, '치'에 대한 양면 가치적 태도가 존재한다는 사실은 동서에 공통된다. 중국 문화의 현저한 특징이라면, 중국의 '외면적 문화'를 대표하는 유가와 법가가 지성주의 입장을 취하면서 '지(知)'를 숭상하고 '치'를 경멸하는 경향을 갖고 있는 반면 '내면 문화'인 도가 쪽은 '무지의 지'를 존중하는 경향이 엿보인다는 사실이다.

『노자』의 주석서에는 다음과 같은 말이 있다. "세상에 사는 사람들 중 지극히 소수만이 현명하고 대부분의 인간은 어리석다. 그 중에서도 스스로가 얼간이임을 인정하지 않고 오히려 자신을 다른 사람들이나 영재보다도 현명한 것처럼 착각하는 인간은 최악이다."

도가의 현자가 언뜻 보기엔 치우(癡愚)처럼 보이는 것을 높이 사는 '죽림칠현(竹林七賢)'들이라면, 그와 같은 '똑똑한 바보(idiot-savant)'의 대극이 바로 '똑똑한 체하는 바보(savant-idiot)'이다. 똑똑한 바보의 인간상을 대표하는 사람들은 〈한산습득도(寒山拾得圖)〉에 곧잘 등장하며 모리 오가이(森鷗外)의 저술인 『한산습득(寒山拾得)』의 주인공이기도 한, 언뜻 보기엔 백치처럼 보이는 선사(禪寺)의 불목하니들인 한산과 습득이다. 그들은 도가의 이상(理想)과 선가의 이상이 합체한, 전형적인 중국풍의 '성스러운 바보'들인 것이다.

중국에서 정신지체자들에 대한 처우가 어떠했는가에 관해서는 란솜이나 우즈(A. H. Woods)[25][26] 등에 의한 연구가 있어, 정신지체에 관한 사례가 수집, 관찰되고 있다. 우즈는 특히 정신지체와 범죄의 상관 관계를 관찰하고 있으며 그의 학생들 역시 구체적인 자료를 수집해 보고하고 있다. 그런가 하면 란솜의 저서[27]에는 정신지체자들에 의한 여덟 건의 범죄 사례가 수록되어 있는데, 이를 구체적으로 보면 방화 한 건, 살인 세 건, 살인미수 한 건, 상해 세 건, 강제 외설 한 건이다.

사례 1

정신지체자인 자식이 아버지의 집에 불을 놓았다. 이 범죄에 앞서 그는 지나가는 사람 한 명을 살해하고 자신이 한 일을 보고 웃었다. 결국 그는 감옥으로 보내졌다.

사례 2

어떤 부모가 정신에 결함이 있는 딸을 약혼시켰으나, 얼마 뒤 남자가 이 혼담을 깨려고 했다. 이 사실을 알게 된 딸은 크게 노하여 약혼자를 죽여 버리겠다고 생각했지만, 결국 그녀가 죽인 사람은 자신의 남동생이었다. 전해지는 바에 의하면 그녀의 할아버지도 정신에 결함이 있었다고 한다.

사례 3

여덟 살 먹은 정신지체 소녀가 저보다 어린 남자 아이를 연못으로 밀어넣은 뒤 자신이 한 일을 보며 웃음을 터뜨렸다.

사례 4

정신지체를 앓고 있는 한 남자가 거리에서 유괴한 아이를 끌고 가서는 강에 던져 버렸다. 그 아이는 익사했고 그 남자는 형무소로 끌려갔다.

사례 5

마흔 살쯤 먹은 정신이상자가 손에 지팡이를 들고 걷고 있었다. 한 소년이 장난으로 그 남자로부터 지팡이를 빼앗으려 하다가 반쯤 죽을 정도로 얻어맞았다. 남자는 그 길로 체포되었다. 그가 입힌 피해에 대해 판사는 그의 부모에게 벌금을 부과했다.

이 다섯 번째 사례와 관련해 란솜은 "정신지체자는 때때로 장난이나 놀림거리가 되며, 그로 인해 좀처럼은 생기지 않는 재난이 초래되곤 한다"고 말하고 있다. 이 사례를 놓고 보더라도 분명 범죄 자체의 책임은 당시 중국 사회의 정신지체자에 대한 불충분한 보호 방침으로 귀결되는 듯하기 때문에 란솜 등이 고다드(H. Goddard)[28]의 견해(당시의 정설이긴 했다)를 인용해 가면서 정신지체와 범죄의 관계를 강조하고 있는 것은 오히려 부자연스러운 점이 있다.

란솜 등은 "중국 사회는 저능한 인간은 전혀 돌보지 않는다. 그
들이 못된 짓을 저지르면 투옥된다"거나 "중국에서 정신적으로 결
함이 있는 인간은 종종 버려지거나 학대를 받는다"고 주장하면서
도 정신지체자를 결혼시키려는 부모의 노력에 대해서는 신랄한 비
난을 퍼붓고 있다. 따라서 중국에 있어서의 정신지체를 바라보는
사고방식과 그에 대한 처우의 문제 역시 이와 같은 '서구 근대의
시각'과는 다른 관점에서 재고해 볼 필요가 있지 않을까 한다.

5. 한자로 본 정신지체와 치매

중국 문화는 한자라는 상형문자를 가지고 있다. 그리고 별것 아
닌 듯한 이 사실은 중국 문화가 가지고 있는 인식체계의 구조를
밝히는 데 중요한 열쇠로 작용한다.

한자 속에는 고대의 중국인들이 당면한 사상(事象)을 어떻게 파
악했는지를 밝혀 주는 비밀이 담겨 있다. 이미 이야기한 대로 '광
(狂)'자의 부수로 개견(犭)이 사용되고 있는 이유는 이 글자가 광견
병에 걸린 개와 같은 동물적인 상태를 인간에게 적용시킨 때문이
라는 것이다. 이 이론을 소개한 사람은 모리 오가이인데, 그는 그
와 같은 이론을 전개시킴에 있어 『설원(說苑)』과 같은 중국 사전들
을 기초로 삼고 있다. 앞에서 살펴보았듯 정신지체를 바라보는 중
국인들의 시각, 그 일면 역시 우리는 문자 표기를 통해 알 수 있다.
일본의 근대 정신의학에서는 선천성 정신지체(mental retardation,
mental deficiency)를 '정신박약'으로, 후천성 지능 저하를 치매

(dementia)로 구분해서 부른다. 그러나 정신박약은 그 정도에 따라 노둔(魯鈍) 혹은 경우(輕愚, moron), 치우(癡愚, debility), 백치(白癡, idiocy)로 분류되기 때문에 한자 〈癡치〉는 양쪽 모두에 두루 사용되는 셈이다. 그런가 하면 오늘날의 의학서들은 정신박약 대신 정신지체라는 용어를 사용하면서 그 정도를 최중증, 중증, 중등증, 경증으로 분류하고 있다.[29]

이러한 용어들은 간베 후미야(神戶文哉), 사카키 하지메(榊俶), 구레 슈조 같은 근대 정신의학의 개척자들이 방대한 한자들 중에서 적당한 말을 골라 'Demenz — 치매' 'Schwachsinn — 저능함' 'Oligophrenie — 정신발육부전증' 등과 같이 서구의 의학 용어에 이를 대응시킨 것임에 지나지 않는다. 모로하시 데쓰지 박사의 『대한화사전』[30] 색인에는 '어리석음(おろか)'이라는 항목에 112자, '어리석은(おろかな)'에 6자, '어리석은 모양(おろかなさま)'에 5자 등 총 123자에 이르는 한자가 나열되어 있는데 그 전체적인 상황은 아래 표와 같다.

모로하시 데쓰지 『대한화사전』 색인

한자의 경우, 그 부수를 보면 고대 중국인들이 그 사상(事象)을 어떤 식으로 이해했는지 쉽게 알 수 있으며, 이것들을 정리해 보면 광기를 '파악하는 방식'에 대한 몇 가지 유형도 찾아낼 수 있다.

(1) 질병으로의 파악

〈癡치〉 혹은 〈痴치〉처럼 부수가 병질안(疒)인 한자는 13자 (10.5%)이다. 그 중 대표적인 것이 이 〈癡〉로, 이에 대해서는『대한화사전』에 실린 용례도 가장 많다. 〈癡〉의 속자인 〈痴〉 역시 사정은 마찬가지이다.『설문해자(說文解字)』에 의하면 〈癡〉는 "총명하지 못함을 일컫는 말이다."『주역』「계사전(繫辭傳)」에는 "어리석은 자(癡者)는 머리가 모자란 까닭에 힘이 병이 된다"라는 구절이 실려 있다. 그런가 하면 '치우(癡愚)'는 전국시대의 논리학자인 왕충(王充)의 저서『논형(論衡)』에 실린 "치우인 사람도 이것이 수상한 줄은 안다"와 같은 구절에서처럼 '멍청이' '바보'라는 뜻으로 사용되고 있다. 나아가 '치매(癡呆)'는『복혜전서(福惠全書)』에 실린 "엄하고 모진 자(嚴刻者), 치매에 걸린다"는 문장 속에 등장하고 있다.

그런가 하면 〈癡〉에는 '얼간이' '미치광이'라는 뜻을 가지는 '치광(癡狂)'처럼 광(狂)자와 조합해서 사용하는 용법이 있어『회남자(淮南子)』에서는 "혹은 신명(神明)과 통하고, 혹은 치광에서 벗어나지 않는 자 누구일까"라는 식으로,『논형』에서는 "치광 증세를 보이는 사람이 있어, 거리에서 노래를 불러 젖히며 동과 서도 구분 못하고"와 같은 식으로 사용되고 있는데, 이 경우 정신박약과 정신병은 같은 뜻으로, 혹은 관련을 맺고 있는 것으로 다루어지고 있다. '치'와 '광'의 연관성에 있어서 광기의 핵심인 정신분열병도 애초에 는 조발성 치매(早發性癡呆, démence précoce)[31]라는 말로 불렸으 며, 지능장애와 광기를 구별하기도 웬만해서는 쉽지 않았다. 더구 나 기질성 정신병의 존재를 고려할 때 이 둘을 연관시켜 파악하는 것이 결코 무리는 아니다.

〈癡〉의 용법은 점차 다음과 같이 발전해 간다. 즉, '대책 없이 사납고 몹시 흉폭한 것'을 가리키는 '치발(癡潑)'이란 뜻에서는 성 격이상, '넋이 나가다' '실신하다'란 뜻을 가리키는 '치전(癡纏)'에서 는 의식장애와 연관되어 나간다. '어리석은 자와 귀머거리'를 가리 키는 '치롱(癡聾)'에서는 감각기관의 장애와도 관련되기에 이른다. 또한 '치심(癡心)' '치정(癡情)' '치남(癡男)과 치녀(癡女)' 및 '치병(癡 病)'과 같은 용법에서는 '치'가 특히 '관능에 탐닉한다'는 뜻으로 사 용되고 있음도 알 수 있다. '치심'에 관해 『대한화사전』은 『홍루 몽』에서 "마음속에 걷잡을 수 없는 망상치심(妄想癡心)이 무럭무 럭 솟아올라"라는 구절을 인용하고 있으며, '치병'에 관해서도 역 시 『홍루몽』에서 "원래 보옥(寶玉)은 어렸을 때부터 '애착으로 인 해 갈등하기 쉬운 성질(一種下流癡病)'이 있으니"라는 용례를 인용 하고 있다. 그런가 하면 '치남'과 '치녀'에 대해서는 백낙천의 「한 식야시(寒食夜詩)」에서 "무릎을 끌어안고 생각한다고 무슨 일이 생기랴. 치남치녀 추천(癡男癡女鞦韆, 서로 좋아하는 남녀가 그네를 타며 희롱하다)을 부른다"는 구절을 뽑아내 싣고 있다.

한편 '치숙(癡叔)'에 관한 "진(晉)의 왕담(王湛)을 가리킨다. 덕을 숨기고 표현하지 않아서 사람들에게 바보(痴) 취급을 받았다"와 같은 기술이나, '치이(癡姨)'에 관한 "후위(後魏) 사람인 부수조(符水祖)의 이모(姨)를 일컫는다. 부수조를 통해 이득을 얻지 못했기 때문에 치(痴)라 한다"와 같은 문장에서처럼 〈癡〉가 '일종의 원칙주의자나 비순응형의 인간'을 가리키는 용법으로 쓰이는 경우도 있다.

그밖에도 〈癡〉에는 "삼독(三毒, 사람의 착한 마음을 해치는 세 가지 번뇌로 욕심, 성냄, 어리석음 따위를 독에 비유하여 이르는 말 ― 옮긴이) 중의 하나로 온갖 사리(事理)에 집착해 생겨나는 번뇌를 말한다"와 같은 불교 용어로서의 용법도 있어, 『능엄경』에서는 우치(愚癡)의 번뇌를 흐린 물에 비유해 '예수(倪水)'라 칭하고 있다. 나아가 『월경계예내경(越經計倪內經)』에는 "사람은 본시 같지 않다. 지혜(慧)의 종자를 가진 자 성(聖)을 낳고, 어리석은(痴) 종자를 가진 자 광(狂)을 낳는다"와 같이 유전과의 연관성까지 다루고 있다.

그밖에 '양(瘍)'에서는 ① 심계항진증(心悸亢進症, 가슴이 늘 두근거리고 잘 놀라며 불안한 증상)과 ② 어리석음, 치매증, ③ '넋이 나감' '전염된다'와 같은 식으로 신경증과 연관시켜 다루고 있다.

(2) 심리적 사상(事象)으로의 파악

그 외에 부수로 많이 쓰이는 것은 사람인(人)부가 17개(13.8%), 마음심(心)부가 19개(15.5%) 등이다. 지능의 높고 낮음은 인간과 그 심리에 관한 문제이므로 어찌 보면 이것은 당연한 듯도 싶다.

마음심부가 들어간 대표적인 한자는 〈愚우〉이다. 『설문해자』에는 "마음이 어리석다(禺). 우(禺)는 긴꼬리 원숭이 종류이며, 금수 중 어리석은 놈"이라는 구절을 싣고 있다. 원숭이의 지혜라는 말이 있는 것처럼, 이것은 '원숭이의 마음을 가진 자'를 가리키는 상형이다. 그리고 사전류 중에서는 『일체경음의(一切經音義)』에 〈愚〉는 "앎의 폭이 없고 둔하다"라는 해설이 실려 있다. 그 쓰임의 예를 보면 『순자(荀子)』의 "아닌 것을 맞다 하고, 맞는 것을 아니라 하는 것을 어리석다(愚) 한다"라는 구절에서 볼 수 있듯 〈愚〉를 '도리에 어두움'으로 파악하고 있다. 여기에도 '우(愚)·의(依)' '우암(愚暗)', 즉 '어리석고 사리에 어두움'처럼 논리의 결함을 가리키는 것으로 파악하는 용례와 '우몽(愚蒙)' '우암(愚暗)'처럼 '재능·지식의 결여'라는 각도에서 파악하는 용례가 있다. 또한 '어리석고 완고한 태도'를 뜻하는 '우완(愚頑)' '우고(愚固)'처럼 정신지체자에게서 흔히 발견되는 사고의 경직성을 부각시키는 용례도 있다. 그런가 하면 '우우(愚迂)'의 용례에 있어서는 "그러므로 우우한 관리, 조정에 있어…"와 같은 예가 『관자(管子)』에 실려 있는데, 이는 춘추전국시대에 이미 하급 관료의 트리비얼리즘(trivialism)적인 비능률이 지적되고 있음을 뜻한다.

'사고의 경직성'을 나타내는 이와 같은 용례들은 우견(愚狷, 바보 같고 편협한 면이 있음), 우충(愚忠, 우직하고 충실함), 우박(愚朴, 어리석고 꾸밈이 없음), 우곤(愚悃, 어리석고 진실됨)과 같은 식으로 〈愚〉의 적극적인 측면을 열거한 용례와 연관이 있는 듯한데, 그 전형적인 예가 『열자(列子)』에 나오는 "우공(愚公), 산을 옮긴다"는 표현으로, 이는 부모와 자식이 대대로 삼태기를 짊어지고 토목공사를 하면 산이라도 옮길 수 있음을 뜻하는 식의 느긋한 이야기이다. 사전의 용례에서 〈愚〉는 스스로의 행동에 대한 겸손을 나타내기 위해 곧잘 사용된다. 이는 '자신에게는 능력이 없지만 성의는 있다'

는 자학적인 태도를 보임으로써 상대방의 경계를 풀어 자신을 잘 보이고자 하는 의도로서, 지극히 동양적인 지혜라 할 수 있겠다.

그밖에도 마음심부의 용례에는 '바보스런 모습'이라는 뜻을 가진 〈惛탄〉〈悚송〉처럼 얼굴 모습에 착안한 것도 있는데, 〈惛〉은 『자휘보(字彙補)』에 "우치(愚癡)의 용모"와 같은 식으로 설명되고 있다.

사람인부의 용례는 일본에서는 잘 사용하지 않는 글자가 많다. 그 중에서 〈偕혼〉은 '어두움' '나이가 들어 기억력이 떨어짐'을 가리키는데, 『집운(集韻)』이라는 사전에서는 "〈偕〉은 노망"으로, 특히 노인성 치매를 가리키는 것으로 나와 있다.

(3) 감각기관 장애와의 관계

이에 관한 부수로는 눈목(目)부가 3개(2.4%), 귀이(耳)부가 5개(4.1%) 발견된다. 이것들은 예컨대 〈瞀혼〉이 '어둡다' '눈이 어둡다'라는 뜻 외에 '소홀하다'라는 말로도 쓰이고, 〈聵질〉이 귀머거리, 귀병, 귀울음이라는 뜻 외에 어리석다는 의미도 가지는 것에서 볼 수 있듯 감각기관의 장애와 지적 능력의 저하를 연관시킨 말이다. 이렇게 몇 가지 관념을 결합시키는 것이 비유에 의한 것인지 실제 관찰을 통한 경험적 지식을 토대로 한 것인지는 알 수 없다. '어둡다' '어리석다'는 뜻의 날일(日)부의 〈昏혼〉〈晦회〉나, '무디다' '완고하다' '둔하다'는 뜻의 쇠금(金)부의 〈鈍둔〉은 명백하게 비유 아니면 상징에서 온 말이다.

그런데 한편으로 이러한 비유는 잔혹하고 차별적일 수도 있다.

근대 정신의학의 용어로도 사용되고 있는 '노둔(魯鈍)'의 〈魯노〉는
『석명(釋名)』에 의하면 〈魯〉라는 나라 이름에서 온 것으로 "나라
가 온통 산이라 백성 중에 둔(鈍)한 자가 많다"는 식의, 지방인에
대한 차별적인 용어이다. 예컨대 현대 일본의 투비트(기타노 다케
시가 활동하던 만담 듀엣 — 옮긴이)에 의한 야마가타(山形) 지방 사
람들에 대한 조롱이나, 오카야마 현(岡山縣) 사람들에 대한 B. B의
조롱과 다를 바가 없다. 그밖에 5개(4.1%)로, 비교적 많은 수를 차지
하고 있는 머리혈(頁)부로 넘어가서, 예컨대 '어리석은' '얼굴이 멍
한'이라는 뜻을 가리키는 〈頟의〉에 대해『광운(廣韻)』은 "얼굴이
보기 흉하다"라고 기술하며 치매로 인해 보기 흉해진 얼굴 모습을
잔혹하게도 들먹이고 있다. 한편 입구(口)부에 속하는 것은 6개
(4.9%)인데 그 대표적인 글자인 〈呆매〉는 역시 '얼굴 생김새'를,
〈啍순〉은 '바보처럼 떨고 있는 모양' '광인이 항상 혼자 주절거리
는 모양'을 가리키고 있으며, 〈啍톤〉은 '말이 분명하지 않은 것'과
함께 '어리석음'을 가리키고 있다. 그런가 하면 설립(立)부의 〈童동〉
은 '어린아이'란 뜻과 함께 '어린아이처럼 지식이 없는 것' '어리석
다'라는 뜻도 나타낸다. 또한 계집녀(女)부의 〈媓광〉은 '어리석은'
'못생긴' '추잡한' 등 여성에 대한 악담을 총동원한 듯한 매도가 나
열되고 있다. 부녀자에 대한 차별적인 시각이 적나라하게 표현되
고 있는 것이다.

이와 같이 지능장애를 표현하는 한자를 간추려 보면 고대로부터
중국 문화가 이 문제를 어떻게 파악하고 있었는지 짐작할 수 있게
된다. 즉 지능장애는 인간적이고 심리적인 사항이자 질병으로서

파악되었으며, 광기와의 친근성도 인식되었다. 또한 현상적으로는 감각기관 장애와 연관이 있으며, 유전적 요소 및 얼굴 생김새, 그리고 언어장애와도 관계가 있고, 사고의 경직성, 흥분과 같은 성격적인 특징과도 관계가 있는 것으로 파악되고 있다. 뿐만 아니라 특히 〈愚〉 속에 담긴 비순응적이고 비타협적인 태도와 연관지어 긍정적인 측면까지 파악하고 있어, 우리는 동양사상의 핵심인 중국의 문자 문화에서 발견되는 다각적인 인간 인식의 풍요로움에 놀라 눈을 휘둥그렇게 뜨지 않을 수 없다. 그러나 한편으로 그것은 잔혹하고 차별적인 측면도 지니고 있었다.

6. 중국 문화와 광기의 인식

어떠한 사상(事象)에 관한 한 문화의 인식 방법을 고찰하는 데 있어 그 속에서 사용되고 있는 언어가 실마리 역할을 한다는 사실은 분명하다. 왜냐하면 일본의 경우에도 어업국이자 생선 애호가들의 나라인 일본인들이라면 누구보다도 잘 알고 있듯, 도루묵(鰰)이나 방어(鰤), 정어리(鰯)와 같은 생선 이름에 일본 고유의 한자를 만들어 사용하고 있기 때문이다. 몽골어를 비롯한 유목민들의 언어에서는 양, 암양, 거세된 양, 어린 양과 같은 식으로 양이란 말에 수식어를 붙여 양에 대한 호칭을 세분화하려는 경향이 발견된다. 한편 아랍어는 낙타에 대한 호칭이 무척이나 다양한 것으로 유명하다. 그런 점에서 볼 때 '어리석음'을 나타내는 한자가 『대한화사전』[32)에 실린 것만 해도 123자에 이른다는 사실은 인간적 사상에 대한 지대한 관심과 그것을 지적인 측면에서 파악하려는 중국인들의 경향을 반영하고 있는 것인지도 모르겠다. 왜냐하면 같은 사전의 '미치다'라는 색인 항목에 실린 한자는 22자에 불과하기 때문이다. 이는 일반적인 통념처럼, 일본에 비해 훨씬 더 지적이며 훨씬 덜 정념적이라는 중국 문화의 특성을 반영하고 있는지도 모르겠다. 그런 게 아니라면 중국에서도 광기는 정신지체 및 치매 혹은 다소 머리가 모자란 사람들보다 덜 일상적이라 관찰할 기회가 적었을 가능성도 있다. 그러나 '인간성 일반에 있어 모자람과 광기의 비율은 대략 6대 1이다'라는 관용구에서처럼, 이 비율은 우리의 일상적 인상에도 의외로 부합되고 있다.

여기서는 정신지체의 경우와 같은 방식으로 한자 그 자체의 논리를 따라 중국 문화의 광기관을 파악해 보기로 하자. 우선 광기와 관계있는 한자들에서 나타나는 부수의 분포도를 살펴보면, 개견(犭)부가 7자(31.3%), 마음심(心)부와 사람인(人)부가 각각 2자(9.0%)씩이고, 그 뒤를 잇는 것이 불화(火)부, 나무목(木)부, 계집녀(女)부로 각각 1자씩이다. '어리석음'의 경우 심부, 인부가 가장 많고, 그 뒤를 잇는 것이 병질안(疒)부이며, 개견부는 2자였으니 〈狂〉은 그 파악하는 방식의 각도가 〈癡〉나 〈愚〉와는 다른 셈이다.

(1) 인간적 사상으로의 파악

인(人)부에 속하는 글자로는 〈倀창〉〈僑결〉 등을 열거할 수 있다. 〈倀〉은 ① 미치다, 미친 짓을 하다, ② 길을 잃고 헤매다, ③

쓰러지다, ④ 귀신의 이름, ⑤ 독립한 모양, ⑥ 난폭함 등을 뜻한
다. 아주 오래 전에 저술된 중국의 자전(字典)『광아(廣雅)』「석고
(釋古) 4」에는 "〈倀〉은 '미치다'라는 뜻을 가진다"고 풀이하고 있
는데, 이를 보면 '길에서 헤매다' '쓰러지다'와 같은 착란 상태나
의식장애에 빠진 상태 등을 나타내는 글자로 파악되고 있음을 알
수 있다. 한 가지 재미있는 사실은 여기에 '귀신의 이름'이라는 해
석이 붙어 있다는 것인데, 이는 호랑이에게 물려 죽은 사람의 영혼
을 가리킨다고 한다. 사람이 호랑이에게 물려 죽으면 그 영혼이
호랑이에 달라붙어 악행을 일삼는다는 것이다.『청우기담(聽雨記
談)』이라는 책에는 "사람이 호랑이를 만난다. 스스로 옷고름을 푼
다. 서로 마주 본다. 호랑이가 사람을 잡아먹지만 그의 혼은 다른
곳으로 가지 않고 호랑이에게 들러붙는다. 이를 일컬어 창귀(倀鬼)
라 한다"라는 기록이 남아 있다. 여기서는 빙의가 곧 광기로 파악
되고 있는 것이다. 더구나 이것은 동물 빙의와 연관된 것처럼 보인
다. 동물 빙의나 화신 망상(化身妄想)과 관련하여, 그리스·로마
시대 및 고대 게르만에서는 늑대들림(lycanthropia, wolf man), 일본
에서는 여우들림(alopecanthropia, fox possession)이 일반적인 데 비
해 중국에서는 그에 상응하는 것이 호랑이들림(tiger possession, tiger
man)이라 한다. 그리고 보면 나카지마 아쓰시(中島敦, 1909～1942,
소설가)의 명작인『산월기(山月記)』(중국 唐代의 傳奇 소설인『人虎
傳』을 소재로 함 ― 옮긴이) 역시 호랑이에 대한 중국인들의 화신
망상과 관련이 있지 않았을까 한다. 사람인부의 또 다른 예인 〈僑〉
에는 ① 미치다, 광인, ② 미친 귀신, ③ 기괴한 모양, ④ 햇무리
등의 뜻이 나열되어 있는데, 여기에는 '태양 광선에 의한 광기(日狂

氣)’도 빙의에서 기인한다는 사고가 반영되어 있다. 『집운(集韻)』
에 ‘광귀(狂鬼)’나 〈魖율〉로 실려 있는 이것은 사람에게 씌어 광기
를 유발시키는 영혼 같은 것을 가리킨다. 그런가 하면 풍경이나
천체 현상 등의 이상, 기괴한 양상과 같은 식의 ‘이상 현상’이라는
측면도 파악되고 있다.

(2) 심리적 사상(事象)으로의 광기

심(心)부에 해당하는 것으로는 〈恍율〉과 〈悗황〉이 있다. 〈恍〉은
제(齊)나라의 방언으로 광에 해당한다고도 하며, 〈趜귤〉과 같은 뜻
으로 쓰여 미쳐 날뛰는 상태를 가리킨다고도 한다. 그런가 하면
‘성냄’ ‘어리석음’의 뜻을 나타낼 경우도 있다고 하는데, 이와 같은
일련의 용법에서는 성냄, 어리석음, 미쳐 날뜀 등 행동으로 표출되
는 면에 초점이 맞추어져 있다. 여기에서 심(心)부와 주(走)부가 같
은 맥락에서 사용된다는 사실은 매우 흥미 깊은데, 이는 광기라는
사태가 정신과 행동에 두루 미친다는 사실을 의미하는 것이 아닐
까 한다.

〈悗〉에 대해서는 ① 미친 짓, ② 자아를 잃고 멍한 상태, ③ 놀
라서 보다, ④ 어리석다, ⑤ 넋을 잃다, ⑥ 어렴풋함, ⑦ 잠깐 사이
등의 뜻이 열거되고 있다. 그러나 ‘황홀(悗惚)’은 ‘멈출 수 없는 상
태’를 가리키는 말로서 『노자』 21장의 “도라고 하는 것은 있는 듯
없는 듯하여 종잡을 수 없다”라는 문장에서는 ‘정신의 황홀’이나
‘자신의 존재를 잊는다는 뜻’과 같은 식으로 사용되고 있다. 소재식
(所在識)을 상실해 사물을 선명하게 인식하지 못하는 상태를 가리

키고 있는 것이다.

(3) 질병으로의 광기

이와 같이 광기는 인간의 심리적 사상으로 파악되고 있다. 나아가 더욱 특징적인 것은 광기를 명백한 질병으로 파악하고 있다는 사실인데, 병질안(疒)부에 속하는 것에 〈疯술〉, 즉 ① 미쳐 날뛰는 모양, ② '광병(狂病)'이라는 뜻의 한자를 비롯하여 〈瘦계〉의 ① 미치다, 즉 『집운』에서 말하는 "〈瘦〉狂也"라는 용례도 있다. 또한 〈瘦〉는 ② 경기(驚氣, 어린이가 경련을 일으키는 병의 총칭), 간질, ③ 광견(狂犬)의 뜻도 가진다. 그러나 똑같이 '狂也'란 뜻을 가지고 있지만 이 경우는 광견이나 간질보다 훨씬 병적이고 현대의 시각에서 보아도 뇌질환의 증세가 분명한 경우에 사용되고 있다.

한편 〈痝조〉는 ① '미치다'란 뜻을 가리키는 것으로, 『광아』에서는 '광(狂)'을 뜻하는 것으로 실려 있으나, ②『집운』에는 소아의 질병이라고 적혀 있다. 즉 레닌의 표현을 빌리자면 '소아병'으로서의 광기를 가리키는 것이다. 또 하나는 〈瘨전〉으로서『광아』에서는 '광(狂)'을 가리키는 것으로, 『강희자전(康熙字典)』에는 〈癲전〉의 잘못된 표현으로 표기되어 있는 것으로 볼 때 이것도 광기와 전간(癲癇, 간질병)의 관계에서 비롯된 용법이다.

(4) 광기와 광견

〈狂〉이 광견병에 걸린 개의 상태를 인간에게 적용한 것으로 추정된다는 사실은 앞에서도 이미 밝힌 바 있지만, '미치다'라는 뜻을 가진 한자 중에는 이 개견(犭)부를 부수로 취하는 글자가 가장 많다. 예컨대 〈猾길〉은 『집운』에서 '광(狂)'이나 '분별 없음' '교활함'으로 취급되는 한편 '짐승의 이름'을 뜻하는 것으로 설명되어 있기도 한데, 여기서 말하는 짐승이란 서역(西域)이 원산에 체모가 없고 몸에서 독특한 향기를 내뿜는 놈이라 한다. 그밖에 〈獷려〉도 『집운』에서는 '광(狂)'을 나타내는 것으로 싣고 있다. 그런가 하면 〈獝휼〉은 '미치다'의 뜻을 나타내기도 하고 '놀라서 호들갑 떠는 모습'을 가리킨다고도 한다.

이처럼 개견부에 중점을 두고 광기를 보는 방식에는 광견병의 관찰을 통한 유추로 광기를 정의 내리면서 이를 인간이 적절치 못하게 동물적 상태로 빠져든 것으로 파악하는 특징이 있다. 그런가 하면 인간성을 도야하여 동물적인 본성에서 벗어나지 않으면 안 될 것이라는, 문화주의에 입각한 파악 방식으로도 볼 수 있을 듯하다.

그러나 이렇게 말해 버리면 광기를 비인간적이고 동물적인 현상으로 파악하는 차별주의적 태도가 된다. 따라서 고대 및 중세의 광기관을 목가적으로 미화시켜 고찰하는 방식이 푸코(M. Foucault) 이래 하나의 반정신의학적 유행인양 되었지만, 실제로 그처럼 소박하게 생각할 수만은 없는 것이다.

이렇게 해서 한자를 단서로 삼아 중국에서 〈狂〉자를 어떻게 파악하고 있는지를 분석해 보았다. 그것은 ① 인간적이고 ② 심리적인 사상으로서 인식되고 있으며, 그와 같은 두 측면의 파악 방식을 통해 ③ 빙의 현상과의 관계가 인식되고 있다.

그러나 '광기'가 인간적이고 심리적인 현상이라는 점에서는 '어리석음'과 공통된 면을 가지고 있다고 해도 그보다 ④ 훨씬 병적인 것으로서 파악되고 있다는 점에서는 차이를 보이는데, 이와 관련해서는 미친개의 상태나 어린아이의 경련, 간질 등과 같은 뇌질환과의 관계가 다루어지고 있다. 한편 ⑤ 광기의 병태로는 의식을 잃어 멍해지며 소재식을 상실하고, 화가 나서 날뛰고 있는 상태나 치매 상태가 파악되고 있으며, 특히 '달리는' 행위와의 관계가 주목되고 있다. 그밖에 광기가 ⑥ 동물적이고, 탈인간화한 인간의 상태를 가리켜 왔다는 사실은 견(犭)자를 부수로 갖는 용어가 많다는 사실로도 알 수 있다.

이제까지 살펴보았던 한자의 용례를 통한 분석은 광기에 대한 문화 총체 면에서의 인식이라 할 수 있다. 다음 장에서는 중국의 의학 사상이 광기를 어떻게 인식하고 있는가에 대해 다루게 되겠지만, 본론으로 들어가기에 앞서 간단한 예비적 고찰을 해보기로 하자.

랴오원런(廖溫仁)[33]에 의하면 중국의 고대 의학 서적인『황제내경(黃帝內經)』「영추(靈樞)」제9권은 히포크라테스와 거의 동시대에 쓰여진 것이라 하는데, 이 속에는 '전광편(癲狂篇)'이라는 장이 있다. 이 장에서 '전(癲)'은 대체로 의식장애를 동반한 발작성 질환을, '광(狂)'은 현실을 인식하는 능력의 상실 상태를 말하고 있는 것으로 보인다. 이어서 수(隋)나라 때의『병원후론(病源候論)』에서는 광질(狂疾, 風狂) 및 오전(五癲, 陽癲·陰癲·風癲·濕癲·馬癲)의 각 항목을 예로 들어 역시 정신병과 간질을 구별하고, 나아가 양자를 유사하게 취급하면서 간질(癲癇)이 광기(정신병)를 유발한다고(즉 간질성 정신병의 존재를) 설명하고 있다.

중국 문화의 문제는 정신장애에 관한 이러한 고대의 학설이 그대로 고정된 채로 유지되고 있다는 사실이다. 『병원후론』이나 『천금방(千金方)』이 정신병을 중풍에 포함시켜 그 증상 및 치료법에 관해 설명한 이래, 당송(唐宋) 시대에 나온 모든 의학서들의 정신병에 대한 기술은 이 『천금방』에 실린 이론을 바탕으로 한 조술(祖述) 정도에 불과했는데, 이러한 경향은 금(金), 원(元) 시대에 이동원(李東垣)과 주단계(朱丹溪)가 정신병에 대한 논술을 다소나마 체계적으로 정립할 때까지 그대로 이어졌다.

7. 중국 의학과 기(氣)

중국 문화가 일본의 광기관이나 민속적 정신의학에 지대한 영향을 끼쳤다는 사실은 잘 알려져 있다. 예컨대 일본에서 근대 이후에 정신병을 가리키는 말로 사용되고 있는 '기치가이(氣狂い)'라는 용어만 해도 중국의 '기(氣)' 개념을 떼어놓고는 생각할 수 없다. 중국 사상사 전반에 걸쳐 약방의 감초처럼 빠짐없이 등장하면서 중요한 사상사적 문제 제기와 연관되어 온 것이 바로 이 '기' 개념이기 때문이다.[34] 중국철학사가인 런지위(任繼愈)[35]에 의하면 이 개념은 단순히 정신장애와만 관련되지 않는다. 중국의 고대 의학과 철학의 관계를 논하는 와중에서 『황제내경(黃帝內經)』의 사상이 진(秦)·한(漢)의 음양오행설(陰陽五行說)에 커다란 영향을 미쳐, 후한(後漢) 사람인 왕충(王充)의 무신론을 낳았기 때문이다. 뿐만 아니라 도가 및 도교 연구에 있어서도 '기' 개념은 지극히 중요하다.

중국 고대 의학에서 가장 중요한 2대 개념이 음양오행설과 '기' 사상이라 할 때, 『상한론(傷寒論)』으로 대표되는 탕액계(湯液係) 의학에서는 음양오행설에 대한 접근이 두드러지며, 『황제내경』과 같은 침구계(鍼灸係) 의학에서는 조작 개념인 음양보다 오히려 실체 개념에 가까운 '기'를 훨씬 더 중시했던 것 같다. 이는 일본의 가노 요시미쓰(加納喜光)[36]의 설명이다.

동양의학에 있어 '기'에 대한 연구는 한편으로는 중국 사상에 관한, 다른 한편으로는 광기관에 관한 연구에 불가결의 전제조건과 같은 것으로, 가노는 '기'를 중심 주제로 삼아 고대 중국인들의 질병관 및 '기'의 개념이 의학에 도입되게 된 과정을 검토하고 있다. 그는 후한의 허신(許愼)이 언어학 서적인 『설문해자』에서 한자 〈醫의〉를 해부하여 "병을 낫게 하는 직책(工)이며, 〈毉의〉는 마귀 할멈을 뜻한다"라고 말한 뒤 여기에 "옛적에 무팽(巫彭)이 처음으로 의(醫)라는 직책을 만들었다"고 덧붙이고 있는 사실을 소개하고 있다. 이는 의(醫)의 기원이 마귀 할멈, 즉 마녀(witch)나 샤먼에 있다는 사실을 설명하는 것이다.

그런가 하면 후한의 검희(劍熙)는 허신보다는 조금 늦게 병리론적 해석에 '기'의 개념을 도입했다. 그의 저서인 『석명(釋名)』에 의하면 "질(疾)과 병(病)이 있다. 질은 빠른 것이며 바깥의 기와 만나 급질(急疾)이 되고, 병은 병존하니 내재적인 정기(正氣)와 나란히 몸 속에 숨는다"고 한다.

그에 따르면 '병'에는 개인에게 있어 외재적인 것과 내재적인 것이 있는데, 내재적인 것도 건강한 '기'와는 이질적인 것이기 때문에 그런 건강하지 못한 '기'와 접촉하면 사람은 병에 걸리게 된다는 이야기이다.

고대 중국에서 의술을 주관하던 사람들은 방사(方士)라 불리는 주의(呪醫)들이었는데, 이들은 병을 치료하는 데 무(巫)를 매개로 귀신을 빙의시키는 방법을 이용했다. 이들에게는 신선이 바람이나 새를 타고 하늘에서 내려온다는 믿음이 있었던 듯싶다.

『산해경(山海經)』에는 질병의 신이 이상하게 생긴 조수(鳥獸)로 표현되고 있으며 그 중 하나인 바퀴벌레는 "풍기(風氣)를 다스리는 것"이라 기록되어 있다. 도도 아키야스(藤堂明保)[37]에 의하면 이 바퀴란 녀석은 은(殷)나라 사람이 바람의 신이라 여겼던 봉황이나 『초사(楚辭)』에 나오는 비렴(飛廉, 바람을 일으킨다는 상상의 새 — 옮긴이)과 뿌리가 같다. 고대 중국에서는 질병이 사악한 바람의 작용 때문에 유발된다는 믿음이 있었으며, 그렇기 때문에 샤먼인 방사들은 이 바람을 제어함으로써 병을 고치려 했던 것이다. 그런가 하면 은나라에서는 병의 원인을 상제(上帝), 귀신, 조상신 숭배, 고(蠱)라는 괴물 및 '바람(風)'의 작용이라 여겼다. 이때의 바람이란 일종의 영력(靈力)으로서 이것이 바로 '기'의 개념으로 전개된다.

『춘추좌씨전』에는 의사인 화(和)가 진후(晉候)의 병인을 귀신이나 음식에서 구하지 않고 여인의 고혹(蠱惑)에서 찾는 한편 일반적인 병인론도 설명하는 대목이 실려 있다. 나아가 음과 양, 바람과 비, 어두움과 밝음의 대기(大氣)가 도를 넘어서면 한질(寒疾), 열질(熱疾), 말질(末疾), 복질(腹疾), 혹질(惑疾), 심질(心疾)을 일으키는 데, 여인은 양(陽) 즉 남자에 속하는 존재이므로 여자에 대한 탐닉은 '내열혹고(內熱惑蠱)의 병'을 유발한다는 내용도 싣고 있다.

의학사적으로 볼 때 침구계 의학은 황허 문화권, 목초계 의학은 양쯔 강 문화권, 탕액계 의학은 강남 문화권과 관계가 깊은 것으로 알려져 있다.

한편 은대(殷代)의 '풍(風)'에서 제(齊)의 편작(扁鵲)까지, '풍'이나 '기'의 병리학과 밀접한 관련을 맺고 있는 지역은 황허 문화권, 그 중에서도 특히 산둥 지방이다.『황제내경(黃帝內經)』 등에서 출발한 경락(經絡) 의학은 만병의 근원을 풍(風)으로 규정하고 정풍(正風)과 사풍(邪風), 나아가 허풍(虛風)과 실풍(實風)으로 구별하고 있는데, 이 중 사풍과 허풍은 병인이 된다고 생각할 수 있다.

이 풍이 오장육부에 들어차거나 그와 대응하는 유혈(兪穴, 천지의 기를 등으로 받아들이는, 오장육부로 연결된 기혈. 해당하는 각 장부의 뒤쪽에 있음 — 옮긴이)에 들어차면 그 기관들의 풍을 유발하는데, 풍이 일으키는 병변(病變)도 '풍'이라 불린다. 풍이 머리에 있는 풍부(風府)를 통해 들어오면 뇌풍(腦風)이 된다. 침을 사용할 때는 바람이 들어오는 이 풍혈(風穴)을 찌르는데, 이곳이 바로 '풍부(風府)'이다.『내경』 의학의 성립 초기에는 기와 풍을 동일한 것으로 보았던 것 같다고 가노 요시미쓰는 이야기한다. 후지 가와유(富土川游) 역시 "그 근본은 인간의 호흡, 이에 대한 천지의 바람을 관찰하는 데서 시작한다"고 말하고 있는 것을 보면, 기(호흡)와 풍의 동일시, 나아가 질병의 유행기가 몬순기와 일치한다는 경험적 사실 등이 이 질병관과 생리학의 근거를 이루고 있는 듯하다.

그후 이 두 가지 개념은 분화하게 된다. 그리하여 '풍'은 병인론과 관련된 개념으로, '기'는 신체 외부에서 침입하는 이물질이자 생체 내부를 순환하는 일종의 에너지로 이중 개념을 부여받게 되는데, 시간이 흐르면서 점차 후자에 비중이 실리게 된다. 그와 더불어 '기'가 울체(鬱滯, 뭉치는 현상)하면 다양한 병변이 생겨난다는 생각이 뿌리내리기에 이른다. 이와 관련하여 『내경』 의학에서는 외부에서 들어오는 사기(邪氣, 외인)와 신체 내부의 요인(내인) 양쪽 모두를 병인으로 설명하면서 여기에 시간이라는 요인까지 추가로 덧붙인다. 뿐만 아니라 『내경』 의학에서는 인체 안에서 '기'와 '혈(血)'이 '경락(經絡)'을 따라 흐른다고 보면서 그 결절(決絶), 위기(衛氣, 몸의 겉면에 흐르는 양기 — 옮긴이)의 체류(滯留), 혈기의 분리와 무질서 및 '음양, 희로(喜怒), 음식, 거처, 화경졸공(火驚卒恐)'과 같은 내적 요인도 외적 인자에 못지 않은 병의 재발 원인으로 상정한다.(『황제내경』 「영추」) 외적 인자란 내적 인자로 인해 신체에 '허(虛)'가 생겨나야만 비로소 작용하게 된다는 것이다. 특히 정신은 발병에 커다란 영향을 미치는 것으로 간주되었다.

중국 의학에서는 오장(五臟)을 각종 정신이 머무는 자리로 보았다. 따라서 두려워서 겁을 집어먹으면 신(神)을 상하게 하여 피부가 거칠어지고, 비장에 근심이 머물면 의(意)를 상해 사지가 부자유스럽게 되며, 간이 비애를 머금으면 혼을 상하게 하여 근육에 경련이 일어난다고 생각했다. 그뿐 아니라 폐가 지나치게 기쁘고 즐거운 것도 혼을 상하게 할 수 있고 그 결과 미쳐서 살가죽이 말라붙게 된다고 보았으며, 신장이 심하게 노하면 마음(志)을 다치게 해 건망증이 심해지며 허리 뼈를 펄 수도 없게 된다고 생각했다. 그리고 마지막으로, 공포가 생명의 근원인 정(精)에 손상을 일으키면 '기'가 빠지게 되어 죽음에 이르게 된다고 보았다.(『황제내경』

「영추」) 그밖에도 여러 가지 감정이 모든 내장 기관을 상하게 한다는 사실은 말할 것도 없다.(『황제내경』「소문(素問)」) 결론적으로 말해서, 고대 중국 의학에서는 정신과 신체가 서로 연관되어 있다고 여겼으며 그 둘 사이를 관통하는 개념이 바로 '기'였던 것이다.

그런 까닭에 중국『내경』의학은 치료의 주안점을 기를 변화시키는 데 두었다. 그 방법으로는 혈맥을 찌르고 탕약을 투입하는 치료 외에도 무속적인 기도를 통해 '정(精)을 움직여 기를 바꾸는 방법'과 기를 관리함으로써 생체를 영원히 변화시켜 버리는 정신 위생적인 방책이 강구되었다.『황제내경』의 저자는, 옛날 사람들은 조수(鳥獸)와 더불어 몸을 움직여 추위를 피하고 그늘로 들어가 더위를 피하는 자연스런 생활을 했으며, 안팎으로 욕심을 부리지 않는 담백한 삶을 살았기 때문에 무당의 기도 정도면 병이 나았지만 오늘날은 우환이나 과로가 몸을 상하게 하고, 사계절의 질서를 지키지 않기 때문에 적풍허사(賊風虛邪)가 몸을 망쳐 기도만으로는 병을 고칠 수가 없다고 말한다. 즉 '현대 생활과 스트레스'설의 기원은 이토록 뿌리깊은 것이다.

이렇듯 심리의학과 정신의학 양자에 있어서의 정신요법적 발상은 중국 고전 의학 고유의 발상이다. 즉『황제내경』「소문」에 "마음이 어지러우면 병이 재발하고, 마음이 안정되면 병이 사라진다" "안에 근심과 걱정이 쌓이면 밖으로 병이 된다"고 했는데, 가족 문제로 인한 걱정이나 직업적 경쟁심을 없애는 것이 건강의 지름길이라고 예방의학적 견지에서 설명하고 있는 것은 질병 일반을 대상으로 한 것이다. 구레 슈조[38]는「중국의 정신요법」이라는 논문에서 정신장애에 관한 고대 중국 의학의 요법 몇 가지를 소개하고 있다. 그에 의하면 서탄보(徐呑甫)는 "의심을 버리고 미혹을 없애며 마음과 정신을 바르게 한다"(『고금의통(古今醫統)』)고 했으며, 『본초경류(本草經硫)』에서는 "희(喜)・노(怒)・우(憂)・사(思)・비(悲)・공(恐)・경(驚)의 일곱 가지는 한결같이 정(情)에서 나온다. 그러나 이 정이란 것은 알기 어렵고 울체되기 쉽다. 이런 경우 바른 식(識)의 정을 주면 병을 치유할 수 있다. 이런 것을 가리켜 심약(心藥)으로 마음의 병을 다스린다고 한다"라고 했는데, 이것은 일종의 설득 요법에 해당된다.

잘 생각해 보면 이 후자의 방법은, 비합리적이고 정신적인 콤플렉스를 이성적인 방법으로 의식화한다는 프로이트의 발상과 매우 흡사하다. 그리고 보면 중국의 현대 의학에서는 오이디푸스 콤플렉스를 '연모정화(戀母情話)'라고 번역하고 있다.

구레 슈조는 이밖에도 일종의 '수수께끼 풀이법'이라 부를 만한 몇 가지의 정신요법을 소개하고 있다.

이야기 1 첩을 죽이려는 아내

자신의 아내가 사람을 고용해 첩을 죽이려 한다는 사실을 알게 된 혜주(惠州)의 주제형(周提刑)은 첩을 숨긴 다음 부인에게는 죽였다고 이야기한다. 그러자 그의 아내는 그때부터 첩의 망령에 시달리며 병을 앓기 시작한다. 이를 보다 못한 주제형이 죽었다는 첩을 데려오자 환자는 깜짝 놀라며 병을 털고 일어난다.

이야기 2 시종을 강물에 던지려는 남자

우진(右晉)이라는 남자가 술에 취해 시종을 강물에 던져 버리라고 명

령한다. 이 명령은 실제로 실행되지 않았지만 술에서 깨어나 자신의
행동을 후회하게 된 그는 그때부터 시종의 환각에 시달리며 자신이
죽을 것이라고 말한다. 시종이 죽지 않았다는 사실이 밝혀지자 병은
씻은 듯이 나았다.(사조제(謝肇制), 『문해파초(文海波抄)』)

이러한 방법 외에도 이정전기(移精轉氣), 즉 본인이 좋아하는 것
에 열중하도록 만들어 신경증을 치료하는 방법이나 오늘날의 행동
요법(脫感覺療法)에 해당하는 다음과 같은 이야기도 소개하고 있
다.

이야기 3 도적떼에 놀란 부인

위덕신(衛德新)이라는 사람의 처가 여행 도중 묵은 여관에 도적떼가
들이닥쳤다. 그 바람에 여관이 불에 타 버리고 말았는데, 그런 일이
있은 뒤부터 이 부인은 한밤중만 되면 작게 부스럭거리는 소리만 들려
와도 공포에 떨며 곧장 실신해 버렸다. 인삼을 비롯하여 좋다는 약은
다 써 보았지만 백약이 무효였다. 나는 이 부인의 몸종 두 명에게 부인
을 잡고 있도록 명하고 그녀의 코앞에 갖다 놓은 책상을 나무로 탕탕
두들겨 그 소리를 들려주는가 하면 문이나 기둥도 두들겨 그 소리들이
귀에 익숙해지도록 했다. 그 결과 병은 쾌차하였다.(장개관(張介寬),
『십형삼료(十形三療)』)

이와 같이 중국의 고대 의학은 '기'를 중심으로 하는 심신 통일
적인 병인론에 도달하고 있다. 그것은 병리적·해부학적인 물질
수단의 발달을 저해하는 결과를 낳았지만, 정신요법적인 발상에 있어
서는 오히려 서구의학보다 뛰어난 점도 있었다고 말할 수 있다.

제10장
동방 광기관의 원류

狂

1. 중국의 신경정신질환

중국, 인도 및 아랍의 고전 의술과 의학 사상을 전체적으로 훑어보면, 질보그나 아커크네히트가 주장하는, 근대 의학 이전에는 광기의 병인론에 있어 귀신론이 우위를 점했으며 그 때문에 정신장애자에 대한 학대가 일반화되었다는 도식이 반드시 들어맞는 것은 아니라는 사실을 알 수 있다. 서양에서는 특히 광기를 악마의 산물로 보면서 그 마성(魔性)을 신과 악마의 대립구조에 의한 산물로 파악했다. 하지만 초자연적 요소가 광기의 원인이라는 발상은 정신장애자에 대한 직접적인 학대로 이어지는 일이 없었으며, 유효한 치료수단이 없을 경우 종교나 민간신앙의 체계 안에 광기를 수용함으로써 오히려 그것이 '사회의 골칫거리'로 떠오르는 사태를 막을 수 있었다.

현대 정신병리학 중에서도 유신론적 실존철학의 입장을 취하는 프랭클(V. E. Frankl) 등에 의한 실존 분석에서는 인간의 심리를 정신(Geist), 마음(Seele), 신체(Leib)의 세 차원으로 규정하면서, 정신의 차원을 인간이 신과 유사한 본질을 가졌다는 가정에서 설명한다. 나아가 프랭클은 신경증을 심인 신경증(Psychogene Neurose)과 정신인 신경증(Noogene Neurose)으로 나누어 고찰하고 있는데, 이런 점을 보더라도 현대 정신병리학이 반드시 형이상학적 차원을 무시하고 있는 것만은 아니라는 사실을 알 수 있다. 또한 어떤 고전적인 광기론도 일반적인 의미의 신체인(두부 외상이나 중독이나 열병)이나 심인(실연이나 좌절과 같은 마음의 상처)을 무시하고 있지 않다는 사실은 공통적이다.

요컨대 근대 정신의학과 고전적 광기관 사이에는 의외로 커다란 대응관계가 있으며, 근대 정신의학 질병체계 자체가 아직 완성된 것은 아니라는 사실은 세계보건기구 질병분류(ICD)나 미국정신의학회의 진단 통계 매뉴얼(DSM)이 개정에 개정을 거듭하고 있는 것만 보아도 명백하다. 더구나 광기의 핵심이라 할 수 있는 오늘날의 정신분열병이나 조울병과 같은 기능성 정신질환을 어떻게 바라볼 것인지의 문제는 근대 정신의학이 이른바 내인(Endogenität)론으로 이에 답하고 있지만 내인이란 과연 무엇인지에 대한 결론도 아직 내려져 있지 않은 실정이다.

그런 까닭에 종전에 정신병리를 분류하던 방식인 DSM-Ⅲ-R에서는 '내인성 정신병'에 대한 정의 없이 분열증을 파악해 전적으로 현상론에 입각한 질병 분류를 행하고 있고, 급성의 단기 반응성 정신병까지도 분열증의 하위 개념 속에 편입시켜 버리고 있다.

여기서 말하는 '내인'이란 인도, 아랍, 서구에 공통하는 체액설로, 이 체액설은 고대 중국 의학에서 이야기되는 '기' 이론과도 미묘한 일치점을 갖고 있다.

리타오(李濤)[1] 등이 의학사에 대해 서술한 내용을 보면, 중국 고대에 '풍'이 질병을 유발했다는 기술은 기원전 14세기 것으로 보이는 은나라 무정(武丁)의 갑골문(呪文) 속에서부터 일찌감치 발견되고 있는데, 이 주문이란 하늘에 두통 치료법을 묻고 있는 내용이다.

그런가 하면 『춘추좌씨전(春秋左氏傳)』에도 "바람이 두부 및 사지의 병(末疾)을 유발한다"는 기술이 실려 있다. '풍'은 질병의 일반 원인으로 간주되었지만 특히 '풍병(風病)'이라는 말은 오늘날의 신경계 및 뇌의 질환에 해당하는 병을 가리킬 때 사용되었던 것으로 보인다.

두통에 관한 기술은 『주례(周禮)』나 『시경』에서도 발견되나, 정신 기능의 장애에 관한 고대의 기록은 기원전 580년경에 쓰여진 『국어(國語)』에서나 찾아볼 수 있는데, '풍에 정복된(卒風) 결과' 언어 기능을 상실하게 된 한 남자의 예를 들고 있다. 그런가 하면 기원전 399년에 나온 『여씨춘추』는 반신불수(偏佑)도 치료할 수 있는 약을 갖고 있던 공손작(公孫綽)이라는 의사의 이야기를 담고 있다.

이처럼 단편적으로 기록해 놓은 고전 외에, 중국 고대의 의서인 『황제내경』은 언어장애(痺, 瘝)에 관해 기술하면서 뇌졸중 발작에 앞서 자율신경의 기능 저하로 인한 호흡 곤란이 일어난다는 사실까지 기록해 놓고 있다.

한대(漢代)의 명의 순우의(淳于意)는, 알코올 과다 섭취로 인해 '답풍(沓風)'에 걸린 환자의 사례를 기록하면서 3년 후에는 그에게 실어증을 동반하는 사지 마비(痿)가 찾아와 죽을 고비를 맞게 될 것이라고 예견하고 있다.

'위(痿)'라는 용어는 사지 마비에 대해서만 사용되지는 않았지만 대체로 그런 뜻으로 사용되는 경우가 많았던 것으로 보인다.

『황제내경』은 또 마비된 사지의 경직에 대해서도 지적하고 있다.

'비(痺)'라는 용어와 관련, 『황제내경』「소문」에는 마비와 더불어 통각(痛覺)이나 온·냉각도 상실된다고 기록하고 있다. '위'가 중추성 마비라면 '비'는 신경염과 같은 말초성 마비로서, 이 둘은 각각 구별되어 사용되고 있었던 듯하다.

또한 순우의는 '신비(腎痺)'라는 병을 앓고 있던 송건(宋建)이라는 남자의 예도 기록하고 있는데, '신비'의 주요 징후는 요통과 배뇨 장애, 몸을 자유롭게 펴거나 굽히지 못하는 것에서 찾을 수 있다고 한다.

한편 삼국시대의 조조는 명의 화타(華陀)로부터 침구 치료를 받았다고 전해지는데, 리타오에 의하면 그것은 삼차 신경통(三叉神經痛, 뇌신경의 하나인 삼차신경의 분포 영역에서 생기는 통증, 안면 신경통 — 옮긴이)에 대한 치료였을 것이라고 한다.

『황제내경』에 의하면 공포감은 사람을 광기로 이끈다고 한다. 『황제내경』의 '광기'에 관한 장에는 경련이나 피로로 인한 신체 강직 등의 증상이 총망라되어 있는데, 그 중에는 어린아이의 광기에 관한 드문 경우를 예로 들며 그 원인을 태내에서 받은 충격에서 찾고 있는 것도 있다. 이는 소아 정신장애의 원인을 태생기에서 찾는 경향이 당시에도 이미 싹트고 있었음을 보여준다.

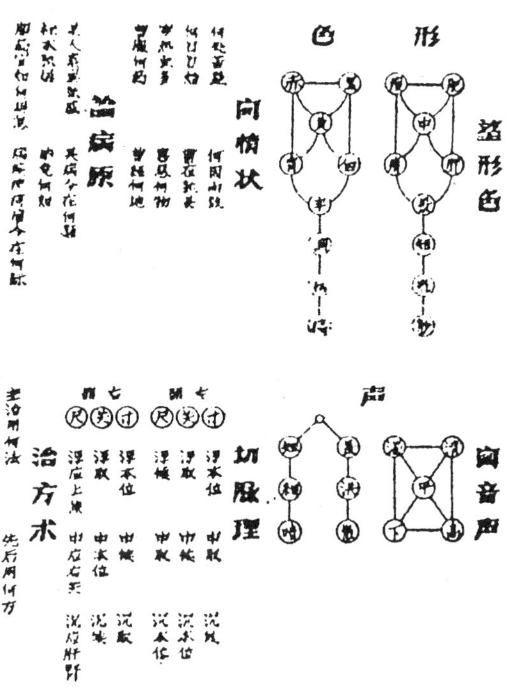

한대(漢代) 의서(醫書)의 처방전

그런가 하면 한대의 대표적 명의로 알려진 『상한론(傷寒論)』의 저자 장중경(張仲景)은 파상풍으로 인한 뇌 질환 및 뇌막염으로 보이는 증상에 대해 서술하고 있다. 이것들은 목 부분의 강직이나 발열, 안면과 눈의 충혈, 두부(頭部)의 진전(震顫, 무의식적으로 일어나는 근육의 불규칙한 운동 ─ 옮긴이), 아관긴급(牙關緊急, 턱 근육

경련으로 입이 벌어지지 않게 되는 현상 — 옮긴이)과 고열을 동반하
는 증상군인데, 이러한 기록들을 보면 한대로 접어들기 훨씬 이전
부터 중국의 의학 문헌들이 뇌졸중, 경련, 뇌증(腦症, 중병 또는 고
열로 뇌가 침범당해 의식장애가 일어나는 병증 — 옮긴이), 뇌신경이
나 말초신경 장애 등을 '병'으로 파악하고 있었음을 알 수 있다.

3세기부터 10세기까지는 중국 의학사에서 커다란 발전을 일구
어낸 시기이다. 예를 들어 신경질환에 있어서는 서사백(徐嗣伯)에
의한 현기증 치료 면에서의 성과가 눈부신데, 그는 치료법으로 주
로 침술과 사혈(瀉血)을 이용했다고 한다. 이밖에 진명학(秦鳴鶴)이
당(唐) 고종(高宗)을 치료한 이야기 역시 유명하다.

그런가 하면 장문중(張文仲)은 측천무후(則天武后)의 명을 받아
'풍(風)'과 '기(氣)'로 말미암아 생긴 질환의 치료 사례를 수집하여
120건의 '풍(風)'병 사례와 80건의 '기(氣)'병 사례를 보고했다. 또한
당의 소원방(巢元方)은 『제질원후론(諸疾源候論)』이라는 의학서의
「풍병」이란 소제목 아래 뇌졸중, 히스테리, 입 삐뚤어짐, 발의 경
직, 마비를 포함한 59건의 사례를 기술했을 뿐 아니라, 구마비(球麻
痺, 뇌 연수의 기능이 마비되는 일, 음식을 삼키기 어렵거나 사레가 들
리고 언어장애가 일어나거나 목이 쉼 — 옮긴이)와 같은 증상도 기록
하고 있다. 간질 역시 풍병의 하나로 분류되었던 듯 소원방은 그
병의 증상에 대해서도 자세히 설명하고 있는데, 그가 열거한 발병
인자로는 알코올 중독증이나 충격, 과도한 성적 탐닉, 태내에 있을
때 받은 상해 등이 해당된다.

나아가 그는 간질의 다섯 가지 형태에 대해서도 나열하고 있는
데, 의식 상실과 경련을 동반한 발작, 근육 경직 및 요실금, 안구의

뒤집어짐, 이를 가는 행위, 거품을 내뿜는 행위가 바로 그것이다. 그밖에 소리를 지르는 것 등도 기재되어 있다.

송대(宋代, 960~1368)부터는 정신 신경장애와 내과 질환이 다른 분과로 분류되기 시작하며, 1060년에는 송 황실에서 설립한 '대의국(大醫局)', 즉 왕립 의과대학에서 220명의 의학생들이 '풍병'을 전공한다.

송 이후 금, 원의 시대에는 '금원 사대가(金元四大家)'가 성립한다. 의학 내부에서 다양한 학파가 독자적인 영역을 형성하기 시작한 것이다. 그 중 류완소(劉完素)는 질병의 원인이 신체 내의 과도한 열 때문이라 주장하며 '한제(寒劑, cooling drugs)'의 사용을 권하고 있는데, 그에 의하면 뇌졸중은 '화(火)'가 원인이자, 과로 및 정신의 불안정, 신장의 기능 저하 탓이라고 한다. 그런가 하면 이백(李帛)도 풍병설을 배척하고 내적 인자를 중시하면서 뇌졸중의 원인을 과다 섭취와 과로에서 찾고 있다.

한편 질병을 '음(陰)'과 '양(陽)'의 원리로 설명하는 주향진(朱享震)은 뇌졸중의 원인을 점액이나 체액 과다에서 구했다.

이처럼 중국 의학이 중세에서 근세에 걸쳐 분과(分科)해 나가는 동안 그것은 좀더 형이상학적이고 철학적인 체계를 정비하게 된다. 예를 들어 명(明)의 왕긍당(王肯堂)은 정신질환에 대해 다룬 그의 저서 『증치준승(證治準繩)』(1608)에서 정신신경증을 다음과 같은 세 종류로 분류하고 있다.

1. 광기(狂氣, insanity) '전(癲)'이라고도 한다. 광증에 사로잡힌 광인은

폭력을 행사하는 경우가 많으며, 치매기를 보이면서 울고 웃고 노래하기도 한다. 몇 개월 혹은 몇 년이 지나도 낫지 않는다. 이것은 마음에 '풍'이 있다는 뜻에서 '심풍(心風)'이라 불린다. 야망이 좌절된 사람은 이 병에 걸리기 쉬우며 정신분열병을 일으킬 소지가 다분하다.

2. 광(狂, mania) 이 증세를 보이는 사람은 완고하고 폭력적이며 소란스럽다. 또한 친분의 유무와 상관없이 타인에게 욕을 퍼붓고 소리를 지르는가 하면 옷을 벗고 달려들거나 흥분 상태에서 벽이나 지붕으로 올라가기도 한다. 그러면서 말도 안 되는 이야기를 중얼거린다. 조증 및 증상이 일관되지 않은 정신병, 원인 반응형 내지 정신분열병 긴장형을 포함하는 급성 정신병군이 여기에 해당된다.

3. 발작(發作, fits) 발작 환자는 현기증에 시달리며 사람을 알아보지 못하고, 바닥에 쓰러진 채 자신의 의지와는 상관없이 경련을 일으키면서 스스로를 전혀 통제하지 못한다.

이 분류에서는 '전'과 '광'이 일본의 의학서인 『영집해(令集解)』(9세기)의 분류 방식과 다소 차이를 보인다. 그러나 분열증, 조증, 간질이라는 3대 내인성 정신병을 구분해서 파악하고 있는 점은 차이가 없다.

단, 이러한 인식은 현실 속에서 발견되는 광증에 대한 파악과 치료로까지 발전하지는 못한다. 중국의 근대 의학 역시 정신장애자들을 미개하다고 말할 수밖에 없을 만한 방식으로 처리하고 있기 때문이다.[2] 그렇지만 일본에서와는 달리 중국에서는 적어도 근대 의학이 동양의학을 배척하는 방식으로 제도화하지는 않았다. 그 결과 '중의(中醫)'와 '양의(洋醫)'가 사이좋게 공존하며 오늘날에 이르고 있는 것이 특징이다.

2. 『코란』과 정신의학

이미 살펴보았듯이 인도의 고대 의학과 중국의 고대 의학 사이에는 공통점이 있다. 고대인의 생명관 속에 발견되는 풍과 기(공기와 숨)의 동일시가 바로 그것이다. 인도의 프라나(숨)는 바람인 동시에 혼 혹은 생명 그 자체였으며, 병은 프라나의 이상이나 그 배분의 이상에서 비롯되는 것이라 생각되었다. 그리스의 아낙시메네스 또한 프네우마설을 주창하고 있는데, 그는 프네우마(숨)를 아유르(공기)이자 프시케(혼)이며 모든 존재를 총괄하는 아르케라고 보았으며, 그의 제자인 의사 디오게네스도 "공기를 생명소로 삼아 혈액과 조화로운 혼합을 이루는 것이 건강의 조건"이라고 생각했다. 그런가 하면 그들의 사상적 맥락을 잇는 의사 히포크라테스 역시 프네우마설을 계승하지만, 이를 병리론(4체액설)이 아니라 오히려 병인론에 적용시킨다.

체내의 기(숨)와 체외의 기(공기)로 나뉠 수 있으며 생명의 근원일 뿐 아니라 지력(지력)의 원천이기도 한 이 프네우마는 바로 뇌와 관계가 있는 것으로 여겨졌다. 뇌란 신체에 있어 일종의 안테나와 같은 것으로, 숨이 가져다준 지적 정보를 신체적으로 번역해 다른 장기로 전달해 주는 매개자로 인식되었기 때문이다. 이에 대해 가노 요시미쓰[3]는 이 프네우마와 뇌의 관계가 중국 의학에 나타나는 '기'와 경락의 관계와 같다고 지적하고 있다.

한편 알렉산드리아 의학에서는 체액 병리설을 배척하고 원자론의 입장을 취하는 에라시스트라토스의 정기설(精氣說)을 수용한다. 그 이론에 의하면, 공기에서 유래하는 프네우마는 폐정맥에서 심장으로 들어가 생명정기가 되며 그 일부는 뇌에서 영혼정기(animal spirit)가 되어 신경을 통해 전신으로 퍼져 나간다고 하는데, 로마의 갈레노스에 이르면 이 프네우마에는 생명정기와 영혼정기 외에 자연정기(natural spirit)가 추가된다. 그리하여 앞의 두 가지가 운동 및 지각 기능을 지배하는 데 비해 자연정기는 소화, 배설, 생식과 같은 식물 기능을 지배하는 것으로 설명된다.

가노도 지적하고 있듯이 인도의 프라나설과 그리스의 프네우마설, 그리고 중국의 '기'라는 개념 사이에는 커다란 공통점이 있다. 그리스에 있어 생명의 원리는 철학적 견지에서는 프시케로서 파악되지만, 외부와의 신진대사라는 형태로 자연학적 견지에서 파악될 때는 그것이 바로 프네우마이다. 이에 비해 중국의 '기'는 양쪽 모두의 견지에서 파악할 수 있는 원리로, 정신의 병적 상태는 일본에서나 중국에서나 모두 '광기' 또는 '기(氣)의 병' 등으로 동일하게 파악되어 왔던 것이다.

이렇듯 '기'를 발병 원인으로 보는 동서양 공통의 광기관 및 질병관이 과연 동서 문명 사이의 문화 전파에 따른 결과인지, 동서양에 공통된 인간관에 기초한 것인지를 밝히는 일은 자못 흥미로운 문제라 아니할 수 없는데, 이에 대해 살펴보기에 앞서 양 문화의 접점을 이루는 소아시아나 아랍의 광기관, 질병관에 대해서도 잠시 생각해 볼 필요가 있지 않을까 한다.

이 지역에서는 이미 티그리스·유프라테스 연안에서 이슬람 이전의 인류문화 최초의 흔적이 발견되었는데, 고대 이집트의 파피

루스 문서나 그보다 뒤에 쓰여진 헤로도토스의 역사서는 당시의
문화를 추적하는 데 좋은 자료가 되어 준다.

기원전 16세기의 파피루스 문서는 에베루스에 의해 발견된 이래
다수의 질환이나 치료법 목록을 우리들에게 알려 주고 있는 것으
로, 고대 이집트 승려들의 의술을 오늘날까지 전해 주고 있다.

그런가 하면 카훈(Kahun)의 파피루스 문서에는 자궁에 병을 가
져오는 서른 가지 이상의 병이 기재되어 있다. 이에 대해 타하 바
셰르(Taha Baasher, 수단의 정신과 의사)는 이집트 의학이 히포크라
테스보다 1,000년이나 전에 이미 히스테리아, 즉 자궁의 병원성에
대한 관념에 도달해 있었던 것 같다고 이야기한다. 히포크라테스
는 알렉산드리아 도서관을 방문한 적이 있었던 만큼 그가 고대 이
집트 의술의 영향을 받았을 가능성은 농후하다.

고대 이집트의 철학이나 의학은 모두 나일 강에서 탄생했다. 고
대 이집트인들은 무한히 순환하는 생과 사에 대해 사색을 전개시
켰으며 영혼불멸설을 믿었다. 또한 개인은 육체(Khat)와, 나중에 사
후조(死後鳥)가 되어 신체를 떠나는 영혼인 바(Ba), 치켜 올린 팔로
상징되며 '병든 육체를 지키는' 영혼인 카(Ka)로 이루어졌다고 생
각했다. 그들은 질병의 원인을 사자(死者)의 영이나 악령에서 찾았
으며, 태고적 주술을 이용해 그 질병을 고치고자 했다. 한 가지 흥
미로운 점은 그들이 일종의 심리요법인 인큐베이션(incubation), 즉
'신전에서의 수면(temple sleep)' 요법을 시행했다는 사실이다. 이는
세계 최초의 의사로 알려진 임호테프(Imhotep, Amenhotep)와 관련
된 것으로, 임호테프는 파라오인 조세르(Zoser, BC 2980~2900)의
시의(侍醫)로서 후에 의술과 의사의 수호신이 되어 그를 위해 멤피

스에 세워진 피레조 신전에 모셔진 인물인데, 바로 이 임호테프 신전은 그의 사후 '신전에서의 수면' 요법으로 대변되는 성소가 된다. 후에 아프리카·중동 지역에서도 유행했던 이 요법은, 환자가 신전에서 자면서 그곳 분위기에 감응을 받아 꿈을 꾸면 그것이 초자아적 존재에 대한 환자의 신앙에 영향을 미쳐 심리적 치료효과를 거둘 수 있다는 발상에서 착안된 것이라 한다. 훗날 그리스 코스 섬의 아스클레피오스 신전에서 행해진 수면 요법도 여기서 영향 받은 것이라 전해진다.

아랍을 중심으로 하는 중동지역은 예언자 무하마드의 영향 아래서 이슬람 문화권에 편입되었다. 제3대 칼리프 우스만에 의해 114장의 『코란』으로 정리된 무하마드의 교리는 이슬람 문화의 원점(原點)으로서 아랍인들에게 새로운 생활방식을 가져다주었다. 물론 『코란』은 의술서가 아니다. 그러나 그것은 바셰르[4]와 같은 현대 아랍권 의사의 눈에도 흥미를 자아내는 정신의학적 기술을 포함하고 있는데, 『코란』을 보면 1,400년 전에 살던 아랍인들이 정신위생에 관한 문제를 어떻게 보았는지 이해할 수 있다.

특히 일곱 마리의 살찐 소와 마른 소에 관한 파라오의 꿈을 요셉이 해몽하고 있는 장면에 대한 기술은 역사적으로 커다란 의미를 지니고 있다. 왜냐하면 이것은 이슬람 사상가에게 꿈 해석에 필요한 정교하고 치밀한 체계를 세우고자 하는 의욕을 고취시켜 주었기 때문이다.

『코란』은 자살과 같은 정신의학적 문제에 대해서도 분명한 태도를 취해 "하느님은 자비로 넘치시니 너 자신을 죽이지 말라"라고 명기하고 있는데, 이러한 구절이 이슬람 사회에서 자살방지에 커다란 효과를 가져온다는 사실은 말할 것도 없다. 예컨대 바셰르[5]가 진단한 무슬림 환자들 중에도 자살을 결심했으나 그것이 신의 뜻을 거역하는 것이라는 생각에 실행을 단념한 사람들이 여러 명 있었다고 한다.

아랍 제국에서는 알코올 중독증의 빈도도 낮은데, 이 역시 이슬람 사상의 영향임은 두말할 것도 없다. 『코란』은 음주를 금지하는 데 많은 구절을 할애하고 있고, 이슬람 신학자들 사이에서도 이 문제는 분석 대상으로 자리잡고 있기 때문이다.

그러나 음주에 대한 『코란』의 계율은 사실 단계별로 서서히 도입되고 있다. 최초의 몇 구절에는 "술을 마시고 예배를 드리지 말라"는 가벼운 명령이 나온다. 이어지는 문장에서는 음주는 혐오해야 마땅할 사탄의 농간이라고 규정한다. 그런 다음 혐오해야 할 최후의 행위로 음주를 거론하면서 이를 금지한다. 술뿐만 아니라 도박도 금지 대상이 된다. 사람들을 이간질해 다툼을 일으키게 할 뿐 아니라 기도 생활에도 방해를 주기는 술이나 도박이나 마찬가지기 때문이다. 이처럼 음주에 대한 계율이 점차 강도를 높여 결국 금지에까지 이르고 있는 것을 보면, 음주를 절제하라는 교훈을 지키지 않는 신자들을 못마땅해 하던 무하마드가 결국 분노를 참지 못하고 절대 금주를 명한 것일지도 모르겠다. 음주에 대한 이 계율은 나중에 무분별한 약물 남용이나 마약 복용의 영역으로도 파급되어 의식을 혼탁하게 만드는 약물 섭취의 금지로 이어진다.

무하마드의 계시를 믿지 않는 불신자들 중에는 무하마드를 악귀(지나, jina)에 사로잡힌 허풍쟁이로 취급하는 사람들이 있는데, 『코란』은 이들도 강력하게 반박하고 있다.

『코란』에는 사탄이나 이브리스와 같은 악귀가 빈번히 등장한다. 이는 기독교에서 말하는 마귀에 해당하는 것으로 사람들을 해쳐 정상적인 행위를 못하게 한다는데, 이러한 악령의 영향에서 벗어나기 위해서는 『코란』의 시구 중 어느 한 부분을 들려주면 된다고 한다. 한편 『코란』의 내용 중 예언자 루트와 그의 백성이 대화하는 대목에서는 동성애에 탐닉하는 행위를 엄격히 경계하는 내용도 보인다.

『코란』에 담긴 의학에 관한 기술은 나중에 엘 자하비(El Zahaby, 1274-1347)[6]에 의해 『예언자의 의술』로 정리되어 오늘날의 이슬람 의학 사상에까지 영향을 미치고 있다. 여기서 무하마드는 "모든 병에는 치료법이 있다"는 낙관주의를 설함으로써 병자들을 정신적으로 위안하고 있는데, 특히 신체의 질병에 영향을 미치는 심리적 요소에 대해서 피력하는 부분은 주목할 만하다. 그는 분명한 어조로 "걱정에 사로잡힌 사람은 반드시 병에 걸린다"고 단언하고 있는데, 이와 같은 그의 설교가 아랍권 의학에 미친 영향은 실로 막대하다고 아니할 수 없다. 나아가 엘 카할(El Kahal, 650~750)[7]은 공포나 비애 따위의 감정은 인체의 에너지를 소멸시켜 병을 현재화시키거나 악화시킬 뿐 아니라, 없는 병도 만들어낸다고 이야기한다. 이밖에도 그는 불안과 불행은 심리적 증상 중에서도 신체에 가장 커다란 해를 미치는 것이라 주장하면서 초대 칼리프였던 아부 바크르 앗 시디크의 사인을 무하마드의 죽음에 대한 지나친 비애로 돌리고 있다. 그밖에도 『코란』에는 무하마드를 찾아와 치료를 청한 간질 환자들의 이야기 역시 기술되어 있다. 예컨대 간질

(Mosroa, '경련을 일으키다'라는 뜻)에 걸린 한 여성이 무하마드를 찾아와 병고를 호소하며 자신을 위해 기도해 달라고 말하자 예언자가 그 소원을 들어주었다는 식의 이야기이다. 그러나 『코란』이 정신병자들을 어떻게 생각했는지는 알아내기 쉽지 않다. 이에 대해 바셰르는 아마도 간질 증상이나 그와 유사한 장애로 취급되었을 것이라고 추측한다. 전통적으로 종교적 치료자들은 간질을 정신장애 속에 포함시키는 것이 보통이었기 때문이다.

한편 『코란』에서 무하마드는 벌꿀을 좋은 약제로 권장하고 있는데, 이와 관련하여 이슬람교 신학자들은 무하마드가 신의 치유 능력과 약, 신체요법과 심리요법, 종교적 요법과 세속적 요법을 병행해 병자들을 치료했다고 이야기한다. 이처럼 무하마드는 늘 치료의 정서적 측면을 염두에 두었으며, 자신을 찾는 병자들에게는 정서적 긴장을 덜어 주려고 노력했다.

무하마드의 사망(632) 이후에도 그의 설교는 지속적으로 중동지역에 막대한 영향을 미쳐, 아바스 왕조(750~1258)의 칼리프 시대에 이르러 바그다드는 학술의 중심지가 되었으며, 동서 칼리프 왕국 양쪽에 유능한 의사들이 구름처럼 모여들었다. 그러나 앞에서 문제로 삼았던 체액 병리학에 있어서는 혈액, 담즙, 흑담즙, 점액과 지·수·화·풍의 사원소, 건·열·한·습의 네 가지 성질을 토대로 사고하는 그리스 사상이 유입되어 그것을 근거로 한 의학 철학이 발달한 것으로 생각된다.

3. 이슬람 의술과 정신의학

　마에지마 신지(前嶋信次)[8]는 무하마드 시대의 아랍이 어떤 면에서는 미신이나 편견이 충만했던 시대, 사신(邪神)이나 요정(진)이 인간 주변에서 맴돌던 시대였다고 이야기한다. 『아라비안 나이트』의 세계에서도 '진'은 활발한 활약을 벌이고 있는데, 그것은 불에 의해 인간보다 먼저 이 세상에 창조되었다고 한다. 즉 아랍에는 '마성(魔性) 있는 것'의 모든 근원을 '진'으로 설명하면서, 그것이 일본의 기괴 소설 『사성의 음란(蛇性の淫)』(雨月物語)의 주인공처럼 여성으로 변신해 남자와 결혼한 다음 남편을 죽이거나 백치로 만들거나 그렇지 않으면 귀(鬼) 또는 당나귀, 낙타, 고양이, 개, 뱀과 같은 다양한 동물로 변형시킨다는 믿음이 있었다는 것이다.

　그밖에 이를 갈거나, 먹어도 포만감을 느끼지 못하는 증세, 나아가 경련, 간질, 뇌졸중, 류머티즘, 신경통, 발광(發狂) 등도 모두 '진'의 농간으로 간주되었다. 이렇듯 정신장애의 원인이 '진'에 있다는 믿음은 이슬람 문화권에서 『코란』 시대부터 발견되는데, 일부에서는 아직까지도 그러한 사고방식을 고수하고 있다. 더구나 '진'이 천연두나 전염병을 유발한다는 일반적인 믿음이 확대되면서 사람들은 신체 질환의 원인까지 '진'에서 찾으려 했는데, 여기서 한 가지 흥미로운 사실은 대마나 안식향(安息香) 향료와 같은 향정신성 약물이 '진을 쫓는 수단'으로 사용되었다는 점이다. 한편 이 귀신론적 병인론에서는 '진' 외에 '사악한 시선(邪視)'도 병인으로 지목되고 있는데, 그 중에서도 특히 여성의 사악한 시선은 병을 유발할 수 있다고 생각되었다.

　그러나 이슬람 의술이 언제까지나 이처럼 귀신론적 단계에 머물러 있었던 것은 아니다. 아바스 왕조의 알 만수르, 하룬 알 라시드, 알 마문 같은 위대한 칼리프들의 시대를 맞이해 바그다드를 중심으로 이슬람 문화가 꽃피면서 그 일환으로 이슬람 의학의 거장들이 의학 분야에도 꽃을 피워 나갔기 때문이다. 이슬람 의학의 가장 커다란 특징 중 하나는 히포크라테스, 갈레노스, 디오스코리데스와 같은 거장들이 저술한 그리스·로마의 고전을 탐구, 보존하고 번역한 데에 있다.[9] 그렇기 때문에 이슬람 의학에는 '서양' 의술의 색채가 상당히 짙었다. 그러나 이슬람 의학의 공적이 중세를 맞아 뒷전에 내몰려져 있던 헬레니즘 시대의 의학서들을 르네상스 시대로 전해 준 것에만 그치는 것은 아니다. 한편으로는 헬레니즘 의학에 인도 문화권의 영향을 더하고, 거기에 다시 이슬람 문화 특유의 독자적인 색채를 가미함으로써 의술에 있어 동서의 '가교' 역할을 톡톡히 해냈기 때문이다.

　문화 면에 있어 그런 대로 관용적이었던 이슬람교의 칼리프들은 예컨대 호세인 이븐 이스하크(Hosain Ibn Isḥāq, 809~873)와 같은 네스토리우스 정교의 학자도 수용했다. 덕분에 이븐 이스하크는 상당히 비중있는, 바드다드의 의학 권위자가 되어 히포크라테스, 갈레노스, 오리바시우스 등의 저서를 번역했다. 아바스 왕조의 의학서로는 그밖에도 라제스(Rhazes, 860~932), 알리 빈 알 아바스('Alī b. al-'Abbās, ?~994), 아비켄나(Avicenna, 980~1036) 등의 저술이 유명하다. 나아가 코르도바 왕조(755~1236), 즉 이베리아 반도의 이슬람 왕조 치하의 철학자이자 의학자였던 아베로에스(Averroes, 1126~1198)나 마이모니데스(Maimonides, 1135~1204) 같은 인물들은 질병뿐 아니라 인간 행동의 이해에도 커다란 공헌을 하고 있다.

이슬람 의학은 정신질환의 영역에 있어서도 그리스, 인도 및 이집트의 의학 사상을 종합한 듯한 색채가 뚜렷한데, 예컨대 그리스 의학에서 빌려 온 흑담즙설(멜랑콜리mélancolie설, 고대 그리스 의학에서는 인간의 병이 혈액·점액·황담즙·흑담즙의 네 가지 체액의 부조화에 의해 생긴다고 생각했다 — 옮긴이)은 오랫동안 이슬람 의학에 영향을 미쳤다. 바셰르[10]는 오늘날 중증의 우울병을 가리키는 용어인 사우다위(Sawdawi)가 '검은 병'이란 뜻에서 온 것으로 보아 그 기원이 흑담즙설에 있음을 알 수 있다고 말한다.

이슬람 의학뿐 아니라 일반적인 다른 의학에 있어서도 의학의 교육 방식은 해당 의학의 성격을 잘 반영한다고 할 수 있다. 아랍에서는 의학이 전문직이라기보다 광범위한 학예(Funun)의 일부여서 의사들은 많은 과학(ulum) 가운데 하나로 의술을 터득했으며, 의술 외에도 철학, 신학, 점성학, 법률, 음악 등 여러 기예에 능통한 것이 당연하게 여겨졌다. 이와 같은 다방면의 교양을 터득해야 했기 때문에 그들은 자연스럽게 의학적 문제나 인간의 행동에 관해 전체론적인 시각에서 접근할 수 있었다.

그런 만큼 위대한 의사였던 엘 타바리(El Tabari)[11]는 임상의를 '철학자인 의사'와 '철학자가 아닌 의사'로 구별하고 전자를 더 뛰어나다고 보았는데, 이와 같은 철학적 경향은 라제스나 아비켄나에게도 발견된다.

다만 철학적 경향이라곤 해도 형이상학적 경향이기보다는 심리

학적이고 인간학적인 경향에 더 가깝다고 하는 편이 나을 듯한데,
다음과 같은 임상 사례는 그러한 경향을 잘 반영하고 있다.

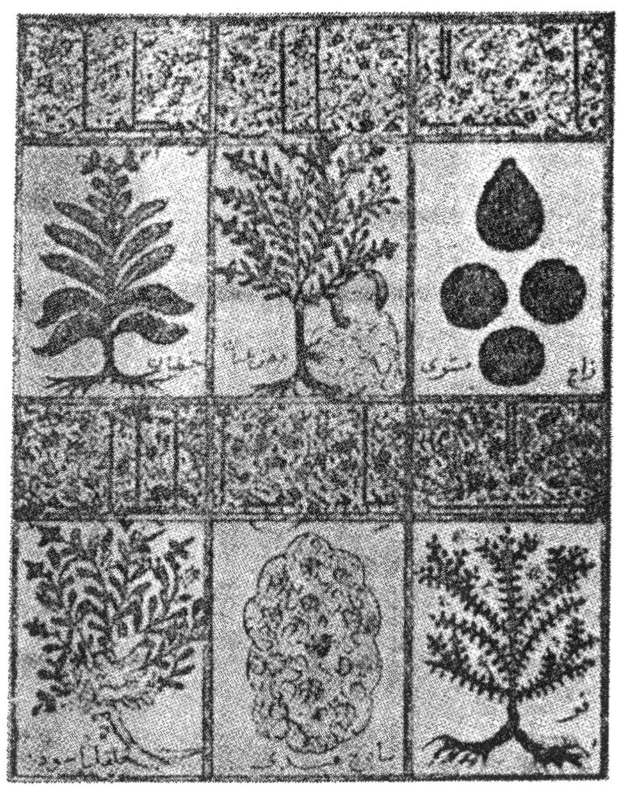

아랍의 『약물도감』

이야기 1 치켜 올려진 팔

아바스 왕조의 칼리프인 하룬 알 라시드의 시녀 가운데 한 사람이 치켜
올린 오른쪽 팔을 내리지 못하는 병에 걸렸다. 오늘날로 말하면 히스테
리성 질환쯤에 해당하는 이 병을 고치기 위해 마사지를 비롯한 각종
요법이 동원되었지만 아무런 효과를 거두지 못했다. 이때 시의(侍醫)

인 가브리엘 이븐 바카타 야슈에는 시녀의 뒤쪽으로 슬그머니 다가가 칼리프와 신하들의 눈앞에서 손가락 하나 까딱하지 않고 순식간에 시녀의 오른팔을 낫게 했다.

가브리엘은 이 사례를 체액 병리학적으로 설명하고 있지만, 이것이 심리요법에 의한 치료라는 사실에는 의심의 여지가 없다.

위대한 임상가였던 라제스는 아랍 및 유럽 의학에 막대한 영향을 미쳤으며 주요 저서에는 『만수리』『알 하위』가 있다.

그 중 전체가 열 개의 장으로 구성되어 있는 『만수리』에는 그 안에 기질의 정의와 본성, 지배적 체액, 인상학(人相學) 입문 등이 포함되어 있다.

한편 『알 하위』는 이슬람권 의학에 있어 최대의 의학 백과사전이다. 1279년에 프아라그 이븐 살림은 이를 라틴어로 번역하여 앙주의 왕인 샤를에게 헌상했는데, 이것이 1486년 이탈리아에서 인쇄, 간행됨으로써 서구 의학자들에게도 커다란 영향을 주었다. 이 책에서 라제스는 질병의 원인을 논하면서 신체의 생리적 상태에 대한 '정신적 사상(事象)'의 의의를 강조하고 있다. 또한 그는 임상적으로 "지성의 퇴락에는 모든 질병의 일반적 징후가 있다"고 주장하면서도 "건강한 지성이 반드시 환자의 건강을 보증하는 것은 아니다"라고도 말하고 있다.

"환자를 대함에 있어 의사는 늘 환자가 건강한 것처럼 믿게 해야 한다. 설사 환자가 이미 자신의 건강을 믿지 못하고 있더라도 반드시 회복의 확신을 불어넣어 주어야 한다. 왜냐하면 신체는 생각대로 반응하기 때문이다." 이와 같은 라제스의 의사로서의 격언

은 그가 심리적 접근에 의한 치료를 얼마나 중요하게 생각했는지
를 적나라하게 보여주는 말이라 하겠다. 역사적으로 라제스는 히
포크라테스나 시데남과 더불어 치료적 실험의 시조로 손꼽히고 있
다.

　라제스와 더불어 아비켄나(아랍어로는 '압 알리 이븐 시나'이며 아
비센나, 아비켄나는 그것이 라틴식으로 와전된 것이다)도 대표적인 이
슬람 의학의 대가인데, 그의 주저인『엘 마레키』는 라제스의『알
하위』와 함께 이슬람 의학의 금자탑이라 할 수 있다.

　985년에 바르쿠아의 세무사인 부친과 브하라 근교의 중류 가정
출신 모친 사이에서 태어난 것으로 알려진 아비켄나는 다섯 살이
되던 해에 전임하는 부친을 따라 브하라로 옮겨 간 뒤 그곳에서
교육을 받았는데, 어려서부터 비상한 기억력으로 주위 사람들을
놀라게 하는 데 명수였다.『코란』암송을 비롯해 수사학, 수학, 천
문학, 신학을 두루 섭렵한 그는, 열여섯 살 때부터 한 기독교도인
의사 밑에서 의학 공부를 시작한 뒤로는 호라즈무왕의 시의(侍醫)
로서 명성을 날렸다고 한다. 또한 심리학에 대한 그의 관심과 그의
심리치료법은 역사적으로도 의의가 있는 것으로, 융의 연상(連想)
검사를 상기시키는 뛰어난 업적으로 평가되고 있다. 아래에서 보
게 될 유명한 이야기는 바로 그 사실을 증명하고 있다.

이야기 1 상사병

페르시아 왕의 친척인 어린 소년이 병에 걸렸다. 의사들은 다방면으로
손을 써 보았지만 낫지 않았다. 때마침 대상(隊商)들이 머무는 숙소에

젊은 유랑 의사가 몸을 의탁하고 있다는 소문에 그를 불러 보기로 했는데, 그 의사가 바로 아비켄나였다. 병에 걸린 소년을 보러 왔을 때 그는 아직 수염도 제대로 나지 않은 가냘픈 체격의 젊은이로서 매우 초라한 모습이었다. 그는 맥을 짚고 소변을 살펴본 뒤 집안 사람들에게 "이 쥬르쟌 도시를 잘 꿰뚫고 있는 사람을 데려와 달라"고 부탁했다. 가족들이 그 사람을 수소문하여 데려오자 아비켄나는 병자의 맥을 짚은 채로 지리에 능통한 자로 하여금 그 도시에 있는 마을 이름들을 순서대로 말해 달라고 요청했다. 몇 개의 지명이 그의 입에서 토해져 나왔을 때였다. 아비켄나는 한 마을의 이름을 듣는 순간 병자의 맥이 갑자기 빨라지는 것을 느꼈다. 이번에는 그 마을에 있는 거리의 이름을 모두 말하게 했다. 그러자 병든 소년의 맥은 다시금 빨라졌다. 이어서 그는 그 거리에 있는 집들에 대해 소상히 알고 있는 사람을 데려오게 해 그 거리에 사는 가족의 이름을 나열하게 했다. 어느 한 집의 이름이 열거되었을 때, 아비켄나는 소년의 맥이 다시금 평정을 잃기 시작하는 것을 느낄 수 있었다. 그러자 이번엔 그 가족에 대해 잘 알고 있는 사람을 불러들여 그 가족 구성원들의 이름을 하나씩 말해 보도록 했다. 그 중 한 사람의 이름이 토해지는 순간 다시 맥박이 빨라지는 것을 확인한 그는 왕의 측근에게 "이제 됐습니다. 왕자는 모 마을의, 모 거리에 사는 모 댁의 따님을 사랑하고 있습니다. 가장 좋은 약은 두 사람을 함께 있도록 해주는 것으로, 그 아가씨를 만나게 해주면 병은 금방 나을 것입니다"라고 설명했다. 그의 말에 왕자는 수줍어하며 이불 밑으로 얼굴을 숨겼다. 사람들이 확인해 보니 과연 그의 말대로였다.

이것은 마치 전설과도 같은 이야기이다. 그러나 아비켄나 자신이 그의 저서 『알 카논』에서 "나는 이 방법을 실행함으로써 왕자가 좋아하는 사람이 누구인지를 밝혀냈다"면서 정신요법의 필요성을 주창하고 있다. 물론 아비켄나는 정신의학 전문가가 아니고, 『알 카논』도 정신의학서는 아니다. 정신의학에 관한 아랍 최초의 의학 서적은 바로 9세기에 후나인 븐 이스하크(Ḥunayn bn Isḥāq)가 저술한 『멜랑콜리 병론』이다.

4. 전통적 정신의학의 동과 서

현대 의학의 다른 영역, 예컨대 공중위생학 분야에서는 최근 들어 세계보건기구가 드디어 천연두의 종식을 선언하기에 이르렀으며, 산업화된 많은 국가들의 경우 나병 환자의 신규 발생 건수가 더 이상은 보고되지 않고 있다. 이제 인류는 그 동안 인류의 강적으로 군림하면서 역사와 문화에 변수를 초래하던 많은 '전염병'들을 지상에서 몰아내는 데 성공하고 있는 것이다. 악성 종양만 해도 아직까지는 대적하기 버거운 질병임에 틀림없지만, 어떤 방향으로 나아가야 필요한 해결안을 찾을 수 있을지 적어도 그 방향만은 명확하게 설정한 것으로 보인다. 반면 정신의학의 영역에 있어 현대 정신의학과 현대 문화는 비록 신경생화학이나 정신약리학 등의 분야에서 눈부신 진보를 이루어내고 있을지 몰라도 실제로는 사회에 제대로 적응하지 못한 부적응자나 광기로 고통받고 있는 사람들에 대한 처우에 있어 어떻게 하면 예전의 전통사회보다 더 효율적이고 합리적인 방법을 찾아낼 수 있을지 그 갈피조차 잡지 못하고 있는 실정이다.

모든 사회나 문화는 그들 고유의 광기관 및 정신장애자에 대한 대응방식을 갖고 있다. 뿐만 아니라 잘 알려진 바와 같이, 그 문제를 적어도 가치중립적인 입장에서 고찰해 보고자 하는 민간 정신의학(folk psychiatry) 영역 면에서의 연구 역시 키프와 같은 연구자들에 의해 주창되고 있다.

필자가 기술해 온 이 '동양의 광기' 역시 비서구 사회들의 광기관과 그들의 전통적 정신의학에 대한 고찰인 것이다. 그리고 보면 모든 문화 속에서 발견되는 전통적 광기관에는 나름대로의 특이한 부분도 있지만, 인류 전체의 보편적인 시각도 깃들여 있는 것으로 보인다. 동과 서를 잇는 가교라 할 수 있는 아랍 제국의 광기관은 특히 우리에게 시사하는 바가 크다.

미야모토 다다오의 지적처럼, 광기관에 관한 문제에 있어 우리에게 풍부한 자료를 제공하는 것은 오히려 비의학적인 문헌인데, 이슬람 문화권의 문헌으로는 10세기경의 아랍 문학자인 나사부리(Nasaboury, ?~1014)에 의해 저술된 『건전한 광인(Sane Insane)』이 잘 알려져 있다.[12] 나사부리는 자신이 저술한 이 책이야말로 엘 하피즈(El Hafiz), 이븐 아베 도우니아(Ibn Abe-dounia), 로그만(Logh-man), 바가다디(Baghadadi) 등과 같은 석학들의 학설을 기초로 광기의 제반 현상을 그려낸 완벽한 문헌이라고 자칭하고 있다.

아랍어 〈jenun〉은 영어의 'madness'에 해당하는 말이지만 직역하면 '숨겨져 있다' '가로막혀 있다'라는 뜻이 된다. 이밖에도 '미친' 사람을 표현하는 아랍어는 25개 이상이나 되는데, 나사부리는 그 말들을 검토함으로써 광인을 다섯 가지 범주로 나누고 있다.

1. 마두(Matouh)　선천적인 광인.

2. 마무루르(Mamurur) 체액과 관련하여, 즉 '열을 받은 담즙에 의해'
광기에 사로잡힌 자.

3. 맘수스(Mamsus) 진 혹은 사탄의 농간으로 광기에 사로잡힌 자.

4. 아식(Ashig) 정열적인 연애의 포로가 되어 광기에 이른 자. 다시
말하면 색정에 의한 광기.

5. 아크학(Akhag, 동의어는 Habanag, Ahamag, Annak 등) 판단력 결
여, 업무 불가, 기질 장애 등으로 고통받는, 이른바 '건강한 광인'.

위의 분류를 보면 나사부리가 알코올 중독이나 '청소년의 이상
행동' 등은 광기의 범주에서 제외시키고 있음을 알 수 있다.

서구 중세 때 발표된 『마녀의 추(Malleus Maleficarun)』가 종교재
판을 위한 마녀사냥의 지침서였고, 일본의 근세 사상가 히라타 아
쓰타네(1776~1843, 신도를 신비주의적 체계로 재구성했다 ― 옮긴이)
가 저술한 『고금요매고(古今妖魅考)』가 히라타 신도(平田神道)의
입장에서 본 불교 비판서인 동시에 시대별로 나타난 정신장애의
사례집 역할을 수행했던 것처럼, 10세기 아랍의 문학서인 『건전한
광인』은 그 시대를 살던 정신장애자들의 증상 및 사회적 지위, 행
동양식 등에 대한 전체상을 제공해 주는, 정신의학적으로 볼 때
매우 흥미진진한 문헌이다.

임상적으로 볼 때 거기에 실린 이야기들은 색정광(혹은 색정에
의한 심인 반응)과 같은 예를 제외하면, 주로 정신분열병이나 조울
병에 해당하는 것들이라고 바셰르는 말한다.[13]

이야기 2 꿈에서 병이 나은 여인

바이잔이라는 여성의 증상은 지극히 흥미롭다. 그녀는 20년 동안이나

정신병으로 고생하다가 저절로 병이 나았는데, 그녀의 회복은 생생한 꿈과 더불어 이루어졌다. 그 꿈속에서 그녀는 계속 앓고 있다가 낙원으로 갈 것인지, 병을 털고 일어날 것인지 선택해야 하는 기로에 서게 되었다. 또한 꿈속에는 두 명의 교주(敎主)인 아브 바케르와 오메르도 등장했는데, 두 사람은 그녀를 위해 기도해 주었다. 잠에서 깬 그녀는 자신의 병이 물러갔음을 느꼈고 그 사실을 자신의 오빠에게 알렸다.

이러한 이야기들을 보면 우리는 정신병자들에 대한 당시 이슬람 공동체의 태도가 관용적이고 인간적이었음을 알 수 있다. 또한 애정이 사람을 광기에 빠지게 한다는 사고가 사회로 하여금 광기를 수용하도록 하는 데 일익을 담당하고 있음도 발견할 수 있다. 정신병자들 중 일부는 신성한 능력을 소유하고 있어 기적을 일으키기도 한다는 믿음이 발견되는 것도 공통적이다. 그렇기 때문에 사회는 그들을 수용했으며, 사람들은 그들과의 대화를 통해 그들의 마음속에 담긴 비밀을 밝혀냄으로써 장래에 일어날 일을 알아내고자 했다.

『건전한 광인』에 실린, 바스라의 정신병원에 입원을 당하는 몇몇 정신질환자의 이야기를 보면 이미 10세기부터 아랍에서는 정신병자를 병원에 수용하는 풍습이 있었던 듯싶다. 그러나 환자들 대부분의 경우는 자택에 머물거나 시장이나 모스크 또는 황야를 방황하거나 했는데, 이러한 기술을 읽고 있노라면 일본 고전극 노오(能)의 한 범주인 '광란 이야기(狂亂物)'에 속하는 '연모의 광란(erotomania)' 이야기가 머릿속에 떠오른다. 『하나가타미(花筐)』는 물론 그밖의 다른 작품을 보아도 좌절된 사랑으로 인해 제정신을

잃어버린 여성들은 '거리로 뛰쳐나가' 배회하는 미친 여자가 되는데, 이러한 '색정광'의 계보는 근세 초기 오노 노오쓰(小野のお通)의 작품에 등장하는 시녀(侍女), 자기 때문에 희생된 애인의 죽음에 대한 충격으로 실성한 뒤 거리를 배회하면서 애인의 편지를 펼쳐 읽곤 했다는 「편지 읽는 광녀(文展げの狂女)」(伴蒿蹊,『近世畸人傳』), 나아가 오나쓰와 세이주로의 슬픈 사랑 이야기 등으로 이어진다.[14] 그런 한편으로 광인이나 정신지체자가 '신의 사랑을 받는 자'로 간주되어 그 예언 능력을 존중받기도 했다는 이야기는 야나기다 구니오(柳田國男)의 『엔노 이야기(遠野物語)』를 비롯한 일본 설화집 속에 잘 나타나 있다.

정신장애의 원인을 귀신론에서 찾으려는 사고방식은 상술한 대로 이슬람의 광기론에 속하는 맘수스형 광기에 있어서만 발견되는 것은 아니다. 일본에도 '뭔가에 씌어 미친다'는 광기관이 공통적으로 발견되고 있기 때문이다.

일반적으로 질보그[15]와 같은 서구 정신의학자들은 근대 정신의학의 성립은 귀신론에 대한 투쟁의 성과이며, 그리징거(W. Grie-singer)[16]의 '정신병은 뇌 질환'이라는 명제가 인식론상의 진보를 나타낸다는 입장을 고수하면서 정신의학사를 계몽주의적이고 진화론적인 관점에서 이해하고 설명하고자 한다.

그러나 상술한 나사부리의 분류나 앞에서 설명한 고대 인도 의학의 광기관을 보아도 정신장애의 원인이 (내인과 외인을 두루 포함한) 신체 질병에서 비롯된다고 보는 견해, 마음에 있다고 보는 견해, 그리고 귀신에 의한 것이라고 보는 견해 등은 오히려 병렬적인 것이라 할 수 있다. 이러한 설명이 꼭 귀신론 — 체액설 — 심인설 — 외인설과 같은 식으로 연대기적이고 중층적으로 구성된 것은 아니다. 예를 들어 고대 인도의 불전인 『삿다르마 푼다리카 수트라』(『묘법연화경』「여래수량품」)에는 중독으로 말미암아 정신이 이상해진 자식의 병을 아버지인 의사가 약물로 치료한다는 이야기가 실려 있다.

물론 토속적인 샤머니즘의 토대 위에 유교나 불교가 중층 구조를 이루고 있는 동양권(중국, 한국, 일본)과는 사정이 다를 수도 있다.[17] 그러나 그렇지 않는 경우에도 기본적으로는 사정이 동일하다는 사실은 필자[18]가 1967~68년에 네팔 서부 산악지방 주민들을 대상으로 민속 정신의학적 조사를 시행했을 때에도 관찰할 수 있었다. 히말라야 산맥의 계곡에서 고립된 생활을 하며 라마교 이전부터 뿌리내린 토속 종교 본(Bon)교를 믿고 사는 이 티베트계 네팔인들은 일반적으로 정신이상자(정상이 아닌 사람)를 니욤파(Nyöm-pa)라 불렀는데, 그 대부분은 선천적인 정신지체를 가리켰다. 그들은 그밖에도 '해로운 음식을 먹거나 머리를 부딪혀서' 생긴 광기(소크룸 니욤파)와 지나친 걱정 때문에 생긴 광기(타크룸 니욤파)를 구별하고 있다.

이렇게 고찰해 보니, 정신의학사나 광기론의 역사에 대한 단선적인 진화론은 아무래도 믿을 만하지 못하다는 생각이 든다. 구레 슈조가 근대 일본의 정신병자들을 가리켜 "이 병을 앓고 있다는 불행에, 이 나라에 태어났다는 불행까지 겪고 있다"는 과격한 말을 서슴지 않았던 것은, 광인들에게 관용을 베푸는 전통적인 태도 및 신앙과 연관시켜 그들을 수용하던 안전장치들이 무너진 반면 그것을 대체할 만한 의학적 장치는 마련되지 않았던 근대화 과정 당시의 문화적 공황 상태를 빗대어 말한 것에 불과하다. 그러나 서구나 아랍의 정신의학사가 중국이나 일본의 그것과 다른 점을 한 가지 짚어낸다면, 그들에게는 근대 정신의학의 탄생 이전부터 광인을 병원으로 보내는 전통이 자리잡고 있었다는 사실이다.

예컨대 이미 우마이야 왕조(661~750) 시대부터 이슬람 문화권의 칼리프들은 병원을 짓기 시작했으며, 거기에다 정신장애자도 수용했다고 한다.

이슬람권에서는 바그다드, 카이로, 코르도바, 다마스쿠스 등지에 병원을 건축했는데, 그 중에서도 12세기에 살라 엘 딘(Salah El Din)과 엘 아유비(El Ayoubi)가 지은 나스리 병원(1171), 그의 아들인 누르 엘 딘(Nour El Din)이 지은 누리 병원이 특히 유명하다. 이들 병원에서는 아랍풍의 약물요법, 심리요법 외에 음악요법도 실시되었다고 한다.[19]

이 점은 하야시 무네요시(林宗義)[20]의 "예로부터 중국의 전통 의학은 정신적 질환에 관한 기술이 적다. 중국에서 정신의학은 선천적으로 취약한 학문이었다"는 말과 더불어 앞으로 깊이 생각해 볼 필요가 있는 문제가 아닌가 싶다.

맺음말
동양과 서양, 광기의 역사

狂

　여기서는 동양 문화의 중핵을 이루는 중국의 광기관 및 정신의
학사에 관해 간단히 전망하고, 나아가 동서의 광기관을 비교해 봄
으로써 전체를 총괄하고자 한다. 중국의 경우, 도교와 유교라는 2
대 사상은 그들의 광기관에도 상당한 영향력을 행사하고 있다.

　쳉(Cheng, J. C.)[1]에 의하면, 도교에서는 건강 및 질병에 대한 관
념과 '자연 철학' 사이에 밀접한 관련이 있다. 인간은 자연의 소우
주와의 융화이며, 의술은 종교 및 철학의 일부분을 구성하는 것이
기 때문에 삼자가 하나의 전체 구조를 이루는 것이다. 이에 대해
살펴보려면 다음과 같은 기본 개념이 중요하다.

1. 도(道)의 개념　여기서 말하는 '도'란 농경민족인 중국인들이 자연의
변천을 관찰하는 과정에서 도출해낸 만물의 통어자(統御者)로서, 사람
들은 이 '도'의 법칙을 따라 살아가야만 젊음과 심신의 건강, 나아가

생식능력을 유지할 수 있다고 생각했다.

2. 음(陰)과 양(陽)의 개념   자연에도 인체에도 작용하는 두 가지 대립 개념으로, 양은 적극성과 밝음, 남성·태양·낮을 상징하며, 음은 소극성·여성·암흑·밤·달 등을 상징한다. 음과 양의 힘은 인체 경락을 순환하는데, 그 순환이 원활하게 이루어지지 못하면 질병이 찾아온다.

3. 5대 원소(五行)의 개념   음양은 다시 목(木)·화(火)·토(土)·금(金)·수(水)의 오행으로 나눠진다. 이것들은 인체를 포함하는 전체 자연계에 분포하며, 이것들의 균형이 무너지면 질병이 찾아온다.

4. 의미있는 수(Significant numbers)에 대한 개념   중국에서는 5, 7, 8이라는 숫자에 특별한 의미를 부여하고 있다. 예컨대 5는 오정(五情), 오장(五臟)과 같은 식으로 감정 및 내장과 관련시켜 생각했으며, 7은 여성과, 8은 남성과 관계있다고 여겼다. 그밖에 육부(六腑)라는 표현을 통해서도 알 수 있듯 3과 6에도 의미를 부여하고 있다.

한편, 건강하지 못한 것이나 질병의 원인은 도에서 일탈한 것으로 설명되었으며, 자연 및 사회의 '도'에서 벗어나면 질병이 찾아온다고 생각했다. 나아가 음양이나 오행의 부조화도 질병 유발의 요인이 된다고 여겨져, 후대로 넘어갈수록 복잡하고 사변적인 병인론이 형성되지만 풍(風), 건(乾), 습(濕), 공기와 같은 자연적 변화를 병인으로 보는 시각은 달라지지 않는다.

쳉은, 도가 사상은 그보다 더 주술적이고 민속적인, 애니미즘이나 영혼숭배에 토대를 둔 의학 사상과 병립했다고 말한다. 그러나 이 관계는 토속적 의술 — 도가적 사상 — 유학적 사상의 연속선상에서 바라보는 편이 좋을 것 같다. 고대에는 종교와 의료의 역할이 분화되어 있지 않았기 때문이다. 역시 쳉에 의하면, 중국에서는 주대(周代, B.C. 1121~A.D. 249)에 양자의 기능 분화가 시작되었다고 하니, 그것은 상당히 일찍부터 진행되었다고 말할 수 있겠다. 주술적 의료에서는 귀(鬼), 마(魔), 정령(精靈), 유혹하는 여성의 모습으로 변신한 여우 등이 병인으로 생각되었는데, 이것들은 도가적 의술과 대립하기보다는 오히려 거기에 흡수되었다. 그 같은 영향 아래 주술적인 의학도 현교적(顯敎的)이고 (좁은 의미의) 주술적인 것과, 밀교적이고 신비적인 것으로 나뉘었다. 전자는 연단술(鍊丹術), 즉 서양으로 치면 '현자의 돌'을 만드는 쪽으로 나아갔다. 후자는 방술사(方術士)로 나아가 퇴마술(退魔術)과 같은 것을 지향하게 된다.

그러나 중국에서도 정신장애자는 악령에 의한 무고한 희생자로 간주되었기 때문에 서구에서처럼 낙인이 찍히는 일은 없었다.

정신장애 역시 다른 질병들처럼 상술한 두 가지 맥락 아래에서 고찰되고 있으며, 기원전 10세기경의 저술인『황제내경』에 이미 '광기' '조폭(粗暴)' '언어장애' '경련 발작' 등이 기재되어 있다는 사실은 앞에서도 설명한 바 있다. 그후 당대, 원대, 명대에는 정신장애를 좀더 상세하게 분류하고 기술하려는 시도가 있었으며, 특히 명대(1368~1662)의 왕긍당(王肯堂)은 정신질환을 전(癲, 多分한 정신분열병), 광(狂, mania), 발작(發作, fits)의 세 범주로 구분하고 있다.

옹(Wong)[2] 등에 의하면 기원전 3세기에 이미 중국의 수도에는 언어장애, 시력장애, 보행장애, 사지 마비 환자와 함께 정신병자를 수용하는 시설이 있었다는 기록이 남아 있다지만, 그 이후로 병원 정신의료의 전통이 꽃을 피웠다는 흔적은 없다.

당시 나광(癩狂) 병자에 관한 임상적 검사는 으레 망진(望診, 視

診)이나 병력(病歷) 청취라는 방법에 의존했다. 한 가지 특징적인 점을 찾아 본다면 꿈 해몽을 통한 독특한 진단 체계가 발견된다는 것인데, 예컨대 홍수에 익사하는 꿈은 음의 우월을, 불붙는 꿈은 양의 우월을, 투쟁하는 꿈은 양자의 상극을 뜻하는 것으로 받아들여졌다.

맥진의 방법은 정밀해서, 서로 다른 맥박의 종류가 열두 가지나 되었다.

치료의 방법으로는 침과 뜸(鍼灸), 의약, 체조 요법이 이용되었던 듯한데, 이 중 침은 음양의 울체(鬱滯)를 제거할 때 사용했다. 그밖에 금, 진주, 석영(石英), 약초, 복숭아씨 등의 약제도 이용되었지만 약효에는 주술적인 해석이 첨가되었던 듯하며, 도인(導引)·조식(調息)과 같은 호흡법이나 체조도 치료법으로 이용되었던 것으로 보인다.

상술한 내용을 통해 짐작할 수 있듯, 특히 비종교적인 면에 있어서 중국의 전통 의료체계는 후대로 넘어올수록 광기를 다른 신체 질환과 동일하게 취급하려는 특징을 나타내고 있다. 이러한 특성은 중국이 다른 서구 여러 나라들처럼 데카르트식 심신 이원론의 함정에 빠지지 않도록 도와주었지만, 그런 한편으로 정신의학 면에 있어 독자적인 방법론의 개발을 저해하기도 했다.

그 결과 근대 의학의 도입 직후 중국의 의사들은 정신의학 면에 있어 낙후된 자국의 상황을 한탄해야만 할 지경이었다. 그러나 오늘날은 중국 문화의 총체와 전체론적인 의학체계에 근간을 둔 광기관을 도출해내고 그것을 재평가하는 한편 현대 정신의학의 방법과 상호 보완해 나가면서 새로운 동양적 정신의 가능성을 탐구하고 있다. 다만 저개발 국가들의 의료체계에서 공통적으로 발견되는 것처럼, 그러한 작업이 자국의 문화적 전통에 대한 재발굴 작업으로까지 이어지는 데는 아직 한계가 있는 듯하다.[3]

중국, 인도 및 이슬람 문화권의 역사와 정신의학사를 개관하다 보면 일본이나 서구의 그것과 대조되는 면이 있음을 알 수 있지만, 한편으로는 인류 공통의 '광기의 구조'를 찾아내는 일도 가능하다. 그러나 그 구조 안에서 통시적으로나 공시적으로나 많은 엇갈림과 차이가 발견되는 것도 사실이다. 따라서 그 공통점과 차이를 비교하고 대조하여 이후 문화 속에서 광기를 어떻게 취급하고, 정신의학 체계를 어떤 식으로 정립해야 할지, 그 단서를 마련하는 일이 앞으로의 남은 과제라 하겠다.

지금까지 서술해 온 내용으로 미루어 볼 때, 인류 문화의 저변을 관통하고 있는 광기관 및 광기에 대한 대응방식은 다음과 같이 정리될 수 있지 않을까 한다.

먼저, 기존에 생각되어 온 것처럼 귀신론, 체액설, 뇌 병리설은 시대에 뒤떨어진 것이 아니다. 미개 문화라 할지라도 정신적 병태에 관해 ① 심인적 요인, ② 선천적인 요인, ③ 외부적인 요인, 즉 해로운 음식물의 섭취나 열병 등 신체 질환의 요인과 같은 세 가지 원인이 공통적으로 상정되어 있다. 이에 대한 ④ 초자연적 원인의 관여는 전체에 적용되는 경우와, 위에서 본 ①~③과 병행되는 경우의 두 가지가 있다. 다만 동서양간에 발견되는 가장 커다란 차이점은, 동양의 경우 ①~③과 같은 자연적 원인과 초자연적 원인을 동등하게 생각하지 않았나 하는 것이다.

하인로스(Heinroth)의 견해에 의하면, 독일 정신의학에서는 초자연적인 광기관이 18세기 낭만주의 정신의학의 시대까지 잔존해 있었다. 일본에서도 에도 말기의 인물인 스야마 다이로쿠(陶山大錄)가 『인호변감담(人狐弁惑談)』 속에서 와이어(J. Weier)와 마찬가지로 여우들림을 질병으로 간주하면서 여우의 책임이 아니라고 강조하고 있는 것을 보면, 이 부분의 인식에 있어 동양이 서구에 비해 질적으로 한참 지체되어 있었다고 생각하는 데는 무리가 있다.

단, 서구 문명에 있어서는 기원전 3세기에 히포크라테스가 『신성한 질병에 관한 연구』라는 책에서 간질은 뇌의 질병이지 신성(神聖)에 의한 병이 아니라고 밝히고 있으며, 근대 정신의학의 요람기에 그리징거가 "정신병은 뇌의 질병"이라는 유명한 이론을 성립시킨 것에서도 알 수 있듯, 서구에서는 '~이며, ~은 아니다'와 같은 식의, 아리스토텔레스 이래의 배중률(排中律) 논리에 따라 뇌병리설을 옹호하는 입장이 압도적이라는 특징이 있다. 그리고 이러한 발상은 근대 정신의학 이후 현저한 발달을 이루었다.

그러나 이 같은 사고방식은 셈족 특유의 선악 이원론에 따라 모든 정신장애자나 범죄자들을 이단의 무리, 즉 악마에게 혼을 판 사람들로 규정지어 '악 혹은 어둠'의 계열로 몰아넣고 그들에게 '낙인을 찍는' 경향을 낳음으로써 마녀사냥의 원리로 작용하기도 했다.

또한 심신 이원론적 의학관에 입각한 신체의학과 정신의학 사이의 균열은 한참 뒤 셀리예(H. Selye)가 스트레스 학설 및 심신의학 이론을 체계화하고, 보스(M. Boss)가 현존재 분석을 통한 심신의학에 입각해 동양사상을 소개하고자 하는 움직임을 보이기 시작하면서 조금씩 메워지기 시작했다.

정신의학적 측면에서 낙인 찍기란 대체로 두 가지 단계로 나누어 볼 수 있다. 첫 번째 단계는 중심과 주변, 다수와 소수, 정상과 이상과 같은 식으로, 광기에 사로잡힌 자를 안데르센의 동화 「미운 오리새끼」에 등장하는 오리새끼로 몰아가는 작용이다. 이러한 작용은 사실 중국, 인도, 일본, 아랍, 서구를 막론하고 모든 문화권에서 공통적으로 발견되지만, 그 정점을 향해 치달았던 것은 바로 근대 이후였다. 푸코의 『광기의 역사』가 강조하는 것이 바로 이 과정의 진행 상태였던 것이다. 그러나 앙리 바뤼크(H. Baruk)[4]의 비판에서 발견되는 것처럼 이 과정에 이르는 데 근대 정신의학의 '임상의 탄생'을 기다릴 필요는 없었던 것으로 보인다. 인간성 일반에는 으레 그러한 경향이 있는 것이고, 단지 기호론적으로 어떠한 경향을 두드러진(marked)[5] 것으로 보느냐가 그 시대와 문화에 의해 결정되는 것이기 때문이다. 낙인 찍기의 두 번째 단계는 상술한 '신 대 악마' '정상 대 이상'이라는 이원론의 계열을 설정하고 정신장애자를 후자의 계열에 편입시켜 버리는 방법이다. 근대 말기 정신장애자들이 겪어야 했던 비극은 이 두 가지 유형의 낙인 찍기를 동시에 감당해야 했던 것에 있지 않을까 싶다.

이 점에서 볼 때 축제와 일상이라는 양 계열의 문화를 가진 일본 문화[6]가 축제의 시공간에서만 허용되는 일탈 행동을 일상의 시공간에서도 그대로 연출하는 자를 광인으로 보면서도 이 양 계열을 등가(等價)의 것으로 만듦으로써 광인을 문화체계 속으로 편입시키는 지혜를 가지고 있었다는 사실은 우리에게 많은 것을 시사해 주고 있다.

주
찾아보기

서장

1. Venkoba Rao, A. : "India", in Howells, J. (ed.) : *World History of Psychiatry*, Balliere & Tindall, London, 1974.
2. Zilboorg, G. : *A History of Medical Psychology*, Norton, New York, 1941. (神谷美惠子 譯, 『醫學的心理學史』, みすず書房, 1958.)
3. 佐藤倚男, 「抗精神病藥」 『精神醫學事典』, 弘文堂, 1975.
4. Kiev, A. : *Transcultural Psychiatry*, Free Press, New York, 1972.
5. Kiev, A. : 위의 책.
6. Ackerknecht, E. H. : *Kurze Gesichte der Psychiatrie*, Z. Aufl., F. Enke, Stuttgart, 1967.
7. Howells, J. (ed.) : *World History of Psychiatry*, Balliere & Tindall, London, 1974.

제1장

1. Venkoba Rao, A. : "India", in Howells, J. (ed.) : *World History of Psychiatry*, Balliere & Tindall, London, 1974.
2. Müller, F. M. : *Lecture on the Veda*, London, 1865.
3. 辻直四郎 譯, 『アタルヴァ・ヴェーダ 讚歌 ― 古代インドの呪法』, 岩波書店, 1979.
4. 辻直四郎 譯, 『リグ・ヴェーダ 讚歌』, 岩波書店, 1970.
5. 中村元, 『インド思想史』, 岩波全書, 1946.
6. Comte, I. A. : *Discours sur l'aspect positif,* 1804. (田邊壽利, 『實證的精神論』, 岩波文庫, 1938.)
7. Venkoba Rao, A. : 위의 글.
8. Venkoba Rao, A. : 위의 글.
9. 伊藤和洋 譯, 『アユルヴェーダ ― 古代インド 醫學と藥草』, 藥遊書房,

1975.

10. 伊藤和洋 譯, 위의 책.

11. 大地原玄誠 譯, 『スシュルタ本集』, アユルヴェーダ 刊行會, 1971.

12. 伊藤彌惠治・鈴木正夫 譯, 『ススルタ大醫典』, 日本醫史學會, 1971.

13. Venkoba Rao, A. : 위의 글.

14. 伊藤彌惠治・鈴木正夫 譯, 위의 책.

15. 大地原玄誠 譯, 위의 책.

16. 伊藤和洋 譯, 위의 책.

17. 伊藤彌惠治・鈴木正夫 譯, 위의 책.

18. Venkoba Rao, A. : 위의 글.

19. 辻直四郎 譯, 『リグ・ヴェーダ 讚歌, インド, アラビア, ペルシア集』(筑摩世界文學大系六), 筑摩書房, 1974.

20. Ludlow, F. : "Selections from the hashish adters", in Solomon, D. (ed.) : *The marihuana papers*, Bobbs-Merrill, Indianapolis, 1966.

21. Carstairs, G. M. : "Bhang and alcohol, cultural factors in the choice of intoxicanes", *Q, J, Stud. Alcohol*, 15: 220, 1954.

22. 伊藤彌惠治・鈴木正夫 譯, 위의 책.

제2장

1. 中村元, 『インド思想史』(第二版), 岩波書店, 1968.

2. 坂本幸男・岩本裕 譯, 『法華經』(上・中・下), 岩波書店, 1967.

3. 坂本幸男・岩本裕 譯, 위의 책.

4. 坂本幸男・岩本裕 譯, 위의 책.

5. Watts, A. : "Asian Psychology and Modern Psychiatry", *Amer. J. Psychoanalysis*, 18: 25, 1953.

6. Boss, M. (霜山・大野 譯) 『東洋の英知と西歐の精神療法』, みすず書房, 1972.

7. 長屋雅人, 『中觀と唯識』, 岩波書店, 1978.

8. 長屋雅人, 위의 책.

9. Jung, C. G. : *Uber Mandalasymbolik*, Psychologische Abhandungen. Ⅶ Zü

rich. Coll. Werk 9-1, 1950.

10. 秋山さと子, 「ユングと古典」『現代思想』, 一～五, 一二, 東洋, 青土社, 1973.

11. 宮坂宥勝・梅原猛, 『生命の海(空海)』, 角川書店, 1973.

12. Séchaye, M. (村上・平野 譯)『分裂病の少女の手記』, みすず書房, 1955.

13. 梅原猛, 『佛敎の思想』(下), 角川書店, 1980.

14. Watts, A. : 위의 글.

15. 橘惠勝, 『佛敎心理學の硏究』, 法藏閣, 1935.

16. 高山直子, 『佛法と精神醫學』, 聖敎新聞社, 1979.

제3장

1. 田邊繁子 譯, 『マヌの法典』, 岩波書店, 1953.

2. 辻直四郎, 「あとがき」『リグ・ヴェーダ 讚歌, インド, アラビア, ペルシア集』(筑摩世界文學大系六), 筑摩書房, 1974.

3. Sommerville, A. : *Crime and Religious Beliefs in India*, Thacker & Spink, Culcutta, 1966.

4. Sommerville, A. : 위의 책.

5. 辻直四郎・蒲生禮一・前田式子・前田惠學・岩本裕也 他 譯, 『インド, アラビア, ペルシア集』(筑摩世界文學大系九), 筑摩書房, 1974.

6. Sommerville, A. : 위의 책.

7. 辻直四郎・蒲生禮一・前田式子・前田惠學・岩本裕也 他 譯, 위의 책.

8. 辻直四郎・蒲生禮一・前田式子・前田惠學・岩本裕也 他 譯, 위의 책.

9. 小田晉, 『日本の狂氣誌』, 思索社, 1980.

10. ソーマデーヴァ, 上村勝彦 譯, 『屍鬼二五話 ― インド傳奇集』, 平凡社, 1978.

11. Frazer, J. : *The Golden Bough: A Study in Magic and Religion*, Macmillan, London, 1922.

제4장

1. 望月良晃, 『大乘涅槃經の研究』, 春秋社, 1988.
2. Clifford, T. : *Tibetan Buddhist Medicine and Psychiatry*, The Diamond Healing, Samuel Weiser, York Beach, 1984.
3. 小田晉, 「佛教と醫學」, 湯淺泰雄 編, 『密儀と修行』(佛敎と日本人 3), 春秋社, 1989.
4. Clifford, T. : 위의 책.
5, 福永勝美, 『佛敎醫學事典: 補ヨーガ』, 雄山閣, 1980.
6. 服部敏良, 『奈良時代醫學の研究』, 科學書院, 1980.
7. 服部敏良, 『平安時代醫學の研究』, 科學書院, 1980.
8. Watts, A. : "Asian Psychology and Modern Psychiatry", *Amer. J. Psychoanalysis*, 18: 25, 1953.
9. 福永勝美, 위의 책.
10. 野村端城, 『白隱と夜船閑話』, 日本心靈學會, 1925.
11.『森田正馬全集』, 白楊社, 1975.
12. 武田良二, 『內觀法・禪的療法』, 文光堂, 1972.

제5장

1. Clifford, T. : *Tibetan Buddhist Medicine and Psychiatry*, The Diamond Healing, Samuel Weiser, York Beach, 1984.
2. rGyud'bźi : *A Reproduction of a set of prints from the 18century Znng-cu-ze blocks from the collection of Prof. Vira by O-rgyan Namgyal*. Ledakh, S. W. Tashingangpa, 1975. 주 1에서 인용.

제6장

1. 藤堂明保, 『狂 — 中國の心, 日本の心』, 中央圖書, 1971.
2. 小野澤精一・福永光司・山本湧, 『氣の思想』, 東大出版會, 1978.

제7장

1. 藤堂明保, 『狂 — 中國の心, 日本の心』, 中央圖書, 1971.
2. Specht, G. : *Chronische Manie und paranoia*, 261, f. Nervenheilk, 28: 590, 1905.
3. 宮本忠雄, 『診斷, 日本人』, 日本評論社, 1974.
4. 後藤基已, 『ある抵抗の姿勢 — 竹林の七賢人』, 新人物往來社, 1973.
5. Needham, J. : *Science and Civilization in China*, Vol. 2, 1956. (東畑精一・藪內淸 監修, 『中國の科學と文明』第二卷, 思索社, 1974.
6. 吳秀三, 『磯邊偶抄』(上・下), 精神醫學神經學古典刊行會(復刻), 1979.
7. Berg, K. : *Der Sadist*, Dtsch. 2, gerecht. Med., 17: 247, 1931.
8. 吉益侑夫, 『犯罪病理學』, 朝日新聞社, 1955.
9. 吳秀三, 「潔癖」『神經學雜誌』, 一五, 三〇〜九〇, 1916.

제8장

1. 小田晉, 『日本の狂氣誌』, 思索社, 1980.
2. 西丸西方, 『狂氣の價値』, 朝日新聞社, 1980.
3. Needham, J. : *Science and Civilization in China*, Vol. 2, 1956. (東畑精一・藪內淸 監修, 『中國の科學と文明』第二卷, 思索社, 1974.
4. 佐々木雄司 編, 「シャーマニズム」『現代のユスプリ』, 一六五號, 至文堂, 1981.
5. 中山太郎, 『日本巫女史』, 大岡山書店, 1980.
6. 佐々木雄司 編, 위의 글.
7. 陳舜臣, 『日本の歷史』第二卷, 平凡社, 1981.
8. 宮本忠雄, 「宗敎病理」『異常心理學講座』第五卷, みすず書房, 1965.
9. Zilboorg, G. : *A History of Medical Psychology*, Norton, New York, 1941. (神谷美惠子 譯, 『醫學的心理學史』, みすず書房, 1958.)
9. 門脇眞枝, 『狐憑病新論』, 博文館, 1902.
11. 宮本忠雄, 「日本人の精神構造」『からだの科學』七九號, 日本評論社,

1978.

12. 蔦舍主人,「靈獸雜記」, 吳秀三 編,『吳氏醫聖堂叢書』, 思文閣(復刻), 1970.

13. 平田篤胤,「古今妖魅考」(文政 十一年), 吳秀三 編,『吳氏醫聖堂叢書』, 思文閣(復刻), 1970.

14. 吳秀三,『磯邊偶抄』(上・下), 精神醫學神經學古典刊行會(復刻), 1979.

15. Needham, J. : 위의 책.

16. Needham, J. : 위의 책.

17. 本田濟 編譯,『漢書, 後漢書, 三國史列傳』, 平凡社, 1973.

18. Needham, J. : 위의 책.

19. Veith, I. : "Far East", in Howells, J. (ed.) : *World History of Psychiatry*, Balliere & Tindall, London, 1974.

20. 前野直彬 譯,『唐代傳奇集』 I・II, 平凡社, 1963.

제9장

1. Veith, I. : "Far East", in Howells, J. (ed.) : *World History of Psychiatry*, Balliere & Tindall, London, 1974.

2. Kiev, A. : *Transcultural Psychiatry*, Free Press, New York, 1972.

3. Cerey, J. : "Psychiatry in China", *Czeskoslovnska Psychiatrie*, 59: (5) 27-382, 1963.

4. Yap, P. : "Suk-Yeon or Koro", *The Bulletin of the Hong Kong Chinese Medical Association*, 16: (1) 31-34, 1964.

5. Hsien, R. : "A study of the Aetiology of Koro in Pepect to the Chinese Concept of Illness", *Int. J. Soc. Psychiatry*, 11: No. 1, 1965.

6. ローハイム(Roheim, G.), 小田晉・黑田信一郎 譯,『精神分析と人類學』, 思索社, 1980.

7. Carstairs, G. M. : "Hinjra and Jiryan", *Brit. J. Med. Med. Psycholpgy*, 29: 128, 1956.

8. 小田晉,『文化と精神醫學』, 金剛出版, 1974.

9. Yap, P. : "The Cultural-Bound Reactive Syndromes", in Caudill, W. et

al. (ed.) : *Mental Health Research in Asia and the Pacific*, East-West Center Press, Honolulu, 1965.

10. Lin, T. : "A study of the Incidence of Mental Disorder in Chinese and other Cultures", *Psychiatry*, 16: 313, 1953.

11. Veith, I. : 위의 글.

12. Yap, P. : "Mental Diseases Peculier to Certain Cultures", *J. Ment. Sci.*, 97: 313-327, 1951.

13. Tseng, Wen-Shing. : "Chinese Culture, Personality Formation and Mental Illness", *Int. J., Social* 1969/70. Winter: 5-14.

14. Hsu, F. L. K. : *Americans and Chinese, Two Ways of Life*, Henry Schuman, New York, 1953.

15. Woods, A. H. : "The Nervous Diseases of the Chinese", *Arch. Neurol. Psychiat.*, 21: 542-570, 1929.

16. Woods, A. H. : 위의 글.

17. Muensterberger, W. : "Orality and Dependence, Characteristics of Southern Chinese", in Roheim, G. (ed.) : *Psychoanalysis and Social Science*, Int. Univ. Press, New York, 1951.

18. ランソム(Ransom, M. D.), 『支那社會病理學』, 生活社, 1941.

19. McCarthney, J. L. : "Neuropsychiatry in China", *China Med. J.*, 40: 617, 1926.

20. McCarthney, J. L. : "Neuropsychiatry in China : A Retrospect of Diagnosis", *China Med. J.*, 32: 153, 1926.

21. Ingram, J. H. : "The Pitiable Condition of the Insane in North China", *China Med. J.*, 32: 153, 1918.

22. McCarthney, J. L. : "Neuropsychiatry in China", *China Med. J.*, 40: 617, 1926.

23. McCarthney, J. L. : 위의 글.

24. ランソム(Ransom, M. D.), 위의 책.

25. Woods, A. H. : "A Memorandum to Chinese Medical Students on the Medico-local Aspects of Insanity", *Nat. Med. J.* Sept., 1923, pp. 203-212.

26. Woods, A. H. : "The Incidence of Nervous Diseases in China", *China*

Med. J., 40: 1070, 1926.

27. ランソム(Ransom, M. D.), 위의 책.

28. Goddard, H. : *Feblemindeness, its Causes and Consequences*, Macmillan, New York, 1920.

29. APA (高橋三郎・花田耕一・藤繩昭 譯) : DSM-Ⅲ-R「精神障害の分類と診斷の手引」, 醫學書院, 1988.

30. 諸橋轍次,『大漢和辭典』(縮刷版), 大修館書店, 1966.

31. Morel, B. : *Traite des Maradies Mentales*, Paris, 1860.

32. 諸橋轍次, 위의 책.

33. 廖溫仁,『支那中世醫學史』, 科學書院, 1981.

34. 小野澤精一・福永光司・山本湧,『氣の思想』, 東大出版會, 1978.

35. 任繼愈,「中國古代醫學和哲學的關係」『歷史硏究』, 五月號, 1956.

36. 加納喜光,「醫書に見える氣論」, 小野澤精一 外,『氣の思想』, 東大出版會, 1978.

37. 藤堂明保,『文明への反逆』, 中央圖書, 1972.

38. 吳秀三,『磯邊偶抄』(上), 精神醫學神經學古典刊行會, 1978.

제10장

1. Lee Tao et al. : "Some Early Records of Nervous and Mental Diseases in Chinese Medicine", *Chinese Medical Journal*, 81: 55, 1962.

2. Koran, L. : "Psychiatry in Mainland china", *Amer. J. Psychiat.*, 128, 1972.

3. 加納喜光,「醫書に見える氣論」, 小野澤精一 外,『氣の思想』, 東大出版會, 1978.

4. Baasher, T. : "The Arab Countries", in Howells, J. (ed.) : *World History of Psychiatry*, Balliere & Tindall, London, 1974.

5. Baasher, T. : "The Influence of Culture on Psychiatric Manifestation", *Transcultural Psych. Review and Newsletter*, 15: 51, 1963.

6. El Zahaby, A. : *El tib ek nabawi*(The Medicine of the Prophet), Republican Library, Cairo, 1948.

7. El Kahal, : *El Ahkam el nabawia fil sin-na el tibia*(The Prophet Rulings on

the Art of Medicine), El Baby el Halaby Press, Cairo, 1955.

8. 前嶋信次, 『アラビアの醫術』, 中央公論社, 1965.

9. Baasher, T., 위의 글.

10. Baasher, T., 위의 글.

11. kaylani, W. F. : *Ogala el magnaneen by Nasaboury*(The Sane Insane), Egyptian Arabic Press, Cairo, 1924.

12. kaylani, W. F. : 위의 책.

13. Baasher, T., 위의 글.

14. 小田晉, 『日本の狂氣誌』, 思索社, 1980.

15. Zilboorg, G. : *A History of Medical Psychology*, Norton, New York, 1941. (神谷美惠子 譯, 『醫學的心理學史』, みすず書房, 1958.)

16. Griesinger, W. : *Die Pathologie und Theapie der psychischen*, Krankheiten, Krabe, Stuttgart, 1945.

17. Suk C. Chang et al. : "Psychiatry in South Korea", *Amer. J. Psychiat.*, 130: 6, 1973.

18. 小田晉, 『文化と精神醫學』, 金剛出版, 1974.

19. Baasher, T., 위의 글.

20. 林宗義, 「中國精神醫學の觀念」 『臨床精神醫學』, 一一卷 二六五號, 金剛出版, 1982.

맺음말

1. Cheng, J. C. : "Psychiatry in Traditional Chinese Medicine", *Canad. Psychiat. Ass. J.*, 15: 399-401, 1970.

2. Wong and Wu : *History of Chinese Medicine*, Tensin, 1932, p. 32.

3. Lazure, D. : "Politics and Mental Disease in New China", *Amer. J. Orthopsxchiat.*, 34: 925-933, 1964.

4. Baruk, H., 影山任佐 譯, 『フランス精神醫學の源流』, 1982.

5. 山口昌男, 「精神と人間科學との對話」 『中央公論』, 七月號, 1982.

6. 小田晉, 『日本の狂氣誌』, 思索社, 1980.

지은이

오다 스스무(小田 晋)

1933년 오사카 출생. 오카야마 대학 의학부를 졸업하고 도쿄 의과치과대학 대학원에서 신경정신의학 박사학위를 받았다. 도쿄 의과치과대학 교수를 거쳐 쓰쿠바 대학 교수로 재직하다가 정년퇴임했다. 동양과 서양, 의학과 역사를 넘나드는 박식함을 바탕으로 사회병리 현상을 예리하게 진단하는 한편 '광기의 구조'를 탐색하는 다수의 논문과 저서를 발표했다. 『일본의 광기』『광기·신앙·범죄』『사회병리 진단』『광기의 구조』『연속살인범의 심리 분석』『이상 성애의 정신의학』『현대인의 정신병리』『망상의 시대』 등 80여 권의 저서가 있다.

감수자

권택술

1958년 부산 출생. 신경정신과 전문의, 의학박사. 서울대학교 의과대학과 동 대학원을 졸업했으며, 서울대학교병원 신경정신과에서 수련의 과정을 마쳤다. 국립의료원을 거쳐 국립경찰병원 신경정신과에 재직했다.

김장호

1966년 서울 출생. 종교사 연구가. 성균관대학교 동양철학과를 졸업한 뒤 프랑스 리용 대학 대학원에서 동양학과 비교종교사를 공부했으며, 니스 대학의 동남아시아 및 인도양 지역 연구소(RIASEM) 연구원으로 재직했다. 『샘이 깊은 물』『정신세계』『힐링 소사이어티』 등에 종교 문화에 관한 다수의 글을 발표해 왔다. 지은 책으로 『환상박물관』『욕심을 버리고 마음을 채우는 불경이야기』, 옮긴 책으로 『불교』『악』『라쇼몽』『별에 가까이 간 사람들』 등이 있다.

옮긴이

김은주

1967년 서울 출생. 이화여자대학교 철학과를 졸업했다. 정신세계에 대한 깊은 관심을 가지고 연구하고 있으며, 전문 번역가로 활동 중이다. 옮긴 책으로 『마녀의 문화사』『영혼의 도시, 라싸로 가는 길』『물건의 세계사』『티베트 마법의 서』 등이 있다.

동양의 광기를 찾아서

지은이 | 오다 스스무
옮긴이 | 김은주
펴낸이 | 최미화
펴낸곳 | 도서출판 르네상스

초판 1쇄 인쇄 | 2004년 8월 20일
초판 1쇄 펴냄 | 2004년 8월 30일

주소 | 121-801 서울시 마포구 공덕1동 105-225
전화 | 02-3273-5943(편집), 02-3273-5945(영업)
팩스 | 02-3273-5919
메일 | re411@hanmail.net
등록 | 2002년 4월 11일, 제13-760

ISBN 89-90828-13-9 03150

* 잘못된 책은 바꿔 드립니다.